근로복지공단

직업기초능력평가

봉투모의고사

/ 1회

제1회 직업기초능력평가

(70문항 / 70분)

01 다음 보도자료의 내용을 보고 '푸른씨앗' 제도에 대해 정리한 것으로 잘못된 것은?

노후소득의 새로운 길 열어준 '푸른씨앗', 적립금 1조 5천억 원 돌파

근로복지공단은 2026년 1월 중소기업퇴직연금기금제도 '푸른씨앗'의 적립금이 1조 5천억 원을 돌파했다고 밝혔다. 푸른씨앗은 중소기업의 퇴직연금 도입을 확대하고, 취약계층 근로자의 노후소득 보장을 강화하기 위해 근로복지공단이 2022년 9월부터 운영해 온 국내 유일의 기금형 퇴직연금 제도다.

가입 대상이 '30인 이하 사업장'이라는 제약 속에서도 출범 3년여 만에 푸른씨앗의 적립금 규모는 1조 5,406억 원으로 성장했으며, △2023년 4,734억 원 △2024년 8,601억 원으로 매년 70~80% 이상의 높은 증가율을 기록했다. 2026년 1월 현재 전국 36,432개 사업장의 근로자 166,357명이 가입 중이며, 2024년 말 대비 사업장은 56.8%, 근로자는 53.3%나 가입자 수가 대폭 증가했다. 이 같은 성장세는 노·사·정 전문가로 구성된 기금운영위원회가 기금을 관리함으로써 안정성을 높인 점과 보수적인 운용 기조 속에서도 의미 있는 수익률을 달성한 결과로 평가된다.

푸른씨앗은 채권 등 안전자산에 70% 이상 투자하는 안정적 운용 원칙을 유지하면서도 △2023년 6.97%, △2024년 6.52%, △2025년 8.67%의 연도별 수익률을 기록했고, 누적수익률은 26.98%에 달한다. 또한 사업주와 근로자에게 부담금의 10%를 정부 지원금으로 지급하고, 운용 수수료를 전면 면제하는 한편, 간편한 가입 절차도 제공하는 등 다양한 장점을 갖추고 있다.

근로복지공단 측은 "푸른씨앗이 현재는 30인 이하 사업장만 가입할 수 있어 아쉬움이 있다"며, "근로조건이 열악한 취약계층과 노무제공자의 노후생활 보장을 위해 가입 범위가 조속히 확대되길 바란다"고 덧붙였다. 푸른씨앗 가입 및 제도 관련 문의는 고객센터(☎1661-0075) 또는 공단 64개 소속기관 복지사업부(경영복지부)를 통해 확인할 수 있다.

① 가입 대상 - 30인 이하 사업장만 가입 가능
② 가입 관련 문의 - 고객센터 또는 공단 소속기관 복지사업부(경영복지부)
③ 운용 원칙 - 채권 등 안전자산에 70% 이상 투자
④ 적립금 규모 - 1조 5,406억 원
⑤ 운용 수수료 - 10%를 정부 지원금으로 지원

[02~03] 다음 보도자료를 보고 이어지는 물음에 답하시오.

근로복지공단, '임금체불 집중 청산기간' 운영

근로복지공단은 임금체불 근로자 생계지원 강화를 위해 '임금체불 집중 청산 기간'을 운영한다고 밝혔다. 먼저 사업주로부터 임금 등을 지급받지 못한 근로자의 생활안정 지원을 위해 2026년 3월 6일까지 '체불근로자 생계비 융자'를 신청하는 근로자에게는 금리를 한시적으로 0.5%p 인하해 준다.

* **이자율 인하**: 연 1.5% → 1.0% (기간: 2. 2.~3. 6.)
* **한도**: 1인당 1천만 원
  (고용위기지역·특별고용지원업종은 2천만 원, 고용위기선제대응지역은 1천 5백만 원)
* **인터넷 신청**: 근로복지넷(https://welfare.comwel.or.kr)
* **방문 신청**: 가까운 근로복지공단 복지사업부 또는 경영복지부 방문

또한, 체불임금 청산 의지는 있으나 경영악화 등으로 임금을 지급하지 못한 사업주를 지원하기 위해 2026년 2월 27일까지 '체불청산지원 사업주 융자' 신청을 완료한 사업주에게는 한시적으로 금리를 1.0%p 인하해 사업주의 자발적인 체불 해결을 유도한다.

* **이자율 인하**: 담보 연 2.2% → 1.2%, 신용·연대보증 연 3.7% → 2.7% (기간: 2. 2.~2. 27.)
* **한도**: 사업주당 1억 5천만 원, 근로자 1인당 1,500만 원

금리 인하 혜택을 받고자 하는 사업주는 고용노동부(지방 고용노동관서)로부터 융자 지급사유를 확인받아 공단에 융자 신청을 해야 하며, 2026년 2월 27일까지 IBK기업은행에서 융자금 신청을 완료한 경우 혜택을 받을 수 있다.
* **사업주 융자 절차**: ① 융자금 지급사유 확인 신청 및 확인(지방 고용노동관서) → ② 융자신청서 제출 및 심사(근로복지공단) → ③ 융자금 지급(IBK기업은행)

한편, 체불 근로자들이 대지급금을 신속히 지급받을 수 있도록 간이대지급금 지급 처리 기간을 한시적(2. 2.~3. 6.)으로 14일에서 7일로 단축한다. 공단은 2025년 6,845억 원의 대지급금을 지급하여 임금체불로 어려움을 겪고 있는 115,374명의 근로자를 지원한 바 있다.

---

02 위 자료의 내용과 일치하지 않는 것은?

① 사업주로부터 임금을 지급받지 못한 근로자는 2026년 3월 6일까지 '체불근로자 생계비 융자'를 신청하면 1.0%의 금리로 융자를 받을 수 있다.

② 2026년 2월 2일~3월 6일 동안만 간이대지급금 지급 처리 기간을 기존보다 1주일 단축하여, 체불 근로자들이 대지급금을 빨리 받을 수 있다.

③ '체불근로자 생계비 융자'는 근로복지넷을 통한 인터넷 신청만 가능하다.

④ 특별고용지원업종 종사자인 근로자는 '체불근로자 생계비 융자'를 통해 2천만 원까지 융자를 받을 수 있다.

⑤ 근로복지공단은 2025년 임금체불을 겪은 10만 명 이상의 근로자에게 대지급금을 지급한 바 있다.

03 '체불청산지원 사업주 융자'에 대한 설명으로 옳은 것을 〈보기〉에서 모두 고르면?

┌ 보기 ┌
ㄱ. 사업주의 자발적인 체불 해결을 위해 시행되며, 사업주의 융자 신청은 2026년 2월 27일까지이다.
ㄴ. 사업주에게 한시적으로 금리 인하 혜택을 적용하는데, 담보대출의 경우 2.2%까지 인하된 금리가 적용된다.
ㄷ. 사업주는 1억 5천만 원의 한도에서 융자를 받을 수 있다.
ㄹ. 융자금 신청 및 지급은 모두 IBK기업은행에서 이루어진다.

① ㄱ, ㄴ   ② ㄱ, ㄷ
③ ㄴ, ㄷ   ④ ㄴ, ㄹ
⑤ ㄷ, ㄹ

[04~05] 다음은 '근로자 문화예술제' 관련 보도자료이다. 이를 보고 이어지는 물음에 답하시오.

근로복지공단은 2025년 11월 8일 서울 상암동 KBS미디어센터에서 '제46회 근로자문화예술제' 시상식을 개최했다. 근로자문화예술제는 근로자라면 누구나 참여할 수 있는 국내 유일의 근로자 대상 종합 문화예술 행사로 근로복지공단이 고용노동부, KBS한국방송과 공동으로 주최한다. 매년 5천 명 이상의 근로자가 참가해 수준 높은 작품을 선보이며 많은 사랑과 관심을 받아오고 있다.

2025년에도 가요, 문학, 미술, 연극 4개 분야에서 총 5,476건의 작품이 출품되면서 높은 참여 열기 속에서 예술제가 진행됐다. 2025년 근로자가요제는 근로복지공단 창립 30주년과 가요제 탄생 40주년을 기념해 역대 수상자들이 모여 다시 경연하는 '왕중왕전'으로 열렸다. 암 투병 중 음악으로 희망을 전하고 싶다는 참가자, 오랜 세월 가수의 꿈을 응원해준 부모님께 멋진 무대를 선물하고 싶다는 참가자 등 다양한 삶의 사연을 담은 무대들이 관객들에게 큰 감동을 주었다.

'근로자 문화예술제'의 주요 사업내용

① 목적
노동자를 위한 다양한 문화·예술활동의 장을 마련하여 정서함양과 삶의 질 향상에 기여

② 연혁
('80. 11.) 노동문화제(미술분야) ➔ ('81. 5.) 문학분야 신설 ➔ ('85. 5.) 음악분야 신설 ➔ ('88. 10.) 연극분야 신설 ➔ ('18. 2.) 영화제 도입 ➔ ('22. 2.) 영상제 도입

③ 근거
근로복지기본법 제91조 제9호(근로자 정서함양을 위한 문화·체육활동 지원)

④ 참가자격
다음 어느 하나에 해당하는 사람
• 신청일 현재 국내사업장에서 재직 중인 근로자(단, 6개월 이내 퇴직자 포함)
• 해외 파견 근로자, 외국에 소재한 한국기업 소속의 근로자, 산업재해근로자, 특수형태근로종사자 및 플랫폼 노동자

⑤ 제46회 문화예술제 주요 내용
• 행사 일정

세부내역	가요	연극	미술	문학
모집부문	독창, 중창, 합창	기성극, 창작극, 뮤지컬	회화, 서예, 공예, 사진	시, 소설(단편소설, 단편동화), 극작, 수필
접수기간	1. 20. ~ 2. 28.	4. 1. ~ 5. 30.	5. 1. ~ 6. 30.	
시상일자	4. 11.(금)	11. 8.(토)		

• 시상내역 및 상금

(단위 : 만 원)

구분	합계	가요	미술	문학	연극
대통령상	1명	1명 700			
국무총리상	1명			1명 500	
대상	5명(팀)	1명 400 (고용노동부)	1명 400 (고용노동부)	1명 400 (고용노동부)	1팀 400 (고용노동부)
금상	13명(팀)	2명 각 200	4명 각 200	4명 각 200	–
은상	15명(팀)	3명 각 100	4명 100	4명 각 100	2팀 각 150
동상	39명(팀)	4명(팀) 각 50	16명 각 50	16명 각 50	3팀 각 100
특별상	1명(팀)	1명(팀) 50			
입선 (개인상)	46명	–	19명	19명	연기상 2명 각 30

04 위 자료의 내용을 바탕으로 했을 때, '근로자 문화예술제'와 관련한 설명으로 옳은 것을 〈보기〉에서 모두 고르면?

> **보기**
>
> ㉠ 1980년 미술 분야에 국한한 노동문화제로 시작하여, 1980년대에 문학, 음악, 연극 분야를 신설하였다.
> ㉡ 노동자를 위한 다양한 문화·예술활동의 장을 마련하여 정서함양과 삶의 질 향상에 기여하는 데 그 목적이 있다.
> ㉢ 제46회 문화예술제의 미술 및 문학 부문은 5월~6월에 참가 접수를 하였으며, 두 부문에서 상을 받은 참가자는 90명 이상이다.
> ㉣ 국내사업장에서 신청일 기준 3개월 전에 퇴사한 퇴직자는 근로자 문화예술제에 참가할 수 없다.
> ㉤ 제46회 문화예술제의 연극, 미술, 문학 분야 시상은 같은 날에 시행되었다.

① ㉠, ㉡, ㉤
② ㉡, ㉢, ㉣
③ ㉠, ㉣
④ ㉡, ㉢
⑤ ㉡, ㉤

05 위 자료의 내용과 일치하지 않는 것은?

① 2025년 근로자 문화예술제에는 총 5,000건 이상의 작품이 출품됐다.
② 2025년 근로자 문화예술제는 역대 수상자들이 모여 다시 경연하는 방식으로 열렸다.
③ 근로자 문화예술제에 영화제가 도입된 것은 2018년이다.
④ 플랫폼 노동자 및 특수형태근로종사자는 2025년부터 근로자 문화예술제에 참가할 수 있게 됐다.
⑤ 2025년 근로자 문화예술제에서 가장 큰 상금을 받은 참가자는 가요 부문의 대통령상 수상자이다.

[06~07] 다음은 근로복지공단 업무상질병판정위원회 위원 공개모집 공고문의 일부이다. 이를 보고 이어지는 물음에 답하시오.

산업재해보상보험법 제38조 및 같은 법 시행규칙 제6조에 따른 업무상질병판정위원회 위원을 아래와 같이 공개모집하오니 많은 지원 바랍니다.

◎ 모집인원
판정위원회별 모집인원 참조

◎ 모집대상 및 지원자격
(1) 변호사 또는 공인노무사: 변호사협회, 공인노무사회에 회원으로 등록된 사람 중에 해당 자격을 취득한 후 2년 이상 관련 업무에 종사한 경력이 있는 사람
(2) 의사, 치과의사 또는 한의사
(3) 고등교육법 제2조에 따른 학교에서 관련분야에 조교수 이상으로 재직하고 있거나 재직하였던 사람
  − 관련분야: 법학, 행정학, 경영학, 경제학, 사회복지학, 보험학, 인간공학, 산업보건위생학
(4) 산업재해보상보험 관련 업무에 5년 이상 종사한 사람(산재전문가)
  • 산재보험 관련업무: 산재보험 요양업무, 보상업무, 산재예방업무, 소송업무, 심사결정업무 등
  • 공단퇴직자인 경우 아래의 조건에 모두 해당되는 사람
    − 공단에서 5년 이상 종사하였고 퇴직 당시 1급 이상으로 퇴직 후 5년 이내인 사람
    − 공단 재직 시 산재보상국, 업무상질병판정위원회, 산재심사위원회, 산재심사실, 재해조사를 담당하는 부서 (재활보상부 또는 재활보상1부)에서 2급 이상으로 1년 이상 근무 경력이 있는 사람
(5) 국가기술자격법에 따른 산업위생관리 또는 인간공학 분야 기사 이상의 자격을 취득하고 관련 업무에 5년 이상 종사한 사람

◎ 선정방법
위원 위촉 기준에 따라 제출 서류를 바탕으로 서면심사

◎ 업무
산업재해보상보험법에 따른 산업재해로 업무상질병판정위원회에 심의 의뢰된 사건의 업무상 질병 인정 여부 심의

◎ 위촉기간
 • 2년(연임 가능)
 • 공단퇴직자는 특별한 사유(지원자가 없는 경우 등)에 한하여 1회 연임 가능

◎ 심의수당
회의에 참석한 경우 공단 기준에 따라 수당 지급

◎ 제출서류
(1) 공통사항
  • 업무상질병판정위원회 위원 지원서
  • 개인정보 활용 안내 및 동의서
  • 직무윤리사전진단서
  • 청렴서약서
  • 지원서 내용을 증명할 수 있는 자료(자격증사본, 경력증명서, 재직증명서, 사업자등록증, 위원회 활동 내역 등)
(2) 제출서류를 추가로 요청할 수 있음

⑶ 위원 추천 대상자로 선정된 경우 아래의 서류를 추가로 제출하여야 함
- 위원위촉동의서
- 약력카드
- 징계사실 여부 확인 서류(노무사협회, 변호사협회, 행정기관 등 발급)

◎ 일정 및 주요내용

단계	일정 및 주요내용
지원서 접수	• 접수기간 : 2026. 2. 23.(월)~3. 4.(수) • 접수방법 : 이메일 접수(지원하고자 하는 판정위원회 담당자 이메일) ※ 이메일 접수 시 지원서 작성 후 반드시 서명(날인)하여 PDF 파일로 변환하여 발송하되, 메일 제목 및 첨부 파일명은 "판정위원 − 지원자명"으로 작성 예) 판정위원 − 지원자명
대상자 안내	• 통지방법 : 대상자에게 개별 통지(핸드폰 문자 또는 유선) ※ 지원자 중 모집 기간 이후 결원 발생 시 또는 위원 위촉 사유 발생 시 추천 대상자로 선정될 수 있음

06 위 공고문에서 제시한 위원의 지원 자격과 관련된 추론으로 옳지 않은 것을 〈보기〉에서 모두 고르면?

> **보기**
> ㉠ 변호사 자격을 취득한 지 2년 미만인 갑은 위원회 위원에 지원할 수 있다.
> ㉡ 산재예방업무에서 10년째 일하고 있는 을은 지원이 가능하다.
> ㉢ 공단 퇴직자이며 공단에서 일한 지 5년 이상이고 1급 이상으로 퇴직하여 퇴직한 지 5년 이내인 병은 지원할 수 있다.
> ㉣ 인간공학 분야 기사 이상의 자격을 취득하고 관련 업무에 3년간 종사한 정은 지원할 수 없다.

① ㉠, ㉢　　　　　　　　　　② ㉠, ㉣
③ ㉡, ㉢　　　　　　　　　　④ ㉡, ㉣
⑤ ㉢, ㉣

07 위 공고문을 읽고 보일 수 있는 반응으로 적절하지 않은 것은?

① 제시된 내용만 보아서는 정확한 모집인원을 알 수 없군.
② 제시된 기준을 충족한 사람을 대상으로 서류심사로만 위원을 위촉하는구나.
③ 위원으로 위촉되더라도 별도의 수당을 지급하지는 않는구나.
④ 한번 위촉되면 2년간 위원으로 일하게 되고, 연임도 가능하네.
⑤ 위원이 되고자 하는 지원자는 이메일로만 지원이 가능하구나.

08   다음 보도자료의 내용과 일치하지 않는 것은?

근로복지공단은 2025년 7월 10일 서울강남지사에서 한국교통안전공단과 배달라이더 등 모빌리티 종사자 사회안전망 강화를 위한 업무협약을 체결하고, 양 기관 합동으로 역삼역 인근에서 고용·산재보험과 교통안전 홍보 거리캠페인을 진행했다고 밝혔다. 이번 협약은 빠르게 변화하는 모빌리티 환경 속에서 다양한 형태로 일하는 종사자들의 사회보험 사각지대 해소와 교통안전 증진을 위해 마련됐다. 양 기관은 △이륜자동차 모빌리티 종사자 사회보험 가입 촉진 △교통안전 교육 및 캠페인 공동 추진 △상호 보유 정보 및 콘텐츠 공유 △기타 현장 중심의 협력사업 발굴 등을 통해 시너지를 창출해 나갈 계획이다. 협약식 이후 진행된 거리캠페인에서는 양 기관의 기관장이 직접 참여해 폭염에 따른 온열질환 예방을 위해 얼음 생수와 쿨토시, 쿨마스크 등을 나눠주면서 배달라이더들과의 현장 소통활동을 이어갔다. 이는 이번 협약을 통해 배달라이더의 사회안전망을 강화하고자 하는 양 기관의 적극적이고 실질적인 의지를 나타낸 것으로 보인다.

배달 플랫폼에 등록하고 퀵서비스기사로 일하는 A씨는 "플랫폼을 통해 일하는 배달라이더도 산재 보상과 실업급여도 받을 수 있다고 하니 안심하고 일할 수 있을 것 같다"고 현장상담 소감을 전하기도 했다. 모빌리티 종사자란 퀵서비스기사, 화물차주 등 사람 또는 물건을 한 장소에서 다른 장소로 이동하거나 운송하는 산업에 종사하는 사람을 말하는데 주로 노무제공자에 해당한다. 근로복지공단은 고용·산재보험 적용범위를 근로자에서 노무제공자까지 지속 확대하면서 사회보장 수준 향상을 위해 노력해왔다. 2023년 7월부터는 노무제공자의 전속성 요건도 폐지해 여러 사업장에서 일하거나 온라인 플랫폼을 통해 불특정 다수 업체에서 노무를 제공하는 경우도 산재보험에 가입할 수 있게 되면서 2025년 4월 말까지 노무제공자 가입자 수가 전체 144만 명, 퀵서비스기사는 34만 명을 넘어섰다. 이번 협약은 노무제공자가 지속적으로 증가하면서 이들의 사회보장 사각지대 해소와 교통안전이 시급한 과제로 대두된 상황에서 추진되었다는 점에서 의미를 가진다.

① 근로복지공단과 한국교통안전공단은 협약을 통해 배달라이더의 사회안전망을 강화하고자 한다.
② 근로복지공단과 한국교통안전공단은 협약식 이후 교통안전 교육 및 캠페인을 공동 추진하기로 했다.
③ 2025년 7월 10일부터 플랫폼을 통해 일하는 배달라이더도 산재보험에 가입할 수 있다.
④ 2023년 7월 이전에는 고용·산재보험 적용범위가 근로자 및 일부 노무제공자까지로 제한되어 있었다.
⑤ 퀵서비스기사뿐만 아니라 화물차주도 노무제공자에 속한다.

09 다음 자료의 '하임어린이집'에 관한 설명으로 적절하지 않은 것은?

> 근로복지공단은 2026년 2월 25일 부산 중구 광복로에서 ㈜에프지케이(이재모피자), 부산광역시와 함께 상생형 공동직장어린이집인 '하임어린이집' 개원식을 개최했다고 밝혔다. 하임어린이집 개원은 2015년 근로복지공단과 부산시가 체결한 중소기업 공동직장어린이집 확충 업무협약(MOU)의 결실로, 부산에서는 일곱 번째 상생형 공동직장어린이집이다. 상생형 공동직장어린이집은 대기업, 지자체 등이 어린이집의 부지나 건물을 제공하거나 비용을 지원하고, 자사 및 협력업체, 인근 중소기업의 자녀가 함께 이용하는 공동직장어린이집이다.
>
> 하임어린이집은 대표사업장인 ㈜에프지케이(이재모피자)를 중심으로 인근 중소기업인 △자갈치새마을금고, △이승학돈까스, △필그림스 총 4개 기업이 컨소시엄을 구성해 설립됐으며, 시설 면적 431.44㎡, 정원 37명 규모로 운영된다.
>
> 근로복지공단은 어린이집 설치비 9억 원을 지원했으며, 임차비와 보육교사 인건비·운영비도 추가 지원할 예정이다. ㈜에프지케이(이재모피자)는 대표사업장으로 정부 지원금 외 소요되는 설치비·운영비 전액을 부담한다. 부산광역시는 설치비 중 기업부담금 1억 원을 지원했으며, 인근 소상공인 자영업자에게 어린이집을 개방해 보육사각지대 해소를 위한 '부산형 365열린시간제어린이집'으로 지정 운영할 예정이다.
>
> 한편, 근로복지공단은 2012년부터 지자체 및 기업과 업무협약을 맺고 '중소기업 공동직장어린이집 설치비 공모사업'을 추진하고 있으며, 2026년 2월 현재까지 전국 90개소의 상생형 공동직장어린이집에 설치비·운영비 등을 지원해 왔다. 이는 대기업 중심이었던 직장보육 체계를 넘어 중소기업과 소상공인까지 보육 인프라를 확장하는 상생형 모델로 평가받고 있다.
>
> □ 하임어린이집 개요(인가일 : 2026. 1. 27.)
>
> | 구분 | 내용 |
> | --- | --- |
> | 소재지 | 부산광역시 중구 광복중앙로 33, 5층 |
> | 설치방법 | 건물 임차 후 시설전환(5층 건물 중 5층 전체) |
> | 규모 | 시설면적 : 431.44㎡ |
> | 컨소시엄 | • 대표사업주 : ㈜에프지케이
• 참여사업주 : 3개사(추후 지속적 확대 예정) |
>
> • '15년 근로복지공단 − 부산시 간 중소기업 공동직장어린이집 확충 MOU 체결('15. 11. 11.)
> • 상생형 공동직장어린이집 공모 선정('25. 5. 23.)
> • 현재 ㈜에프지케이 등 총 4개 기업이 참여 협약을 맺고, 3개 기업 자녀가 이용 중
> • **보육아동 수 : 현원 7명(보육정원 37명)**
> • **교직원 수 : 원장 1명, 보육교사 5명, 간호사 1명, 조리원 1명**
>
> □ 하임어린이집 설치비 지원내역
>
> | 지원종류 | 총 투자금 | 근로복지공단 지원금 | 사업주 부담금 |
> | --- | --- | --- | --- |
> | 시설전환비 | 906백만 원 | 815백만 원 | 121백만 원 |
> | 교재교구비 | 100백만 원 | 70백만 원 | ※ 부산시 지원금 포함 |

① 부산에서 문을 연 일곱 번째 상생형 공동직장어린이집으로, 인근 소상공인 자영업자의 자녀들도 이용할 수 있게 할 계획이다.

② 교직원 수는 8명이며, 3개 기업의 자녀 7명이 다니고 있다.

③ 근로복지공단은 설치비 9억 원, 부산시는 1억 원을 지원했고, 두 곳 모두 임차비와 보육교사 인건비·운영비를 추가 지원할 예정이다.

④ 대표사업장은 ㈜에프지케이로, 정부 지원금 외 소요되는 설치비·운영비 전액을 부담한다.

⑤ 대표사업장을 포함해 총 4개 기업이 참여협약을 맺었으며, 참여기업을 추후 계속 확대할 예정이다.

[10~11] 다음 산업재해 관련 자료를 보고 이어지는 물음에 답하시오.

산업재해란 업무상의 사유에 따라 4일 이상의 요양이 필요한 노동자의 부상, 질병, 장해, 또는 사망을 말하며, 사고, 질병, 출퇴근재해로 나누어진다. 다만, 근로자의 고의·자해행위나 범죄행위 또는 그것이 원인이 되어 발생한 부상·질병·장해 또는 사망은 산업재해로 인정되지 않는다.

1. 업무상 사고란?
사업주 지배 관리하에서 업무와 관련하여 우연히, 급격히, 외부의 영향(충돌, 추락, 감전 등)으로 발생한 사고를 말한다.
- 노동자가 근로계약에 따른 업무나 그에 따르는 행위를 하던 중 발생한 사고
- 사업주가 제공한 시설물 등을 이용하던 중 그 시설물 등의 결함이나 관리소홀로 발생한 사고
- 사업주가 주관하거나 사업주의 지시에 따라 참여한 행사나 행사준비 중에 발생한 사고
- 휴게시간 중 사업주의 지배관리하에 있다고 볼 수 있는 행위로 발생한 사고
- 그 밖에 업무와 관련하여 발생한 사고

2. 업무상 질병이란?
업무상 과로 등으로 인한 뇌심혈관계 질병, 신체에 부담을 주는 업무를 수행하다 발생한 근골격계 질병, 화학물질 등 근로자의 건강에 장해를 일으킬 수 있는 요인을 취급하거나 그에 노출되어 발생한 질병 등 업무와 관련하여 발생한 질병을 말한다.

3. 출퇴근재해란?
주거지를 출발하여 사업장으로 출근 또는 업무를 마치고 귀가 중 발생한 사고로 도보, 대중교통, 자가용 등 교통수단에 관계없이 통상적인 경로와 방법으로 출퇴근하던 중 발생한 사고를 말한다.

〈출퇴근재해 인정 기준〉
(1) 출퇴근 중 발생한 사고이고,
- 출퇴근이란 취업과 관련하여 주거에서 취업장소 사이의 이동, 한 취업장소에서 다른 취업장소로의 이동을 의미한다.
(2) 통상적인 경로와 방법으로 이동 중 발생한 사고여야 하며,
- 통상적인 경로 및 방법이란 사회통념상 이용할 수 있다고 인정되는 경로 및 방법으로 이동한 경우를 말한다.
(3) 경로의 일탈 또는 중단이 없어야 한다.
- 출퇴근을 위해 이동 중 개인적인 이유로 경로를 벗어나거나 멈춘 경우 출퇴근재해로 인정되지 않는다.
- 다만, 출퇴근과정에서 일어날 수 있는 일상생활에 필요한 행위로의 일탈 또는 중단이 발생한 경우 예외적으로 발생한 사고도 산재보상이 가능하다.

10 위 자료의 내용과 일치하지 않는 것은?

① 근로자의 범죄행위로 인해 발생한 부상은 산업재해로 인정되지 않는다.
② 업무상 사유로 발생하였으나, 4일 미만의 요양이 필요한 경우는 산업재해로 볼 수 없다.
③ 휴게시간에 발생한 사고이며 이 사고가 사업주의 지배관리하에 있다고 볼 수 없는 경우도 산업재해로 인정된다.
④ 사업주가 제공한 시설물을 이용하던 중 시설물 관리소홀로 부상을 입은 경우 업무상 사고에 해당하여 산업재해로 인정된다.
⑤ 근로자 건강에 장해를 일으킬 수 있는 요인을 취급하다 그에 노출되어 질병이 발생할 경우 업무상 질병에 해당되어 산업재해로 인정된다.

11 출퇴근재해 인정을 받기 어려운 경우를 〈보기〉에서 모두 고르면?

보기

- 아침 출근길에 집 앞 버스정류장에서 버스를 타다 발을 헛디뎌 크게 다친 갑
- 퇴근하던 중 고교 동창과 회사에서 10분 거리 식당에서 저녁식사를 한 후 나오다 눈길에 미끄러져 허리를 크게 다친 을
- 평소 복용하던 고혈압 약을 처방받기 위해 30분 일찍 출근에 나서 병원에 들른 뒤 나오던 길에 오토바이에 치어 크게 다친 병
- 회사에서 야근을 하던 중 밤 11시가 넘어 택시를 타고 퇴근하다가 교통사고가 난 정

---

① 갑, 을
② 을, 병
③ 병, 정
④ 을
⑤ 정

12 다음 글의 내용과 부합하지 않는 것은?

> 사람들은 수면장애의 대표적인 치료 방법으로 흔히 수면제를 떠올린다. 수면제는 여러 종류가 개발되어 시판되고 있으나 병원에서 처방하는 대부분의 수면제는 벤조다이아제핀 계열의 약물이다. 벤조다이아제핀계 수면제는 중추신경계의 억제성 신경전달물질인 가바 수용체에 직접 작용해 불안한 마음을 안정시키는 신경안정제의 역할을 한다. 따라서 이 약물을 먹으면 마음이 안정됨과 동시에 체온이 떨어지면서 멜라토닌 분비가 이루어져 자연스럽게 수면의 상태로 접어들게 된다. 그러나 치료 목적이라도 장기간 복용하면 약물 의존도가 높아질 수 있으며, 장기간 사용하다 중단했을 때에는 금단 현상이 일어날 수 있다. 또한 억지로 뇌를 졸리게 만드는 것이기 때문에 기억력의 저하와 같은 부작용이 발생할 수 있다. 이러한 문제들을 보완하기 위해 등장한 것이 벤조다이아제핀 계열 약물의 기능 중 수면 유도 기능만 선택적으로 작용하게 만든 비벤조다이아제핀 계열 약물이다. 대표적으로 졸피뎀이 있는데, 이 약물의 가장 큰 특징은 수면 유도에 가장 효과적이라는 점이다. 그러나 졸피뎀은 벤조다이아제핀 계열의 약물만큼은 아니더라도 심리적 의존이 일어날 수 있으며, 장기간 복용 시 내성이 생길 수 있다. 또한 과다복용 시 어지럼증이나 피로감을 느낄 수 있으며, 심각할 경우 기억상실이나 환각 등이 유발될 수 있다.
>
> 이처럼 수면제는 효과만큼이나 부작용이 심각하므로 지속적인 복용은 바람직하지 않다. 건강한 수면 습관 중 가장 중요한 것은 규칙적인 수면 패턴을 통해 몸의 항상성을 유지하는 것이다. 또한 수면 환경, 특히 빛을 조절할 필요가 있다. 잠이 들기 전에 핸드폰을 보면 핸드폰의 청색광이 뇌를 깨워 양질의 잠을 잘 수 없다. 마지막으로 카페인의 섭취를 삼가야 한다. 카페인은 뇌에서 수면을 유도하는 아데노신의 생성을 억제해 잠이 드는 것을 방해하기 때문이다.

① 벤조다이아제핀계 수면제는 마음을 안정시키는 신경안정제의 역할을 한다.
② 멜라토닌의 분비를 촉진하는 것은 수면 유도에 도움이 될 수 있다.
③ 수면제의 부작용은 약물을 과다복용하지 않는 경우에도 발생할 수 있다.
④ 졸피뎀은 벤조다이아제핀계 수면제보다 수면 유도에 있어 더욱 효과적이다.
⑤ 카페인을 섭취하면 뇌에서 각성 유도 물질 생성을 촉진하여 잠에 들기 어려워질 수 있다.

13 다음 글을 통해 알 수 없는 것은?

보험이란 같은 위험을 보유한 다수인이 위험 공동체를 형성하여 보험료를 납부하고 보험 사고가 발생하면 보험금을 지급받는 제도이다. 보험금 지급은 사고 발생이라는 우연적 조건에 따라 결정되는데, 이처럼 보험은 조건의 실현 여부에 따라 받을 수 있는 재화나 서비스가 달라지는 조건부 상품이다.

공정한 보험에서는 구성원 각자가 납부하는 보험료와 그가 지급받을 보험금에 대한 기댓값이 일치해야 하며 구성원 전체의 보험료 총액과 보험금 총액이 일치해야 한다. 이때 보험금에 대한 기댓값은 사고가 발생할 확률에 사고 발생 시 수령할 보험금을 곱한 값이다.

현실적으로 보험사는 영업 활동에 소요되는 비용 등을 보험료에 반영하기 때문에 공정한 보험이 적용되기 어렵지만 기본적으로 위와 같은 원리를 바탕으로 보험료와 보험금을 산정한다. 그런데 보험 가입자들이 자신이 가진 위험의 정도에 대해 진실한 정보를 알려 주지 않는 한, 보험사는 보험 가입자 개개인이 가진 위험의 정도를 정확히 파악하여 거기에 상응하는 보험료를 책정하기 어렵다.

이러한 이유로 사고 발생 확률이 비슷하다고 예상되는 사람들로 구성된 어떤 공동체에 사고 발생 확률이 더 높은 사람들이 동일한 보험료를 납부하고 진입하게 되면, 그 위험 공동체의 사고 발생 빈도가 높아져 보험사가 지급하는 보험금의 총액이 증가한다. 보험사는 이를 보전하기 위해 구성원이 납부해야 할 보험료를 인상할 수밖에 없다. 이를 해결하기 위해 보험사는 보험 가입자의 감춰진 특성을 파악할 수 있는 수단이 필요하다.

우리 상법에 규정되어 있는 '고지 의무'는 이러한 수단이 법적으로 구현된 제도이다. 보험 가입자는 반드시 계약을 체결하기 전에 '중요한 사항'을 알려야 하고, 이를 사실과 다르게 진술해서는 안 된다. 이 '중요한 사항'은 보험사가 보험 가입자의 청약에 대한 승낙을 결정하거나 차등적인 보험료를 책정하는 근거가 된다. 따라서 고지 의무는 결과적으로 다수의 사람들이 자신의 위험 정도에 상응하는 보험료보다 더 높은 보험료를 납부해야 하거나, 이를 이유로 아예 보험에 가입할 동기를 상실하게 되는 것을 방지한다.

보험 계약 체결 전 보험 가입자가 고의나 중대한 과실로 '중요한 사항'을 보험사에 알리지 않거나 사실과 다르게 알리면 고지 의무를 위반하게 된다. 이러한 경우에 우리 상법은 보험사에 계약 해지권을 부여한다. 보험사는 보험 사고가 발생하기 이전이나 이후에 상관없이 고지 의무 위반을 이유로 계약을 해지할 수 있고, 해지권 행사는 보험사의 일방적인 의사 표시로 가능하다. 해지를 하면 보험사는 보험금을 지급할 책임이 없게 되며, 이미 보험금을 지급했다면 그에 대한 반환을 청구할 수 있다.

① 고지 의무를 위반한 보험 가입자는 일방적으로 보험 계약이 해지될 수 있다.
② 공정한 보험에서는 구성원 전체의 보험료 총액과 보험금 총액이 일치하여야 한다.
③ 보험사는 보험 가입자의 '중요한 사항'을 토대로 차등적인 보험료를 책정할 수 있다.
④ 고지 의무는 불합리한 높은 보험료를 이유로 보험 가입을 포기하는 사람들이 생기는 것을 방지한다.
⑤ 고지 의무와 우리 상법에서 보험사에게 부여하는 계약 해지권은 보험사의 권리 보호만을 위한 법률이다.

14 다음 글의 중심 내용으로 가장 적절한 것은?

사람의 내장 기관 중 재생 능력이 가장 뛰어난 간의 경우, 건강한 사람은 간의 절반 정도를 잘라내도 다시 원래대로 재생되는 것이 관찰되었다. 나머지 다른 기관들도 어느 정도까지는 재생 능력이 있는데 가장 중요한 뇌 세포는 재생되지 않는다. 그동안의 연구 결과에 따르면 뇌 세포는 분열할 능력은 있지만 여러 가지 조건상 분열이 제한되어 있어 다른 기관과 달리 재생되지 않는 것이 밝혀졌다. 관찰 결과 뇌의 신경 세포가 상처를 입으면 주변을 둘러싸고 있는 교세포들이 신경 세포의 재생을 막는 방해물들을 내어 재생을 막는 것이다. 그런데 실험실에서 신경 세포 하나만을 꺼내서 일부러 상처를 입힌 뒤, 방해 물질과의 접촉을 막고 신경세포의 성장을 도와주는 물질들을 처리해주면 신경 세포가 재생되는 것이 관찰되었다.

그렇다면 왜 우리의 뇌는 원래 재생력이 없는 것도 아니면서 교세포가 방해 공작을 펴서 신경세포의 분열과 재생을 막도록 진화해왔을까? 우리가 어떤 정보를 뇌 세포에 기억시키는 것은 그 정보를 신경 세포의 회로에 저장한다는 것이다. 이 신경 세포는 이후에 이동하거나 변화되면 안 된다. 정보를 저장한 뒤에도 신경 세포가 마구 분열한다면 이후 이 회로는 엉망이 되어 기억의 내용이 뒤죽박죽되어 버릴 것이기 때문이다. 그러므로 일단 정보를 저장하고 회로가 완성되면 신경 세포들은 더 이상 분열하지 않아야 한다. 그래야 기존의 기억을 제대로 보관할 수 있다. 그래서 우리의 뇌는 상처를 입었을 때 재생할 수 없다는 엄청난 위험 부담을 감수하고서라도 기존의 신경, 전달 회로를 지키려는 전략을 택하게 되었다. 하나를 얻기 위해 다른 하나는 희생해야 하는 것, 진화는 그렇게 냉정하게 진행되어 왔다.

① 인간의 진화 과정에서 뇌의 재생 능력 또한 진화되어 왔다.
② 뇌는 신경 세포의 정보 저장 능력을 지키기 위해 재생 능력을 진화시켜 왔다.
③ 간과 뇌 등 사람의 내장 기관은 정도의 차이는 있으나 모두 재생 능력을 갖고 있다.
④ 뇌가 타 기관보다 재생 능력이 떨어지는 것은 뇌 신경 세포의 특성 때문이다.
⑤ 뇌 세포가 재생되지 않도록 진화된 것은 기존의 신경, 전달 회로를 지키기 위해서이다.

15 다음 중 공문서 작성 시 유의사항으로 적절하지 않은 것은?

① 대외문서이며 장기간 보관되는 문서이므로 정확하게 기술한다.
② 연도와 월일을 반드시 함께 기입한다.
③ 복잡한 내용은 항목별로 구분한다.
④ 내용이 한눈에 파악되도록 체계적으로 목차를 구성한다.
⑤ 마지막에는 반드시 '끝'자로 마무리한다.

16 다음 사례에서 나타난 의사표현의 설득 기법은?

> 김 주임은 동료인 양 주임에게 다음 주에 있을 프레젠테이션 자료를 한 번 봐줄 수 있냐며 자료 검토를 부탁했다. 양 주임은 30분 정도 자료를 검토하며 조언을 해주었다. 김 주임은 다음날에는 양 주임에게 프레젠테이션 준비가 미흡한 것 같으니 회의실로 불러 발표 내용 등 전체적인 프레젠테이션 상황을 봐줄 수 있는지 물었고, 양 주임은 흔쾌히 이를 수락하여 2시간 정도 김 주임의 발표 준비를 도왔다.

① 얼굴 부딪히기　　　　　　　　② 문 안에 한 발 들여놓기
③ 호혜성 원리　　　　　　　　　④ 미끼 기법
⑤ 낮은 공 던지기

17 다음 중 경청을 하는 데 있어서 올바른 자세가 아닌 것은?

① 상대를 정면으로 마주하면 상대방이 민망할 수도 있으므로 눈을 마주치지 않는다.
② 손이나 다리를 꼬지 않는 소위 개방적 자세를 취한다.
③ 상대방을 향하여 상체를 기울여 다가앉는다.
④ 우호적인 눈의 접촉을 통해 자신이 관심을 가지고 있다는 사실을 알린다.
⑤ 비교적 편안한 자세를 취하여 자신의 편안한 마음을 상대에게 전달한다.

[18~19] 다음은 근로복지공단에서 실시하는 영세사업장 산재인식개선사업 공모 공고문의 일부이다. 이를 보고 이어지는 물음에 답하시오.

---

① 공모 개요

1. 사업 : 산재보험에 대한 막연한 오해로 산재처리를 기피하는 영세사업장에 대해 산재보험 제도에 대한 바른 이해 및 인식 개선 필요

   ※ 선정 제외 대상 : 특정 이해집단의 목적에 이용될 수 있는 사업, 단체의 수익을 목적으로 하는 사업, 사업프로그램 없이 인건비나 운영비만 요청하는 경우

2. 운영기관 수 : 1개 단체
3. 지원금액 : 1천만 원 이내
   - 사업수행에 반드시 필요하고 직접적으로 소요되는 비용 지원
   - 임직원 인건비 및 시설비, 공공요금 등 단체운영비는 제외
4. 사업 수행기간 : '25. 9. 23. ~ 11. 22.

② 신청 자격

- 산재근로자를 위해 설립된 단체로서 사업 추진을 위한 담당인력을 구성하여 자체 프로그램을 편성·운영할 수 있는 단체
- 민법 제32조에 따라 고용노동부장관의 설립허가를 받은 비영리 법인 및 지방자치단체에서 인가받은 비영리 기관

③ 신청 절차

1. 신청기간 : '25. 8. 29.(금) ~ '25. 9. 5.(금)
2. 신청방법 : 방문 또는 등기우편(마감일 18:00까지 도착분에 한함)
3. 접수처 : 근로복지공단(본부) 사회복귀지원부(울산광역시 중구 □□로 000)
4. 제출서류
   - 공모사업 제안서
   - 사업운영계획서 5부(원본 1부, 사본 4부) 및 계획서 내용이 수록된 매체(USB, CD-ROM 중 선택 가능) 1개
   - 운영기관 현황 및 사업실적 1부
   - 사업 신청자격이 있음을 입증할 수 있는 서류(사업자등록증 사본, 법인등기부등본, 법인인감증명서, 비영리법인 설립허가증 중 선택 가능)

④ 운영기관 선정

1. 선정 절차 및 방법
   - 공단에서 제안서평가위원회를 구성하여 신청기관이 제출한 사업계획서 등을 심사 후 선정
     (제안서평가위원회는 위원장을 포함한 위원 5명으로 구성)
   - 심사는 서면심사로 진행하며, 제안서평가위원회의 심사결과를 종합하여 선정

     ※ 효과적인 사업운영을 위해 필요한 경우 선정된 단체를 대상으로 사업계획의 수정·보완을 요청하는 '제안서 협상안'을 제시할 수 있고 선정단체가 이를 수용할 경우 최종 위탁운영계약을 체결

2. 심사기준 : 심사기준별 각 평가위원의 채점결과를 집계한 후 최고 득점 단체를 선정하되, 85점 미만일 경우 선정 제외

분야	심사항목	세부내용	배점(100점)
단체역량(30)	사업수행능력	유사사업 수행경험 등 사업추진 실적, 지원사업 담당인력 확보 등 적정 인력구성, 사업의 현실적인 수행 가능성	30점
사업내용(70)	사업계획의 적정성	사업목표의 적절성·구체성, 지원사업과 신청사업의 적합성, 세부프로그램 수행방법 및 예산계획의 타당성	30점
	사업의 독창성	사업내용의 참신성	10점
	사업의 효과성 (파급효과)	사업내용 및 방법의 실효성, 사업목적을 고려한 사업 수혜 범위 적절성, 사업결과의 공유 및 활용가능성	30점

3. 선정결과(최종) 발표 : 2025. 9. 12.(예정) 선정단체에 한해 개별통보 예정

⑤ **지원금 지급**
- 사업수행자로 최종 선정되면 선정단체는 근로복지공단의 제안내용을 반영한 최종 사업계획서를 제출
- 선정단체는 지원금 관리 및 이자 발생현황 등 파악이 가능하도록 단체 명의로 별도의 공모사업 전용 통장을 개설하여 사본 제출
- 지원금과 관련된 모든 예산집행에 대하여는 지출증빙서류 보관, 지출근거 작성·유지
  ※ 예산 집행의 적정성 확보를 위하여 지출 시 체크카드결제(또는 세금계산서 사용) 원칙, 부득이한 경우에 한해 사유서를 첨부하여 계좌이체
- 지원금 신청에 대하여는 사업목적 및 내용의 적정여부, 예산 산정의 착오유무 등을 확인하고 지급
- 사업계획 변경 등으로 당초 선정한 사업내용과 지원금신청서상 사업 내용이 현저히 다를 경우 신청서 반려

18 위 공고문의 내용을 바탕으로 할 때, 산재인식개선사업 공모 신청 및 선정에 관한 기술이 잘못된 것은?

① 신청기간은 1주일간이며 온라인 신청은 불가하다.
② 사업운영계획서 제출 시 원본과 사본을 함께 제출하며, 이 내용이 수록된 파일도 매체를 통해 함께 제출해야 한다.
③ 운영기관 선정 시 근로복지공단에서는 5명으로 구성된 제안서평가위원회를 통해 제출한 서류를 심사하여 결정하며, 별도의 면접심사는 진행하지 않는다.
④ 공모사업의 심사 시 단체역량보다는 사업내용에 더 큰 비중을 두고 심사하며, 이 중 사업의 효과성이 가장 큰 심사비중을 차지한다.
⑤ 사업수행자로 선정된 단체는 근로복지공단 측에 공단의 제안내용을 반영한 최종 사업계획서, 단체 명의의 별도의 공모사업 전용 통장 사본을 제출하여야 한다.

19 위 공고문과 관련하여 인터넷 게시판에 문의사항이 게시되었다. 이에 대한 답변으로 적절한 것을 〈보기〉에서 모두 고르면?

┌ 보기 ┐
ㄱ Q : 공모에 선정되는 경우 사업 수행기간은 얼마나 되나요?
　 A : 2025년 9월 23일부터 11월 22일까지 약 2달간입니다.
ㄴ Q : 지방자치단체에서 인가받은 비영리 기관인데, 별도의 사업프로그램 없이 신청할 수 있을까요?
　 A : 네, 고용노동부장관의 설립허가를 받은 비영리 법인 및 지방자치단체에서 인가받은 비영리 기관이면 신청이 가능합니다.
ㄷ Q : 사업 지원금액이 최대 1천만 원이라고 하였는데, 여기에는 진행에 필요한 경비 모두 포함인가요?
　 A : 사업수행에 직접적으로 소요되는 비용만 지원되고 임직원 인건비, 시설비, 공공요금 등 단체운영비는 제외되니 참고하여 주시기 바랍니다.
ㄹ Q : 사업 신청자격이 있음을 입증할 수 있는 서류를 여러 장 제출해야 하나요?
　 A : 신청 시 사업자등록증 사본, 법인등기부등본, 법인인감증명서 등은 사업 신청자격을 입증할 수 있는 서류로 이 중 하나만 제출하여도 무방합니다.
└─────┘

① ㄱ, ㄷ, ㄹ　　　　　　　　　　② ㄴ, ㄷ, ㄹ
③ ㄱ, ㄷ　　　　　　　　　　　　④ ㄴ, ㄹ
⑤ ㄷ, ㄹ

20　다음 글의 (가)에 들어갈 말로 가장 적절한 것은?

간병서비스는 요양병원이나 복지시설 등 여러 보건의료기관에서 제공되고 있는 보험급여이다. 산재환자 역시 간병서비스 급여의 대상자이며 현재 산재환자들에게 제공되는 여러 급여서비스 중 매우 큰 부분을 차지하고 있다. 따라서 산재환자에게 제공되는 간병급여서비스의 질과 양, 비용은 산재보험에서 매우 중요한 이슈라 할 수 있다. 특히 현재 운영되는 산재환자에 대한 간병급여의 제공형태는 여러 문제점을 내재하고 있기에 이에 대한 개선의 요구도 점점 커지고 있는 상황이다.

산재보험 간병급여 제도개선의 배경은 세 가지로 볼 수 있다. 첫째, 산재환자의 간병인 수요 증가다. 우리나라의 전통적 가족구조에서는 환자 발생 시 간병은 가족 내에서 자연스럽게 해결이 가능했었다. 그러나 핵가족화 등 가족구조의 변화와 여성의 사회진출 증가로 인한 맞벌이가족 증가 등 기존생활방식의 변화는 가족 내에서 간병서비스를 행해줄 사람을 구하기 어렵게 되었다. 더불어 '구태여 꼭 가족이 간병을 해야 하나?'와 같은 의식구조 및 가치관 등의 변화는 과거 가족 내에서 수급이 가능했던 간병인을 외부에서 고용해야 하는 상황을 야기했으며 고용하는 형태의 간병인 요구는 급속한 간병인 수요의 증가를 가져오게 되었다.

둘째, 간병인 사적고용에 따른 다양한 문제는 간병서비스 질 저하뿐 아니라 전반적인 치료과정에서도 문제를 야기하고 있다. 요양기관의 간병인에 대한 관리적 한계는 현장에서 근무하는 간호사들이 강하게 제기하는 간병인 문제의 주요사항이다. 고용주체가 요양기관이 아닌 환자 또는 환자보호자인 사적고용 형태가 됨에 따른 간병인 통제의 어려움은 진료의 질 저하라는 문제를 발생시키는 부분이다. 간병인의 고용이 사적고용형태이기에 치료과정에서 해가 될 수 있는 환자의 요구를 간병인이 때때로 의료진의 눈을 피해 들어주는 등의 문제가 발생하고 있으며 특히 환자를 간병하는 과정에서 전문적인 간병이나 간호지식이 필요한 상황에서 적절한 교육을 받지 못한 간병인들에 의해 사고나 위험의 발생가능성이 높아지고 이에 대한 적절한 대처 또한 어려워질 수 있는 것이 현실이다. (　　　　　　　　가　　　　　　　　)

또한 상주간병인이 병실 내 상주하면서 다인실 병실의 경우 공간상의 문제나 감염의 위험성 등이 높아질 수 있다. 특히 안정된 상황이 요구되는 환자의 경우 좁은 공간에서 여러 사람이 많이 몰려있는 것은 의료서비스 질 관리 측면에서도 제기될 수 있는 문제이다. 간병서비스의 평가가 현재는 매우 어렵다는 것도 문제이다. 한국인, 중국동포 등 다양한 인력이 간병인으로 활동하고 있으며 교육수준, 연령, 간병에 대한 이해수준 등 여러 부분에서 차이가 있다 보니 '모 아니면 도'라는 환자들의 간병인에 대한 시각도 있다. 즉 운이 좋으면 좋은 간병인을, 아니면 만족스럽지 못한 간병인을 배정받을 수 있다는 것이 환자들의 시각이다. 특히 간병근로자의 사적고용형태에 의해 이들에 대한 노동환경 및 작업특성은 제대로 파악되지 않고 있다. 간병인의 상태에 따라 이질성이 높아질 수 있는 간병서비스는 열악한 작업환경 내에서 이루어질 경우 서비스의 질적인 저하가 가중되리라는 것은 당연한 상황이나 간병인 관리가 사적고용형태에 의존함으로써 누구에게도 관심받지 못하고 있는 것이 현실이며 이에 따른 간병서비스 자체의 질 저하에 직접적인 영향을 미칠 수 있음을 간과하지 않도록 해야 한다.

셋째, 급여비용관리의 문제발생이다. 간병급여규모의 급속한 증가(수급자수, 지급건수, 지급액)는 관련 재정의 압박을 가져오고 있으며 현물급여의 현금급여화에 의한 비용누수 역시 논란이 되고 있다. 특히 현금급여화로 변질되면서 추가 급여대상자에게 생활보조금 등으로 인식되는 등 비용누수 및 관리상의 문제 또한 나타나고 있다. 더구나 현행제도에서의 간병료가 이중체계에 의한 구분지급에 따른 기준차별 (전문간병, 가족간병의 지급액, 지급기준 차별)이 있음에 따라 유사 서비스에 의해 지급되는 금액 차이가 급여대상자에게는 불만을, 관련 전문가들에게는 우려를 발생시키고 있다.

간병급여 요구에 대한 타당성평가의 전문성 부족에 따른 부분도 재정적 부담을 가중시키고 있는 것이 현실이다. 또한 간병급여 요구에 대해 '정말 필요한 것인가'를 평가할 수 있는 전문적인 평가시스템이 부족하다 보니 역시 비용누수 및 급여제공의 적정성 및 타당성에 대해 문제가 발생할 수 있으며 이는 결과적으로 급여비용의 누수 등 관리상의 문제로 진행되고 있다.

① 적절한 수준의 간병서비스가 이루어지기 위해서는 간병서비스의 표준화가 이행되어야 하며 이에 대한 선조건은 간병서비스평가체계의 개발일 것이다.

② 불필요한 간병부담해소 및 양질의 일자리창출을 위한 현행 간병급여의 제도개선의 요구는 더욱 증가하고 있다.

③ 증가된 간병인 수요에 의한 간병급여 서비스비용의 급격한 증가는 산재보험의 재정적 문제로 제기되기에 이르고 제도개선의 배경으로 작용하게 되었다.

④ 감염의 경우 움직임이 제한된 환자 대신 외부와의 접촉이 잦은 간병인에 의한 감염은 물론 여러 질병에 노출되어 있는 병원에 상주하는 간병인의 경우 전문적 예방지식의 부족으로 원내 감염의 위험성 또한 고려해야 할 측면이다.

⑤ 이러한 의학지식 부족으로 인한 사고·위험 대처의 어려움은 가족 간병인에 의해 비전문적 간병 서비스가 제공되는 경우에서도 비슷하게 나타난다.

21 정우와 민지는 공원에서 빠른 걸음으로 걷는 운동을 하고 있다. 같은 지점에서 같은 방향으로 동시에 출발하여 정우는 매분 70m의 속력으로, 민지는 매분 55m의 속력으로 걷고 있다고 할 때, 두 사람의 간격이 450m 이상 떨어지려면 몇 분 이상 지나야 하는가?

① 20분 　　　　　　　　　　② 23분
③ 25분 　　　　　　　　　　④ 27분
⑤ 30분

22 동전을 던졌을 때 앞면이 나오면 위로 두 계단, 뒷면이 나오면 뒤로 한 계단 이동하기로 하였다. 동전을 7번 던진 결과 처음 위치보다 한 계단 뒤에 있을 확률은?

① $\dfrac{21}{64}$ 　　　　　　　　② $\dfrac{35}{64}$

③ $\dfrac{21}{128}$ 　　　　　　　④ $\dfrac{35}{128}$

⑤ $\dfrac{1}{2}$

23 두 도시 A와 B를 자동차를 타고 왕복하였다. 갈 때는 80km/h의 속력으로 갔고, 돌아올 때는 100km/h의 속력으로 왔더니 총 13시간 30분이 걸렸다고 한다. 이때, 두 도시 A, B 사이의 거리는?

① 400km 　　　　　　　　　② 480km
③ 500km 　　　　　　　　　④ 560km
⑤ 600km

24 다음은 2011~2024년 중부 및 남부 지방의 황사 시작일·종료일 및 황사 기간에 관한 자료이다. 이에 대한 〈보기〉의 설명 중 옳은 것만을 모두 고르면?

2011 ~ 2024년 중부 및 남부 지방의 황사 시작일, 종료일, 기간

(단위 : 일)

연도	중부 지방			남부 지방		
	시작일 (월/일)	종료일 (월/일)	기간	시작일 (월/일)	종료일 (월/일)	기간
2011	3/22	4/17	27	3/10	4/10	32
2012	3/29	4/17	20	3/18	4/17	31
2013	3/17	5/4	49	3/18	5/2	46
2014	4/2	( )	28	5/2	( )	28
2015	3/25	( )	36	3/24	( )	37
2016	3/24	4/30	38	3/18	4/16	30
2017	( )	( )	30	3/28	4/29	33
2018	3/26	4/11	17	3/26	4/9	15
2019	3/26	4/29	35	3/26	4/30	36
2020	3/24	5/16	54	3/24	4/30	38
2021	4/3	4/19	17	4/3	4/19	17
2022	3/23	4/25	34	3/23	4/26	35
2023	3/26	4/26	32	3/25	4/27	34
2024	3/29	4/27	30	3/22	4/27	37

※ 기간은 시작일부터 종료일까지의 일수임

보기

㉠ 2014년과 2017년 중부 지방의 황사 종료일이 같다면, 2017년 중부 지방의 황사는 4월에 시작되었다.
㉡ 같은 해에 중부 지방과 남부 지방의 황사 기간이 각각 40일 이상이었던 해는 한 번뿐이다.
㉢ 2015년 황사 종료일은 중부 지방과 남부 지방이 같다.
㉣ 황사 기간이 가장 길었던 해는 중부 지방과 남부 지방 모두 2020년이다.

① ㉠, ㉡
② ㉠, ㉢
③ ㉡, ㉢
④ ㉡, ㉣
⑤ ㉢, ㉣

[25 ~ 26] 다음은 2024년 지하철 5호선 역 화곡~서대문의 승하차 승객수에 관한 자료이다. 이를 보고 이어지는 물음에 답하시오.

2024년 지하철 5호선 역 화곡~서대문의 승하차 승객수

(단위: 천 명)

역명 \ 구분	승차	순승차	환승유입	하차	순하차	환승유출
화곡	944	944	–	634	634	–
까치산	17,388	( )	14,717	17,546	3,869	13,677
신정	1,036	1,036	–	1,106	1,106	–
목동	2,383	2,383	–	2,331	2,331	–
오목교	1,463	1,463	–	1,276	1,276	–
양평	2,897	2,897	–	2,736	2,736	–
영등포구청	17,797	6,661	11,136	18,560	( )	11,935
영등포시장	5,455	5,455	–	5,614	5,614	–
신길	18,544	( )	8,920	18,879	9,216	9,663
여의도	23,563	( )	14,455	24,088	( )	15,165
여의나루	1,690	1,690	–	1,407	1,407	–
마포	3,235	3,235	–	3,294	3,294	–
공덕	7,660	702	6,958	7,663	( )	7,068
애오개	359	359	–	372	372	–
충정로	21,236	( )	15,814	21,970	7,482	14,488
서대문	1,344	1,344	–	1,298	1,298	–

※ 까치산, 영등포구청, 신길, 여의도, 공덕, 충정로만 환승역이며, 나머지는 일반역임

25 위 자료에 대한 〈보기〉의 설명 중 옳은 것만을 모두 고르면?

> 보기
>
> ㉠ 각 환승역에서 환승유출 승객수는 순하차 승객수보다 항상 많다.
> ㉡ 일반역 중 승차 승객수와 하차 승객수의 차이가 가장 적은 역은 애오개역이다.
> ㉢ 환승유입 승객수가 많은 환승역일수록 환승유출 승객수도 많다.

① ㉠
② ㉢
③ ㉠, ㉡
④ ㉠, ㉢
⑤ ㉡, ㉢

26 위 자료 빈칸의 순승차 승객수 합과 순하차 승객수 합의 차이는 몇 명인가?

① 10,682천 명
② 12,542천 명
③ 14,965천 명
④ 16,143천 명
⑤ 26,825천 명

[27~28] 다음은 OECD 주요 13개국의 책 판매액에 관한 자료이다. 이를 보고 이어지는 물음에 답하시오.

OECD 주요 13개국 책 판매액 현황

(단위 : 100만 달러)

국가별	2021년	2022년	2023년	2024년	2025년
미국	161,632	172,901	191,918	205,418	205,940
스페인	58,159	62,637	65,111	56,571	60,503
프랑스	53,640	56,572	58,147	44,858	42,481
일본	36,613	41,753	49,971	45,505	41,527
이탈리아	41,185	43,912	45,488	39,449	40,246
독일	38,136	41,279	43,321	36,908	37,433
오스트레일리아	31,947	31,261	35,878	34,246	37,040
영국	14,576	15,131	18,854	24,982	30,678
멕시코	12,739	13,949	16,208	17,734	19,650
오스트리아	18,894	20,236	20,824	18,235	19,260
터키	25,345	27,997	29,552	26,616	18,743
캐나다	17,407	17,656	17,742	16,541	18,021
한국	13,429	14,629	17,836	15,214	17,332

27　위 자료에 대한 설명으로 옳지 않은 것은?

① 멕시코의 책 판매액은 매년 꾸준히 증가하고 있다.
② 오스트레일리아의 책 판매액은 매년 한국의 2배 이상이다.
③ 13개국 중 영국의 책 판매액 순위는 2021년과 2024년이 동일하지 않다.
④ 책 판매액은 매년 미국이 가장 많다.
⑤ 한국은 매년 책 판매엑이 가장 적디.

28　1달러는 1,350원이고 1,000원은 12.6멕시코페소일 때, 2024년과 2025년의 멕시코의 평균 책 판매액은 몇 페소인가?

① 약 331,951백만 멕시코페소　　　　② 약 323,951백만 멕시코페소
③ 약 317,951백만 멕시코페소　　　　④ 약 304,951백만 멕시코페소
⑤ 약 290,951백만 멕시코페소

29 다음은 서울, 경기, 인천에 위치한 근로복지공단 병원의 의료인 수에 관한 자료이다. 이에 대한 〈보기〉의 설명 중 옳은 것만을 모두 고르면?

서울, 경기, 인천에 위치한 근로복지공단 병원의 의료인 수

(단위 : 명)

지역＼성별	남성 의료인	여성 의료인	전체
전체	13,839	13,177	27,016
서울의원	3,839	3,503	7,342
인천병원	2,766	2,820	5,586
경기케어센터	1,082	1,111	2,193
경기요양병원	1,707	1,605	3,312
안산병원	4,445	4,138	8,583

※ 서울의원은 서울, 인천병원은 인천, 경기케어센터, 경기요양병원, 안산병원은 경기 지역에 위치함

┌ 보기 ┐

㉠ 경기 지역에 위치한 공단 병원은 의료인 수가 많을수록 여성 의료인 대비 남성 의료인 비율이 높다.
㉡ 여성 의료인이 남성 의료인보다 많은 공단 병원은 3개이다.
㉢ 여성 의료인 중 서울, 인천 지역 의료인 비중과, 남성 의료인 중 경기 지역 의료인 비중의 차이는 10%p 이하이다.

① ㉠
② ㉠, ㉡
③ ㉠, ㉢
④ ㉡, ㉢
⑤ ㉠, ㉡, ㉢

30 다음은 어느 대학의 A~G 전공분야별 개설 강의 수와 영어강의 비율을 나타낸 것이다. 이에 대한 〈보기〉의 설명 중 옳은 것을 모두 고르면?

전공분야별 개설 강의 수

전공분야	개설 강의 수
A전공	15개
B전공	11개
C전공	12개
D전공	13개
E전공	31개
F전공	12개
G전공	36개

전공분야별 영어강의 비율

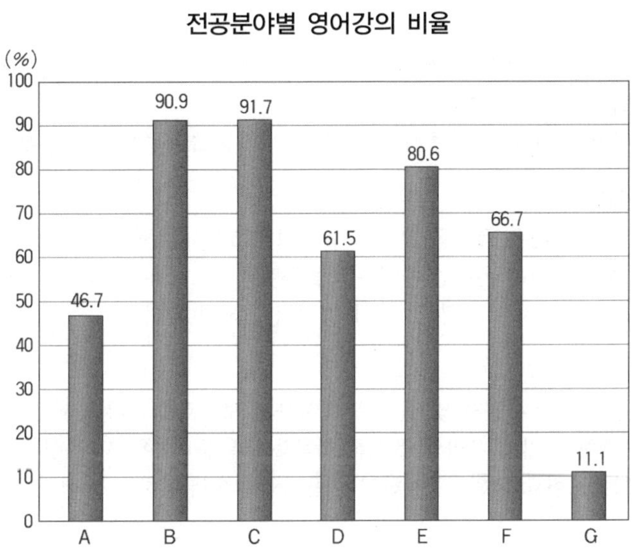

- 영어강의는 전공분야 강의 중 영어로 진행되는 강의를 말한다.
- 영어강의 비율(%) = $\dfrac{\text{전공분야별 영어강의 수}}{\text{전공분야별 강의 수}} \times 100$
- 영어강의 비율은 소수점 아래 둘째 자리에서 반올림한다.
- 이 대학에 A~G 전공분야 강의 이외의 강의는 없으며, 전공분야별로 중복되는 강의 또한 없다.

┌ 보기 ┐
ⓐ 영어강의 수는 이 대학 전체 강의 수의 50% 이상이다.
ⓑ 영어강의 수가 두 번째로 많은 전공분야는 A이다.
ⓒ B 전공분야의 영어강의 수는 G 전공분야 영어강의 수의 2배 이상이다.
ⓓ E 전공분야의 영어강의 수는 이 대학 전체 강의 수의 20% 이상이다.

① ㉠, ㉡   ② ㉡, ㉢
③ ㉠, ㉢   ④ ㉡, ㉣
⑤ ㉢, ㉣

[31~32] 다음은 근로복지공단의 플랫폼 노무제공자 산재보험 관련 자료이다. 이를 보고 이어지는 물음에 답하시오.

□ **플랫폼 운영자 특례 적용대상 직종**
2023. 7. 1.부터 온라인 플랫폼을 통해 노무를 제공하는 퀵서비스기사(음식배달기사 포함), 대리운전기사, 화물차주에 대해 적용

□ **신고 및 납부절차**
1. 플랫폼 운영자 정보 신고
최초 플랫폼 이용 사업자의 플랫폼 이용 개시일이 속하는 달의 다음 달 15일까지 플랫폼 운영자 정보(플랫폼사업자의 성명과 주소)를 공단에 신고하여야 한다.

2. 이용개시·종료 신고
플랫폼 이용 사업자에 대한 이용개시 등의 정보(플랫폼 운영자의 성명과 주소, 플랫폼 이용 개시일, 플랫폼 이용 사업자의 성명과 주소)를 사유발생일 다음 달 15일까지 신고하여야 한다.

3. 월 보수액 신고
매월 플랫폼 이용 사업자별 플랫폼 종사자의 월 보수액을 노무를 제공한 달의 다음 달 말일까지 신고(종사자 성명, 주민번호, 직종 등 포함)를 하여야 한다.
  − 플랫폼 운영자가 미신고 시 플랫폼 종사자 직접 신고 가능(소득증명자료 첨부 필요)

4. 월 보수액 정정 신고
신고한 월 보수액이 잘못된 경우 플랫폼 운영자가 정정 신고할 수 있다.
  − 단, 보수 지급을 중개하지 않는 온라인 플랫폼(화물플랫폼 등) 이용 시 플랫폼 이용 사업자 또는 플랫폼 종사자
    (종사자 신고 시 소득증명 자료 첨부 필요)가 정정 신고하여야 함

5, 원천공제 및 납부
플랫폼 운영자가 플랫폼 이용 사업자 및 플랫폼 종사자의 보험료를 원천공제 및 납부하여야 한다.
  − 단, 보수 지급을 중개하지 않는 온라인 플랫폼(화물플랫폼 등) 이용 시 플랫폼 이용 사업자(운수사업자 등)가
    화물차주가 부담하는 보험료를 원천공제하고 이용사업자가 부담하는 보험료와 합산하여 납부하여야 함

6. 전용계좌의 개설
산재보험료 원천공제 및 납부를 위한 전용 계좌를 개설하여야 한다.

7. 정보 보관 의무
플랫폼 종사자의 월 보수액 등 정보를 플랫폼을 통한 노무제공이 종료된 날부터 5년간 보관하여야 한다.

8. 사무비용 지원
플랫폼 운영자가 월 보수액 신고 및 월별보험료의 납부를 법정기한 내 행한 경우 분기별로 플랫폼 보험사무 이행지원금을 지급할 수 있다.
  − 플랫폼 운영자는 의무 이행을 한 날이 속하는 분기의 다음 분기 첫째 달 말일까지 지원금 지급을 신청할 수 있음
    ※ 플랫폼 보험사무 지원금의 산정 기준 등은 별도 고시

☞ 퀵·대리운전과 화물 플랫폼 간 비교

구분	퀵·대리운전 플랫폼	화물차주 플랫폼
이용·개시 종료신고 및 월 보수액 신고	플랫폼 운영자	플랫폼 운영자
월 보수액 정정 및 원천공제·납부	플랫폼 운영자	플랫폼 이용 사업자
전용계좌의 개설	개설 의무	해당 없음
사무비용 지원	월 보수액 신고 및 보험료 납부	월 보수액 신고

☐ **보험료 산정 기준**

- 노무제공자의 산재보험료는 '보험료 부과 기준이 되는 월 보수액'에 '보험료율'을 곱하여 매월 산정
- 플랫폼 이용 사업주와 플랫폼 종사자가 각각 부담해야 하는 보험료는 개인별 월 보수액에 산재보험료율의 1/2씩 부담('24. 1월 귀속분 보험료부터 적용)
- 산재보험료율＝직종별 요율＋출퇴근 재해요율 0.06%

> 산재보험료＝플랫폼 이용 사업주와 플랫폼 종사자 각각의 월 보수액 × (산재보험료율/2)

☞ 노무제공자의 산재보험료율 고시(고용노동부고시 제2024 － 78호)

노무제공자 직종	요율(‰)
퀵서비스기사	17
대리운전기사	18
화물차주	17

※ 산재보험료율은 직종별요율(상단)＋출퇴근재해요율 0.06% 가산

31 위 자료의 내용과 부합하지 않는 것을 〈보기〉에서 모두 고르면?

┌ 보기 ┐

㉠ 플랫폼 운영자의 성명, 주소, 플랫폼 이용 개시일 등의 정보는 사유 발생일이 속하는 달의 다음달 15일까지는 신고해야 한다.
㉡ 플랫폼 운영자는 플랫폼 이용 사업자별 종사자의 월 보수액을 노무를 제공한 달의 말일까지 신고해야 한다.
㉢ 플랫폼 운영자는 의무 이행을 한 날이 속하는 분기의 다음 분기의 마지막 달 말일까지 지원금 지급을 신청할 수 있다.
㉣ 대리운전 플랫폼 운영자는 플랫폼 이용 사업자 및 플랫폼 종사자의 보험료를 원천공제 및 납부하여야 한다.

① ㉠, ㉡　　　　　　　　　　　② ㉠, ㉢
③ ㉡, ㉢　　　　　　　　　　　④ ㉡, ㉣
⑤ ㉢, ㉣

32 〈보기〉의 갑과 을이 납부해야 하는 월 산재보험료의 합은? (단, 2026년 기준 출퇴근재해요율 0.06%로 계산한다.)

┌ 보기 ┐

- 월 보수액이 350만 원인 퀵서비스기사 갑
- 월 보수액이 420만 원인 화물차주 을

① 54,500원　　　　　　　　　　② 67,760원
③ 75,600원　　　　　　　　　　④ 83,780원
⑤ 98,560원

[33~34] 다음은 근로복지공단이 제공하는 산재근로자에 대한 간병현물급여 관련 자료이다. 이를 보고 이어지는 물음에 답하시오.

◎ 간병현물급여란
'간병현물급여'란 산재보험 의료기관에서 산업재해보상보험법 시행규칙 제11조에 따른 간병을 산재근로자에게 직접 제공하고 그에 따른 간병료를 진료비로 청구하여 지급받는 간병료를 말함
※ 중환자실, 회복실 또는 폐쇄병동 입원기간은 간병기간에서 제외

◎ 현물 간병서비스 제공원칙 및 내용
1. 간호사: 환자의 상병상태에 따른 간호서비스 제공 및 간병인에 대한 교육 및 지도
2. 간병인: 의사, 간호사 등 의료진의 교육하에 위생관련 업무, 경구 식사보조, 배설 관리, 이동 등의 간병서비스 제공

간병인의 주요 업무 및 간병서비스 최소 권고기준

주요 업무	최소 권고기준
구강 위생관리	최소 1일 1회 이상
세발 위생관리	최소 3일 1회 이상
목욕 위생관리	최소 1주 1회 이상
경구 식사보조, 배설 관리, 이동	필요한 경우

◎ 간병현물급여 지급기준
1. 대상: 의료기관의 간병서비스를 제공받은 입원환자
2. 금액: 간병료는 의료기관의 간호인력 확보수준에 따른 간호등급 및 간병제공기간의 병상수 대비 간병인 수의 비율에 따라 산재근로자의 간병 필요등급별로 1일당으로 산정

간호인력 확보수준에 따른 간병등급별 간병료

구분	간병1등급	간병2등급	간병3등급
국민건강보험법 시행령 제21조 제2항 및 국민건강보험 요양급여의 기준에 관한 규칙 제8조 제2항부터 제4항에 따라 보건복지부장관이 고시하는 간호인력 확보수준이 아래와 같은 의료기관(요양병원은 제외) ❶ 상급종합병원: S등급~3등급 (단, 등급은 간호인력이 3.5:1 미만인 경우만 해당) ❷ 종합병원: S등급~3등급 ❸ 병원급(요양병원은 제외): A~4등급 ❹ 의원급: 1등급~4등급	97,420원	84,160원	70,890원
간호인력 확보수준이 아래와 같은 의료기관 ❶ 상급종합병원: 3등급 (단, 간호인력이 3.5:1 이상인 경우만 해당) ❷ 종합병원: 4등급~5등급 ❸ 병원급(요양병원은 제외): 5~6등급 ❹ 의원급: 5등급~6등급 ❺ 요양병원: 1~6등급	95,620원	82,360원	69,090원

병상수 대 간병인 수의 비율에 따른 간병료

병상수 대비 간병인의 수	산재근로자 1명당 간병료
1:1 이하인 경우	간병료의 100분의 100
1:1 초과 1.5:1 미만인 경우	간병료의 100분의 85
1.5:1 이상 2:1 미만인 경우	간병료의 100분의 65
2:1 이상인 경우	간병료의 100분의 50

※ 간병료 산정 예시

간병이 제공된 병실의 총 병상수가 20병상이고, 투입된 간병인수는 15일간 18명, 16일간 17명인 경우 산재근로자 1인당 간병료는 20병상 × 31일/{(18명 × 15일) + (17명 × 16일)} = 620/542 = 1.143:1 = 1.1:1

(위 테이블에서 "1:1 초과 1.5:1 미만"인 경우에 해당하므로 간병료는 간병료의 100분의 85 지급)

◎ 현물 간병서비스 산정기준 및 산정원칙

1. 간병료는 간병등급별로 해당 간병료의 범위 내에서 산정하되, 의료기관에서 정한 간병료가 고시에서 정한 금액보다 낮은 경우에는 낮은 금액으로 산정

2. 간병료에는 간병에 필요한 소모품 비용(기저귀 등)이 포함된 것으로 간주하므로 그 비용을 별도 산정할 수 없으며, 산재근로자에게 그 비용을 부담하도록 할 수 없음

3. 간병료 산정은 산재환자가 간병을 제공받은 일수에 따라 1일당으로 산정하되, 입원, 퇴원, 전실 등의 경우에는 '건강보험 행위 급여 · 비급여목록표 및 급여 상대가치점수' 제1편 제2부 제1장 2. 입원료 산정원칙에 따라 산정

> 1. 1일이라 함은 12시(정오)부터 다음 날 12시(정오)까지를 의미한다.
> 2. 0~6시 사이에 입원하거나, 18~24시 사이에 퇴원한 경우에는 입원료 소정점수의 50%를 별도 산정한다.
> 3. 6~12시 사이에 입원하거나, 12~18시 사이에 퇴원한 경우에는 동기간의 입원료는 별도 산정하지 아니한다.
> 4. 입원과 퇴원이 같은 날에 이루어진 경우에는 전체 입원 시간이 6시간 이상인 경우에 한하여 1일의 입원료를 산정한다.

33 위 자료의 내용을 잘못 이해한 사람을 〈보기〉에서 모두 고르면?

> 보기
>
> 갑: 간병인은 목욕 위생관리는 1주일에 최소 1회, 배설 관리는 3일에 최소 1회는 제공하는 것이 권고기준이구나.
> 을: 병원의 규모가 클수록, 간호인력화보수준이 높을수록 간병현물급여 지급금액이 높아지는구나.
> 병: 6개의 병상이 있는 병실의 산병을 간병인 4명이 밑을 때, 산재근로자 1명당 간병료는 100분의 85가 지급된다.
> 정: 병원에 오후 2시에 입원하여 당일 오후 10시에 퇴원하는 경우에도 1일 입원료가 산정되는구나.

① 갑, 을, 병
② 을, 병, 정
③ 갑, 병
④ 을, 병
⑤ 병, 정

34 〈보기〉의 경우 A씨에 대해 간병료는 얼마가 지급되는가?

> 보기
>
> 간병등급 3등급인 A씨는 간호인력 확보수준이 4등급인 요양병원에 입원하였다. A씨는 40일간 입원하였는데, 입원한 병실의 병상수는 4개였다. 입원한 처음 30일간은 3명의 간병인이 환자를 간병하였으며, 나중 10일간은 2명의 간병인이 간병을 하였다.

① 2,128,050원
② 2,349,060원
③ 2,620,500원
④ 3,050,730원
⑤ 3,254,620원

[35~36] 다음은 근로복지공단의 근로자 휴양콘도에 관한 자료이다. 이를 보고 이어지는 물음에 답하시오.

◎ **사업목적**
근로자 및 그 가족들의 여가 욕구 충족을 위해 휴양시설(콘도)을 법인회원가로 이용할 수 있도록 지원하는 사업

◎ **사업내용**
1. 신청대상

구분	주말	성수기	평일	비고
대상자	모든 근로자 (노무제공자 포함)		− 모든 근로자(노무제공자 포함) − 근로자를 사용하지 않는 중소기업사업주 − 워크숍, 체육행사, 단합행사 등을 개최하는 사업주, 부서장, 팀장, 동호회 회장 등	− 주말 : 금, 토, 연휴, 공휴일 전일 − 성수기 : 별도 공지 − 평일 : 일~목(성수기 제외) − 담당자 : 052−704−1234

2. 이용요금(1박 기준 − 조식 제외, 패밀리 Type)
65,000원 ~ 319,000원
※ 구체적인 이용요금은 각 콘도사 홈페이지 요금 안내란의 "(무기명)법인회원" 요금 참조

3. 이용가능 지역
설악, 양평, 지리산, 경주, 통영, 제주 등 전국 44개소(구좌수 총 676개)

4. 신청 절차
① 근로복지넷(welfare.comwel.or.kr) > 서비스신청 > 근로자휴양콘도 클릭
② 인증서 로그인 후 신청서 작성
③ (공단) 근로자 고용정보의 임금 및 기업규모 확인 → (근로자) 확인 문자 전송
※ 임금 및 기업규모 등이 확인되지 않을 경우 또는 가점을 확인하는 증명서 등 자료요청 문자가 전송되며 자료를 팩스 전송하여
  야 함(FAX : 0505−282−1234, 팩스 전송 시 성명 · 전화번호 기재)

5. 이용 신청
• 주말 : 이용일 전월 5일까지
• 평일 : 이용일 7일 전까지

6. 이용우선순위
① 이용가능 점수가 높은 근로자
② 주말 · 성수기 선정박수가 적은 근로자
③ 나이가 많은 근로자
※ 근로자 신혼여행의 경우 최우선 선정

7. 이용자 선정
• 주말 : 이용일 전월 10일(휴일인 경우 전날)
• 평일 : 신청 후 7일 이내(최대 이용일 전날)
  ※ 한화콘도 이용월 전 2개월, 리솜, 켄싱턴, 금호콘도 이용월 전 3개월 신청건에 대하여 콘도사 예약오픈일에 맞춰 선정결과
    발표 예정
• 성수기 : 별도 공지
  ※ 이용우선순위를 기준으로 객실별(지역, 이용일, Type 동일) 이용순위를 정함

8. 이용 및 변경 안내
- 문자 또는 이메일로 발송된 예약번호로 해당 콘도에서 체크인 후 이용(소노의 경우 선결제 – 위약금 존재)
  ※ '서비스신청 〉 신청결과확인' 메뉴에서 확인 가능
- 요금은 '서비스신청 > 휴양콘도 > 보유콘도 및 요금정보'에서 확인 가능
- 이용대상자로 선정된 후에는 이용일 및 이용지역 변경 불가 → 변경을 원할 경우 선정 취소 후 재신청
- 선정 후 취소 시 선정박수에는 포함되므로 이용우선순위에 유의(평일 제외)
  ※ 기준년도 내 이용가능점수가 높은 근로자를 우선으로 자동선발하고, 차순위로 선정박수가 적은 근로자 순으로 선발하므로 선정 후 취소 시 차후 이용우선순위에 영향을 미치니 유의하시기 바람

35 위 자료의 내용과 부합하는 것은?

① 근로자가 아닌 사업주는 근로자 휴양콘도를 이용할 수 없다.

② 설악, 양평, 경주 등 전국 44개소의 콘도를 이용할 수 있으며, 1박 요금은 조식 포함 최저 65,000원이다.

③ 근로복지넷을 통해 콘도 이용 신청 시 근로자 고용정보의 임금과 기업규모가 확인되지 않을 경우 신청이 즉시 반려된다.

④ 주말에 콘도를 이용하고자 할 경우 이용하기 5일 전까지 이용 신청을 해야 한다.

⑤ 신혼여행 목적으로 콘도를 이용할 경우 이용우선순위에서 1순위가 된다.

36 근로자 휴양콘도의 이용자 선정 및 이용, 변경방법과 관련된 내용으로 옳은 것을 〈보기〉에서 모두 고르면?

> **보기**
>
> ㉠ 토요일인 6월 11일에 콘도를 이용하고자 신청한 경우 5월 10일에 선정결과를 알 수 있다.
> ㉡ 이용자로 선정되었으나 취소한 경우에는 향후 6개월간 이용신청을 할 수 없다.
> ㉢ 신청 후 이용자로 선정된 이후에 이용지역을 변경하고자 할 경우에는 선정을 취소한 후 재신청해야 한다.
> ㉣ 이용자로 선정된 경우 문자나 이메일로 예약번호를 발송하며, 이는 근로복지넷을 통해서도 확인할 수 있다.

① ㉠, ㉡   ② ㉡, ㉢
③ ㉢, ㉣   ④ ㉡, ㉢, ㉣
⑤ ㉠, ㉡, ㉣

[37~38] 다음은 근로복지공단이 시행하고 있는 직업훈련지원과 관련된 자료이다. 이를 보고 이어지는 물음에 답하시오.

◎ 사업개요
산재근로자의 재취업 지원을 위하여 공단과 계약이 된 직업훈련기관에서 직업훈련을 받는 경우 훈련비용과 수당을 지원

◎ 지원대상
- 직업훈련 신청일 기준 장해판정일로부터 3년 이내 산재장해등급 제1급~제12급 해당자
- 또는, 업무상 재해로 통원 요양 중에 있으나 치유 후 장해 제1급~제12급에 해당할 것이라는 의학적 소견이 있으면 요양종결 전이라도 직업훈련지원 가능

> ※ 지원제외(아래의 어느 하나에 해당하는 경우)
> - 취업(자영업 포함) 중인 자
>   - 신청일 이전 1개월 동안 10일 이상의 일용근로한 자
>   - 신청일 이전 1주 동안 15시간 이상 단시간 근로한 자
>   - 부가가치세법에 따라 사업자등록(휴업 중 포함)한 자
>   - 기타 사회통념상 인정되는 취업행위를 한 자
> - 고용노동부 등 다른 직업훈련을 받고 있는 자
> - 장해상태에 비추어 직업훈련이 곤란한 자
> - 직업평가 결과 훈련희망직종이 적합하지 않은 자
> - 입원 요양 중인 자
> - 구직등록이 되어 있지 않은 자. 다만, 구직신청서 제출 시 구직등록이 된 것으로 인정
> - 외국인으로 아래의 요건을 하나라도 충족하지 않는 경우
>   - 산재발생 당시 합법적인 체류자격을 가진 자로서 직업훈련 신청 당시 취업할 수 있는 체류자격일 것
>   - 한국어(말하기, 듣기, 쓰기, 읽기 등)로 훈련수강이 가능할 것
>   - 직업훈련 신청 당시 훈련기간 이상의 체류기간이 남아 있을 것
> - (제2회차 신청인 경우) 직업훈련 개시일이 제1회차 종료일로부터 4주의 구직활동기간이 지나지 않았거나, 제1회차 훈련과정과 동일한 훈련과정을 신청한 경우 등
> - 그 밖에 이에 준하는 경우
>
> * 상기의 요건에 모두 해당하지 않는 경우 직업훈련 대상에 해당되며, 직업훈련 신청서 처리 시 담당자가 대상자 적격 여부를 최종 판단합니다.

◎ 신청기한 및 지원기간(횟수)
- 신청기한 : 장해등급이 판정된 날부터 3년 이내
- 지원기간(횟수) : 최대 12개월 범위 내에서 총 2회 지원(요양 중 참여 포함)

◎ 상담 및 신청
- 근로복지공단 재활보상부(재활보상2부)
- 내일찾기 메타버스

◎ 지원 훈련직종
- HRD - Net 국민내일배움카드 훈련과정
- 한국폴리텍대학 또는 한국장애인고용공단 훈련과정
  * 한국장애인고용공단 훈련과정은 국가장애등록자(복지카드 소지자)에 한하여 참여 가능
- 대형면허 및 특수면허(도로교통법에 따른 자동차운전학원)

◎ 지원내용
• **훈련비용**: 훈련기관에 지급하는 비용으로 HRD – Net 과정 및 한국장애인고용공단 위탁훈련은 정부지원승인 훈련비 한도(그 외 훈련의 경우 600만 원 이내)
• **훈련수당**: 산재근로자에게 지급하는 비용으로 단위기간(훈련개시일로부터 매 1개월 주기의 기간) 출석률이 80% 이상인 경우, 아래 훈련일수 및 시간에 따라 최저임금액 내에서 차등 지급
  * 장해보상연금(진폐연금)수급자는 연금액과 훈련수당을 조정

지급기준(훈련일수 및 시간)	훈련수당
〈1호〉 아래의 모든 요건 충족 – 1일 4시간 이상 – 1주 동안 20시간 이상이면서 4일 이상 – 1개월 동안 80시간 이상	훈련기간의 일수에 대하여 1일당 최저임금액 (훈련기간 일수 × 최저임금)
〈2호 가목〉 '1호'의 기준에 미치지 못하나, 1일 4시간 이상	훈련받은 일수에 대하여 1일당 최저임금액 (훈련받은 일수 × 최저임금)
〈2호 나목〉 '1호'의 기준에 미치지 못하나, 1일 2시간 이상 4시간 미만	훈련받은 일수에 대하여 1일당 최저임금액 × 1/2 (훈련받은 일수 × 최저임금 × 1/2)
1일 2시간 미만	부지급

37 위 자료의 내용으로 보아, 직업훈련지원을 받을 수 있는 사람은?

① 신청일 하루 전 구직신청서를 제출한 갑
② 장해를 입은 지 2개월이 되었으나 손을 움직이기 불편해 교육을 받거나 훈련에 어려움이 있는 을
③ 고용노동부의 프로그램을 통해 다른 직업훈련을 받고 있는 병
④ 한국어 말하기와 듣기는 가능하나 읽고 쓰는 것에 어려움이 있는 외국인 정
⑤ 이진과 동일한 훈련과정을 다시 신청한 무

38 위 자료의 내용과 부합하지 않는 것은?

① 2023년 6월 1일 산재장해등급 5등급을 판정받은 경우 2026년 6월 30일에 직업훈련을 신청하는 것이 가능하다.
② 직업훈련지원은 1년간 2회까지 가능하며, 요양이 아직 종결되지 않은 경우에도 훈련을 받을 수 있다.
③ 국가장애등록자가 아니면 한국장애인고용공단 훈련과정에 참여할 수 없다.
④ 훈련비용은 산재근로자가 아닌 훈련기관에 지급되며, 한국폴리텍대학 훈련과정의 경우 600만 원 이내로 훈련비용이 지급된다.
⑤ 훈련수당은 출석률이 80%가 되지 않는 경우 지급되지 않으며, 훈련시간이 1일 1시간이라면 지급되지 않는다.

[39~40] 다음은 ○○스터디카페의 이용 정보 및 카페 내 스터디실 이용 규정의 일부이다. 이를 보고 이어지는 물음에 답하시오.

○○스터디카페 이용 정보

구분	대관료		비고
	기본 대관료	추가 1시간당	
스터디실(대)	129,000원	65,000원	• 기본 2시간 사용원칙 • 토, 일, 공휴일 대관 시 전체 비용에서 10% 할증
스터디실(중)	65,000원	32,500원	
스터디실(소)	44,000원	22,000원	
세미나실	110,000원	55,000원	

※ 대관 문의: 02-1234-5678(신청서 작성 전 필히 사전 협의 바랍니다.)

주차장 이용 정보

구분	운영시간	주차요금
스터디카페 이용고객	연중무휴(24시간)	• 최초 30분 무료 • 5분 초과 시마다 150원 • 1일 주차권 8,000원

스터디실 이용 규정

제5조(사용계약의 취소 및 변경요청) ① 사용자가 대관료를 납부하고 사용일 전 취소한 경우 다음 각 호에 따라 위약금을 공제하고 반환한다.
1. 사용자가 사용예정일 3일 전 취소한 경우 대관료 전액환불
2. 사용자가 사용예정일 1~2일 전 취소한 경우 위약금 10% 공제한 후 대관료 환불
3. 사용자가 사용예정 당일 취소한 경우 위약금 50% 공제한 후 대관료 환불

제8조(대관의 해지 및 해제) 다음 각 호에 해당하는 경우에는 언제든지 대관계약재산의 전부 또는 일부에 대하여 대관 계약을 취소할 수 있다.
1. 우리 시설에 문제가 발생한 때
2. 대관승인기간의 만료 또는 사용자가 이 계약을 위반하였을 때
3. 사용목적을 위반한 때
4. 시설물을 훼손하거나 훼손할 우려가 있을 때

제9조(사용료의 반환) 제8조의 사유로 인하여 대관사용계약을 해지 또는 해제한 경우에는 납부한 사용료는 반환하지 아니한다. 다만, 제8조 제1호의 경우 사용료를 전액 반환한다.

39 스터디카페 이용에 대한 설명으로 옳지 않은 것은?

① 스터디실에서 4시간 이용을 예정했으나, 1시간이 되지 않아서 이용자가 설비를 고장 내어 대관시간을 채우지 못했을 경우, 스터디카페 측에서는 대관료를 반환할 필요가 없다.

② 스터디카페 내부의 누수로 전기를 사용할 수 없어 스터디카페 측에서 대관 계약을 취소한 경우 사용료를 전액 반환한다.

③ 토요일에 세미나실을 3시간 이용할 경우, 181,500원의 비용을 대관료로 지불해야 한다.

④ 4명의 고객이 스터디실을 2시간 동안 이용했고 모두가 차를 가져왔다고 할 때, 각자가 일일 주차권을 이용하는 것이 이용자에게 더 불리하다.

⑤ 평일에 스터디실(대) 2개를 2시간 대관했다가 당일에 계약을 취소할 때의 위약금과 평일에 스터디실(대) 1개를 4시간 대관했다가 당일에 계약을 취소할 때의 위약금은 동일하다.

40 어느 동아리에서 일주일 동안 있을 회의를 대비해서 〈보기〉와 같이 스터디카페를 이용하고자 할 때, 이 동아리가 일주일 동안 지불해야 하는 대관료는 얼마인가? (단, 주차장은 이용하지 않는다.)

┌ 보기 ┌
- 이 동아리에서는 월요일, 화요일, 토요일 총 3번의 회의를 예정하고 있다.
- 월요일에는 21명, 화요일에는 14명, 토요일에는 7명이 회의를 할 예정이다.
- 20명 이상인 경우 대형 스터디실, 10명 이상 20명 미만은 중형 스터디실, 10명 미만은 소형 스터디실을 사용하려고 한다.
- 월요일은 3시간, 화요일은 4시간, 토요일은 2시간의 회의가 예정되어 있다.

① 372,400원　　　　　　　　　　② 381,300원
③ 390,520원　　　　　　　　　　④ 404,800원
⑤ 413,400원

[41~42] 다음은 근로복지공단이 시행하고 있는 직업훈련생계비 융자에 관한 자료이다. 이를 보고 이어지는 물음에 답하시오.

◎ **대부대상**

총 140시간 이상 훈련 중 대부대상월의 교육일수가 15일 이상인 대부 대상자

• 실업자 : 고용보험 피보험자격을 상실한 자 중 실업상태에 있는 자(단, 실업급여 수급 중인 자, 노무제공자 상실 이력만 있는 자는 제외)

• 비정규직근로자 : 고용보험 피보험자격을 취득한 비정규직 노동자(특수형태근로자는 대상이 아님)

• 무급휴직자 : 고용보험 피보험자격을 취득한 근로자로서 휴직수당 등 금품을 받지 않고 휴직 중인 자

• 자영업자인 피보험자 : 자영업자 고용보험 임의가입 중인 자

  ※ 대부신청일 이전 180일 이내에 30일 이상의 고용보험 피보험 일용근로내역이 있는 건설일용근로자가 12월부터 2월 사이에 훈련을 수강하는 경우에 한하여 2주 이상의 훈련에 대해 대부할 수 있으며, 이 경우에는 교육일수가 8일 이상인 경우에 한하여 대부요건 인정

◎ **소득요건**

전년도 20세 이상 가구원 합산 월 소득이 신청년도 가구별 기준 중위소득의 80% 이하일 것(가구원 : 본인 및 배우자, 부모, 배우자의 부모, 자녀)

2026년도 가구별 기준 중위소득

(단위 : 원)

구분	1인 가구	2인 가구	3인 가구	4인 가구	5인 가구	6인 가구
80%	2,051,390	3,359,434	4,287,229	5,195,791	6,045,375	6,844,762
100%	2,564,238	4,199,292	5,359,036	6,494,738	7,556,719	8,555,952
120%	3,077,086	5,039,150	6,430,843	7,793,686	9,068,063	10,267,142

* 중장년 내일센터 프로그램 수료자 : 중위소득 100%로 예외

**국가기간·전략산업직종훈련에 참여하는 자 : 중위소득 120%로 예외

**기초생활수급자, 차상위계층, 보호종료아동(자립준비청년)은 소득 기준 제외

◎ **대부대상 훈련과정**

아래에 해당하는 총 140시간 이상의 집체·비대면 실시간 원격 훈련(콘텐츠 재생형 원격훈련은 제외)

• 국민 평생 직업능력 개발법에 의해 지원되는 국민내일배움카드 과정, 사업주 직업능력개발훈련, 폴리텍대학 직업훈련과정

• 고용보험법 및 국민 평생 직업능력 개발법에 의해 지원되는 국가인적자원개발컨소시엄 훈련과정

• 그 밖에 지방자치단체의 장이 직업능력개발훈련을 위하여 설치한 공공직업훈련시설에서 취업을 목적으로 실시하는 훈련

• 건설근로자공제회에서 건설일용근로자의 기능 향상을 위하여 실시하는 훈련

• 산업재해보상보험법 제72조 및 제92조 중 어느 하나에 해당하는 훈련 또는 장애인고용촉진 및 직업재활법 제11조 및 제12조 중 어느 하나에 해당하는 훈련

◎ **대부한도**

• 총 대부한도 : 1인당 1천만 원 이내

• 월별 대부 한도액 : 50~200만 원 이내

• 대부대상월의 훈련기간에 대하여 대부대상월의 익월 10일까지 대부 신청(소급 신청 불가, 월별 신청)

• 기접수 훈련과정 외 다른 훈련과정 대부 신청 시 대부대상월 대부액 200만 원 초과 불가

〈예시 : 1/21~5/30 훈련(140시간 이상)〉

1월 훈련 : 15일 미만으로 대부대상월에서 제외(접수불가)

2월 훈련 : 3/1 ~ 3/10까지 신청, 3월 지급 - 신규신청

3월 훈련 : 4/1 ~ 4/10까지 신청, 4월 지급 - 추가신청

4월 훈련 : 5/1 ~ 5/10까지 신청, 5월 지급 - 추가신청

5월 훈련 : 6/1 ~ 6/10까지 신청, 6월 지급 - 추가신청

＊신규 신청 이후 동일한 훈련에 대한 월별 지급 신청은 '추가신청' 유형으로 접수

◎ 기타 사항
- 추가신청자의 경우 대부 적격여부를 판단하여, 훈련기간 중 취업, 훈련 중도포기, 실업급여 수급, 이자 미납, 신용정보 등재 등의 사유 발생 시 대부실행 중단
- 훈련사실 및 대부요건 등을 확인하여 매월 1일~10일까지(휴일인 경우 익일) 신청
- 대출 실행일이 은행 휴무일인 경우(법정 공휴일, 토요일 및 근로자의 날 포함) 다음 최초 영업일에 실행
- 대부대상월의 훈련기간에 대해 월별 대부 신청
- 훈련개시월과 훈련종료월의 일수가 모두 15일 미만일 경우에만 합산 → 합산하여 15일 이상일 경우, 훈련종료월을 대부대상월에 포함(개시월, 종료월 중 하나만 15일 미만인 경우 합산 적용 불가)

41 위 자료의 내용으로 보아, 직업훈련생계비 융자 신청에 관한 설명으로 옳은 것은?

① 2026년 기준 3인 가구이며 전년도 합산 월소득이 400만 원 이상인 경우 융자를 신청할 수 없다.

② 3개월째 실업급여를 받고 있는 경우에는 융자 신청을 할 수 없으나, 특수형태근로자는 융자 신청을 할 수 있다.

③ 대부 대상자가 총 140시간 이상의 훈련을 다 받은 후에 융자 신청을 할 수 있다.

④ 건설일용근로자는 대부대상월의 교육일수가 15일 미만인 경우에 대부를 받는 것이 가능하다.

⑤ 차상위계층이며 1인 가구가 전년도 합산 월소득이 230만 원인 경우 융자 신청을 할 수 없다.

42 2026년 3월 23일부터 6월 12일까지 국민내일배움카드 과정의 훈련을 받는 갑의 직업훈련생계비 융자 관련 설명으로 옳지 않은 것은?

① 7월 10일에는 대부신청을 할 수 없다.

② 3월에는 대부신청을 할 수 없다.

③ 4월에 신규 신청을, 5월에 추가 신청을 할 수 있다.

④ 5월 12일에 대부신청을 하는 것은 불가능하다.

⑤ 갑이 최대로 대부 신청을 하는 경우에도 600만 원 이내로만 융자를 받을 수 있다.

[43~44] 신제품 출시 행사를 담당하는 P회사 마케팅팀 곽 차장은 행사가 예정된 T호텔로부터 다음과 같은 견적서를 받았다. 이를 보고 이어지는 물음에 답하시오.

견적서

행사명: P회사 신제품 출시 행사
행사형식: 만찬
일시: 2026년 7월 1일(수) 16:00~19:00
인원: 320명
장소: T호텔 다이아몬드홀

구분	항목		단가(원)	수량	견적가(원)	비고사항
식음료	뷔페	A	100,000	—		
		B	80,000	320	25,600,000	
		C	70,000	—		
	와인	A	80,000	—		
		B	70,000	35	2,450,000	
		C	60,000	—		
	식음료 소계				28,050,000	
장식	얼음 장식	대	700,000	—		
		소	550,000	3	1,650,000	
	꽃 장식	대	1,000,000	2	2,000,000	
		소	500,000	—		
	현수막	특대	220,000	—		
		일반	120,000	3	360,000	
	장식 소계				4,010,000	
합계					32,060,000	

43 곽 차장은 견적서를 상사인 박 부장에게 보고하고 〈보기〉와 같은 지시를 받았다. 박 부장이 지시한 내용을 토대로 예약사항을 변경하려고 할 때, 위 견적서와 달라지지 않는 항목은?

> ┌ 보기 ┐
>
> 곽 차장, 신제품 출시 행사 견적서에 수정사항이 있으니 처리하고 보고해줘요. 식음료 부문 예산은 2,000만 원이니 행사 인원을 30% 축소하고, 와인 수량도 10병으로 줄이도록 해요. 단, 식음료 부문 예산을 초과하지 않는다면 와인 등급을 한 단계 높이기로 하죠. 아, 얼음 장식은 큰 것으로 바꾸도록 하고, 현수막은 특대로 1장 더 추가해주세요. 대신 장식 부문의 예산이 5,000,000원을 초과할 경우, 꽃 장식 크기를 조정해 예산에 맞추도록 하세요.

① 예약인원
③ 꽃 장식 크기
⑤ 얼음 장식 크기

② 와인 등급
④ 현수막 수량

44 위 43번 문제에서 변경된 사항을 모두 적용한다면 필요한 예산은 최소 얼마인가?

① 2,190만 원
③ 2,610만 원
⑤ 3,200만 원

② 2,340만 원
④ 2,850만 원

45 다음 자료와 〈상황〉을 근거로 판단할 때, 갑이 올해 받을 수 있는 보너스(추가보너스 포함)는 얼마인가?

□ L사는 R&D부서에서 연구를 담당하는 팀들의 성과를 평가하여 매년 그 결과(A급·S급·SS급 성과)에 따라 팀별로 아래와 같이 보너스를 지급하고 있다.

보너스 지급 기준

구분	A급 성과	S급 성과	SS급 성과
연구내용	기초연구 성공	응용연구 성공	상용화연구 성공
보너스 지급 기준금액	2억 5,000만 원	4억 2,000만 원	6억 5,000만 원

□ 지난해 연구성과와 비교하여 보너스 지급 기준금액의 100%~120%를 차등지급한다. (연구성과는 SS급 성과, S급 성과, A급 성과, 무성과 순으로 높다.)

구분	지난해와 같은 등급의 성과	지난해보다 한 단계 높은 등급의 성과	지난해보다 두 단계 이상 높은 등급의 성과
지급률	100%	110%	120%

□ 해당 팀에 지난해 근무태도평가에서 '하'를 받은 팀원이 없는 경우에는 (팀원 수 × 200만 원)을 추가보너스로 지급한다.

상황

갑은 현재 L사에 재직 중이며 R&D부서에서 연구를 담당하는 팀에 속해 있다. 갑의 팀은 지난해에 기초연구 성공을 거둔 데 이어 올해에는 응용연구 성공을 거두었으며, 보너스를 받게 되면 팀원들이 균등하게 나누기로 하였다. 한편 갑은 지난해 근무태도평가에서 '하'를 받았으나 갑을 제외한 7명의 팀원은 모두 '중' 또는 '상'을 받았다.

① 5,250만 원
② 5,775만 원
③ 5,975만 원
④ 6,000만 원
⑤ 6,200만 원

46 다음 설명에 해당하는 창의적 사고 발상법은?

> 중심 개념에서부터 관련된 아이디어를 시각적으로 표시해 나가는 활동이다. 특정 주제에 대한 자신의 생각을 몇 마디 정보나 단어, 문장 등으로 회상하고 표현할 수 있도록 하는 데 도움을 준다. 생각 그물 만들기는 여러 가지 형태로 할 수 있다. 거미줄과 같은 형태일 수도 있고, 나무 모양이나 기차 모양과 같은 형태를 취할 수도 있다. 그렇다고 어떤 형태라도 상관이 없다는 것은 아니다. 글의 주제에 따라 적합한 형태를 취하는 것이 좋다.

① 마인드 맵핑　　　　　　　　② 체크리스트
③ 시네틱스　　　　　　　　　④ 분석적 사고
⑤ 속성열거법

47 다음 중 전체 문제를 세부 문제로 쪼개는 과정을 통해 문제의 구조를 파악하는 방법은?
① SWOT 분석　　　　　　　② Logic Tree
③ 3C 분석　　　　　　　　　④ 피라미드 구조화
⑤ 목표분석

48 일곱 명의 직원 A, B, C, D, E, F, G의 월~일요일까지 7일간의 근무 일정을 짜려고 한다. 7일간 오전, 오후 각각 1명의 직원이 근무하게 되며, 모든 직원의 근무 일수는 동일하다. 근무 일정의 조건이 다음과 같을 때, 항상 참이 되는 것은?

> • A와 B는 오전에만 근무한다.
> • D는 월, 수, 금요일에만 근무가 가능하다.
> • D와 G는 항상 같은 날 근무한다.
> • F는 주말(금, 토, 일요일)에만 근무가 가능하다.
> • 수요일 오전에 근무하는 사람은 E이다.
> • A와 B가 같이 근무하는 날은 없다.

① A는 월, 수, 금 중 하루 근무한다.
② C는 적어도 하루 D와 같은 날 근무한다.
③ F는 적어도 하루 금요일에 근무한다.
④ F는 토요일과 일요일 오후에만 근무한다.
⑤ C가 E와 함께 근무하는 날은 없다.

49 ○○공사 본부의 직원 갑, 을, 병, 정은 지사가 있는 대전, 대구, 강릉, 부산에 각각 한 명씩 출장을 가게 되었다. 다음 조건이 참이라고 할 때, 반드시 거짓인 것은?

> • 갑과 정은 을보다 먼저 출장을 간다.
> • 병은 강릉으로 출장을 간다.
> • 대구가 가장 첫 번째 출장지이다.
> • 부산에 가는 직원은 두 번째 순서이다.

① 갑은 첫 번째로 출장을 가는 직원이다.
② 을은 대전으로 출장을 가는 직원이다.
③ 병은 두 번째로 출장을 가는 직원이다.
④ 정은 대구로 출장을 가는 직원이다.
⑤ 갑이 대구로 출장을 갈 경우, 정은 부산으로 출장을 간다.

50 A, B, C 세 사람은 오전 9시까지 출근한다. 모두 다른 시각에 출근하였고, 이들의 시계는 모두 잘못 맞춰져 있었다. 다음과 같은 상황으로 보아 옳지 않은 것은? (이때, 출근시간은 회사 정문에 도착한 시각을 기준으로 한다.)

> • A는 회사 정문 앞에서 출근 시간까지 8분이 남은 걸 확인하고 도보로 편도 2분 거리에 있는 편의점에 들러 커피를 구매한 후 출근하였다. 이때 커피를 계산하기까지 소요된 시간은 1분이다.
> • A의 시계는 C의 시계보다 7분 빠르고 B의 시계는 A의 시계보다 3분 느리다.
> • B는 C보다 2분 늦게 출근했다.
> • C는 4분 지각했다고 생각했으나 사실은 6분 지각했다.

① A가 회사 정문 앞에 처음 도착한 실제 시각은 8시 47분이다.
② B는 A보다 16분 늦게 출근했다.
③ B의 시계와 C의 시계는 2분 차이가 난다.
④ B가 출근했을 때 C의 시계는 9시 6분을 가리키고 있었다.
⑤ C가 출근했을 때 B의 시계는 9시 8분을 가리키고 있었다.

51 甲의 회사는 여의도에 본사가 있고, 용산구, 중구, 은평구, 동대문구, 송파구에 5개의 지사가 있다. 각 지사마다 다른 교육을 실시하는데, 甲은 하루 동안 지사별로 실시하는 5개의 모든 교육을 수강해야 한다. 교육 시간과 각 지사 간의 거리가 다음과 같을 때, 〈조건〉에 맞는 이동 경로를 바르게 나열한 것은?

교육 스케줄

구분	교육 시간	교육 스케줄(시작 시간)
용산지사	30분	오전 9시 30분, 오전 11시 30분, 오후 1시
중구지사	1시간 30분	오전 10시 30분, 오후 1시, 오후 2시 30분, 오후 4시 30분
은평지사	1시간	오전 10시, 오전 11시 30분, 오후 3시
동대문지사	20분	오후 12시 30분, 오후 1시 30분
송파지사	40분	오전 9시 30분, 오전 11시 30분, 오후 3시, 오후 5시

※ 지사별로 동일한 교육 프로그램을 하루에 2~4회 실시한다.

지사 간 거리

구분	본사	용산지사	중구지사	은평지사	동대문지사	송파지사
본사	–	3km	4km	6km	7km	10km
용산지사	3km	–	3km	6km	5km	9km
중구지사	4km	3km	–	4km	2km	8km
은평지사	6km	6km	4km	–	7km	12km
동대문지사	7km	5km	2km	7km	–	7km
송파지사	10km	9km	8km	12km	7km	–

조건

- 거리 1km당 이동 소요시간은 5분이다.
- A씨는 본사에서 오전 9시에 출발해서 5가지 교육을 모두 수강하고 오후 6시 30분까지 본사로 다시 돌아와야 한다.
- A씨는 오후 12시~1시 사이에 회사 동료를 만나 오전 마지막 교육을 받은 지사에서 점심식사를 하기로 했으므로, 이때는 교육을 들을 수 없다.
- 오전에 2개의 교육을 듣고 오후에 3개의 교육을 듣는다.
- 위 조건에 맞는 수강 순서가 여러 가지일 경우 이동시간이 최소인 것을 우선으로 한다.
- 단, 차로 이동하는 시간과 수강시간 이외의 시간은 고려하지 않는다.

① 본사 → 은평지사 → 용산지사 → 동대문지사 → 송파지사 → 중구지사 → 본사
② 본사 → 용산지사 → 송파지사 → 동대문지사 → 은평지사 → 중구지사 → 본사
③ 본사 → 은평지사 → 용산지사 → 중구지사 → 동대문지사 → 송파지사 → 본사
④ 본사 → 송파지사 → 중구지사 → 은평지사 → 동대문지사 → 용산지사 → 본사
⑤ 본사 → 용산지사 → 은평지사 → 동대문지사 → 중구지사 → 송파지사 → 본사

52 다음은 ○○공단 워크숍 시간표와 비용 정보이다. 이에 대한 〈보기〉의 설명으로 옳은 것을 모두 고르면?

워크숍 시간표 및 비용 정보

순서	내용	비용
1	소집	
2	이동	교통수단별 1인당 요금 : 기차 8,000원, 버스 3,500원, 택시는 1대당 30,000원(4인까지 탑승)
3	점심식사	1인당 10,000원(20인 이상일 경우 1인당 10% 할인)
4	전체 토론 1	대강당 대관료 100,000원
5	근로자지원프로그램	강사료 200,000원, 비품 50,000원
6	저녁식사	점심식사와 동일
7	전체 토론 2	전체 토론 1과 동일
8	취침	방 1개당 70,000원(한 방에 최대 6인 수용 가능)
9	아침식사	점심식사와 동일
10	정리	

- 워크숍 참가자는 모두 40명이다.
- 저녁식사 이후에 오는 후발대는 22명이고, 이들은 모두 버스로 온다.
- 선발대 중 6인은 버스를, 5인은 택시를, 나머지는 기차를 타고 온다.
- 아침식사를 하지 않고 먼저 귀가하는 사람은 총 5명이다.

㉠ 식비를 모두 합하면 650,000원 이상이다.

㉡ 귀가할 때의 교통비용을 고려하지 않는다면, 교통수단별 비용에 있어서 두 번째로 비용이 높은 것은 택시이다.

㉢ 조건 중 총 참여자에 대한 내용을 제외한 다른 것들이 미정인 상태였다면, 어떠한 비용처리도 미리 해둘 수 없다.

① ㉠

② ㉡

③ ㉢

④ ㉠, ㉡

⑤ ㉡, ㉢

53 다음 갑 지역의 산재권익사업 보조금 지급 기준과 산재피해자 요양시설 현황을 근거로 판단할 때, 지급 받을 수 있는 보조금의 총액이 큰 시설부터 작은 시설 순으로 바르게 나열한 것은? (단, 4개 요양시설의 종사자에는 각 1명의 시설장(長)이 포함되어 있다.)

산재권익사업 보조금 지급 기준

◎ 산재피해자 요양시설 운영비 보조금
- 종사자 1 ~ 2인 시설: 240백만 원
- 종사자 3 ~ 4인 시설: 320백만 원
- 종사자 5인 이상 시설: 400백만 원

※ 단, 평가등급이 1등급인 요양시설에는 해당 지급액의 100%를 지급하지만, 2등급인 요양시설에는 80%, 3등급인 요양시설에는 60%를 지급한다.

◎ 산재피해자 요양시설 사업비 보조금
- 종사자 1 ~ 3인 시설: 60백만 원
- 종사자 4인 이상 시설: 80백만 원

◎ 산재피해자 요양시설 종사자 장려수당
종사자 1인당 50백만 원
※ 단, 종사자가 5인 이상인 요양시설의 경우 시설장에게는 장려수당을 지급하지 않는다.

◎ 산재피해자 요양시설 입소자 식비 보조금
입소자 1인당 1백만 원

갑 지역 산재피해자 요양시설 현황

요양시설	종사자 수(인)	입소자 수(인)	평가등급
A	4	7	1
B	2	8	1
C	4	10	2
D	5	12	3

① A − C − D − B
② A − D − C − B
③ C − A − B − D
④ D − A − C − B
⑤ D − C − A − B

[54~55] ○○공단 본사 퇴직연금운영부의 김 부장, 박 과장, 윤 대리, 이 사원은 돌아가면서 A, B, C 지사로 파견근무를 가게 되었다. 파견 근무에 관련된 규정사항은 다음과 같고, 6월 한 달간 적용된다. 이를 보고 이어지는 물음에 답하시오.

- 6월 3일부터 6월 28일, 약 한 달간 퇴직연금운영부 직원들은 파견근무를 가게 된다.
- A, B 지사는 총 2주일 동안 파견근무를 요구했고, C지사는 1주일 동안 파견근무를 요청했다.
- 한 지사에 한 명만 파견근무를 나갈 수 있으며, 같은 지사에서 1주일을 초과하여 같은 사람이 파견근무를 할 수 없다.
- 매주 한 명 이상은 파견근무를 나가야 하며, 모든 사람이 파견근무를 한 번 이상은 다녀와야 한다.
- 파견근무를 나가더라도, 본사 퇴직연금운영부에 직원 한 명은 항상 남아 있어야 한다.
- 파견근무 중에는 본사에서 진행하는 회의에도 참석할 수 없으므로, 회의 참석을 위해서는 본사에 남아 있어야 한다.
- A지사에서는 2주 연속해서 파견근무를 받기를 요청했으며, 파견 인사로 과장급 이상을 요청했다.
- A지사에서는 17일~21일에는 파견근무를 받을 수 없으며, B지사에서는 10일부터 21일까지 파견근무를 받을 수 없다.

퇴직연금운영부 6월 일정표

일	월	화	수	목	금	토
	3 사원 적응 교육	4 사원 적응 교육	5 사원 적응 교육	6	7 대리 회의	8
9	10	11	12	13 부장 회의	14	15
16	17	18 과장 회의	19	20	21 대리 회의	22
23	24	25 과장 회의	26	27 부장 회의	28	

※ 6월 3일~8일을 첫 번째 주로 간주한다.

54 위 6월 일정표를 기준으로 할 때, 주별로 파견될 근무처가 바르게 짝지어진 경우는?

① 첫 번째 주, A 지사
② 두 번째 주, B지사
③ 두 번째 주, B, C 지사
④ 세 번째 주, A, C지사
⑤ 네 번째 주, B지사

55 파견근무 일시, 담당 직원, 근무처가 잘못 짝지어진 경우는?

① 첫 번째 주, 김 부장, A지사
② 첫 번째 주, 박 과장, B지사
③ 두 번째 주, 박 과장, A지사
④ 세 번째 주, 윤 대리, C지사
⑤ 네 번째 주, 윤 대리, B지사

[56~57] 다음은 ○○공단의 사내 교육 일정에 관한 자료이다. 이를 보고 이어지는 물음에 답하시오.

◎ 사내 교육 프로그램

구분	교육대상	강의시간	강의실	수강인원(명)	비고
산재보험 교육	전 직원	16:30~18:00	3층 대회의실	–	
임금채권 보장사업 교육	복지사업국 퇴직연금국	10:00~12:00	2층 회의실 6	21 27	
근로기준법 교육	인재경영국 보험급여국	11:00~12:00	2층 회의실 3	19 26	프로젝터 이용
공단 모바일 서비스 교육	전 직원	14:00~15:00	3층 대회의실	–	프로젝터 이용
고용보험료 교육	퇴직연금국 보험급여국	15:00~16:30	2층 회의실 5	27 26	

※ 복수의 팀이 배정되는 교육은 팀별로 별도의 교육이 진행되지 않고, 해당 교육일에 교육대상 모든 팀이 함께 참석한다.
※ 전 직원 대상 프로그램은 복지사업국, 퇴직연금국, 인재경영국, 보험급여국 전원이 참석한다.
※ 토요일, 일요일에는 프로그램을 진행하지 않는다.

◎ 7월 달력

일	월	화	수	목	금	토
					1	2
3	4	5	6	7	8	9
10	11	12	13	14	15	16
17	18	19	20	21	22	23
24	25	26	27	28	29	30
31						

※ 7월 3일~9일을 1주 차로 간주한다.

56 ○○공단에 근무하는 A사원은 3분기 사내 교육 진행을 맡게 되었다. 〈보기〉의 조건에 따라 7월 교육 일정을 확정하고자 할 때, 7월 14일에 실시하는 교육은?

> 보기
> • 모든 프로그램은 월 2회 진행한다.
> • 하루에 두 개 이상의 교육을 진행하지 않고, 한 주에 네 개 이상의 교육을 진행하지 않는다.
> • 전 직원을 대상으로 하는 프로그램은 격주로 같은 요일에 진행한다.
> • '임금채권 보장사업 교육'은 매회 다른 요일에 진행하며 화요일에 진행하지 않는다.
> • '임금채권 보장사업 교육'과 '고용보험료 교육'은 2주 차에 교육 일정이 종료된다.
> • '근로기준법 교육'은 연속된 주의 같은 요일에 진행한다.
> • '고용보험료 교육'은 '임금채권 보장사업 교육'을 진행한 바로 다음 날에 진행한다.
> • 11일에는 '산재보험 교육'을, 26일에는 '근로기준법 교육'을 진행한다.
> • 1주 차 수요일과 2주 차 금요일에는 교육을 진행하지 않는다.

① 산재보험 교육 ② 임금채권 보장사업 교육
③ 근로기준법 교육 ④ 공단 모바일 서비스 교육
⑤ 고용보험료 교육

57 ○○공단의 본사 건물 내부 공사 지연으로 인해 외부 기관의 강의실을 대여하기로 했다. A사원이 강의 일정을 〈보기〉와 같이 조정하여 강의실을 예약한다고 할 때, 강의실 최저 이용요금은 총 얼마인가?

┌ 보기 ┐
- 모든 프로그램은 월 2회 진행한다.
- 오전(09시~12시) 교육 프로그램은 1주 차 월요일, 화요일에 진행한다.
- 오후(12시~18시) 교육 프로그램은 3주 차 목요일, 금요일에 진행한다.

요일 및 날짜별 이용요금

구분	수용인원	월~목요일(2시간)	금요일(2시간)	비고
강의실 1	45	160,000	175,000	• 7월 1일~7월 19일 이용 시 강의실 이용금액의 20% 할인
강의실 2	50	180,000	195,000	• 시간이 겹치지 않으면 같은 강의실 이용 가능
강의실 3	55	200,000	215,000	
강의실 4	105	360,000	385,000	• 1시간만 이용하더라도 2시간 요금을 내야 함
강의실 5	120	440,000	465,000	

※ 프로그램당 프로젝터 이용 시 20,000원 별도

① 2,404,000원
② 2,424,000원
③ 2,469,000원
④ 2,489,000원
⑤ 2,625,000원

58 다음은 세계 시차에 대한 자료이다. 세계 각국에 지사를 두고 있는 R기업에서는 한 달에 한 번씩 정례 화상 회의를 진행한다. R사의 지사는 서울, 두바이, 시드니, 모스크바에 위치하여 있고, 정례 화상 회의는 근무시간 내에 1시간 동안 진행한다고 할 때, 두바이에 있는 F씨가 정례 화상 회의에 참여 가능한 가장 빠른 시각은? (단, R사의 각 지사 근무시간은 각 근무지 기준 오전 9시부터 오후 6시까지로 모두 동일하며, 서머 타임과 식사시간은 고려하지 않는다.)

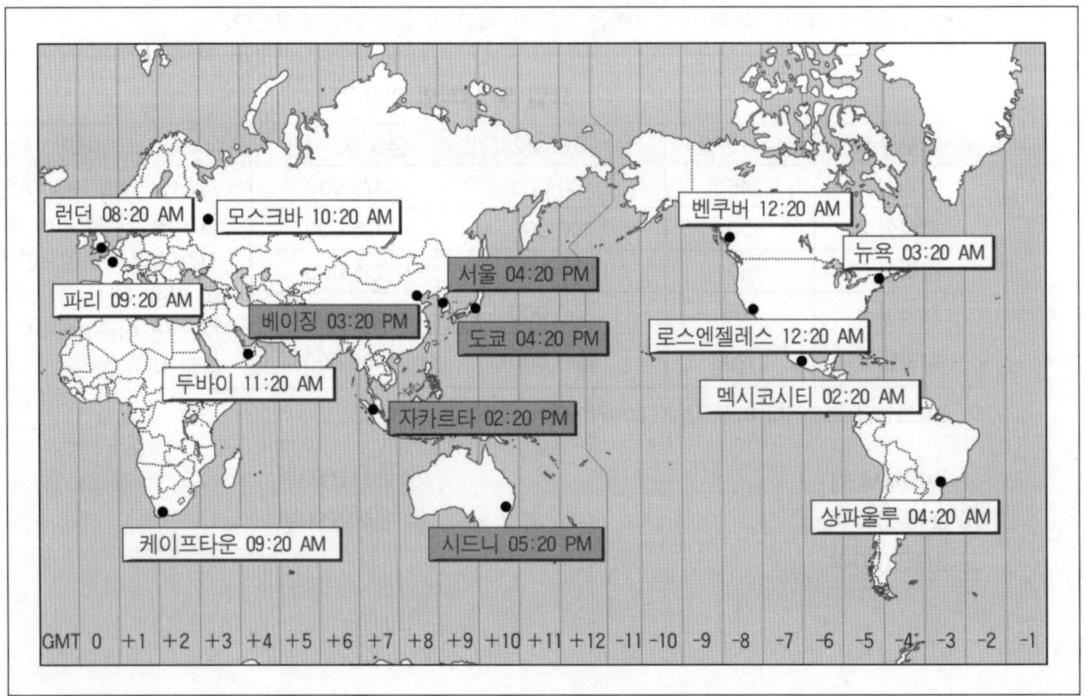

① 오전 09:00

② 오전 10:00

③ 오전 11:00

④ 오후 04:00

⑤ 오후 05:00

[59~60] 다음은 ○○은행에서 공시한 주요 통화 환율 고시표이다. 이를 보고 이어지는 물음에 답하시오.

2026년 3월 5일 주요 통화 환율

(단위 : 원)

통화명	통화 단위	환율		매매기준율
		고객이 살 때	고객이 팔 때	
미국 USD	1달러당	1,517.09	1,464.91	1,491.00
일본 JPY 100	100엔당	953.48	920.70	937.09
유럽 EUR	1유로당	1,748.70	1,679.83	1,713.93

2026년 4월 5일 주요 통화 환율

(단위 : 원)

통화명	통화 단위	환율		매매기준율
		고객이 살 때	고객이 팔 때	
미국 USD	1달러당	1,524.84	1,486.16	1,495.50
일본 JPY 100	100엔당	921.61	916.47	917.04
유럽 EUR	1유로당	1,704.86	1,653.94	1,679.40

※ 살 때 환전 수수료 = [환율(살 때) − 매매기준율] × 환전금액
※ 팔 때 환전 수수료 = [매매기준율 − 환율(팔 때)] × 환전금액

59 A씨는 2026년 3월 5일 유럽 여행을 위해 여행 전 환전수수료 50% 할인 쿠폰을 사용하여 1,600유로를 환전하였다. 그런데 A씨는 여행 도중 소매치기를 당하여 급하게 500유로를 친구에게 부탁하여 송금받았다. 송금한 금액을 포함하여 A씨가 유럽 여행을 위해 환전하는 데 든 총 금액은? (단, 송금 시의 환율은 1,731.90원이며, 이때는 송금 수수료 및 환전 수수료가 없다고 가정한다.)

① 3,134,294원
② 3,339,392원
③ 3,540,529원
④ 3,691,686원
⑤ 3,985,240원

60 G씨와 D씨는 2026년 4월 5일 함께 미국 출장을 가게 되었다. G씨는 해당 출장을 위해 3월 5일 미리 은행에서 2,000달러를 환전하였으며, D씨는 미국으로 출국하기 직전 공항에서 G씨와 동일하게 2,000 달러를 환전하였다. D씨는 환전 수수료 50% 할인 쿠폰을 사용하였으나 G씨는 환전 수수료에 대한 할인을 받지 못하였다고 할 때, 두 사람 중 더 효율적으로 환전을 한 사람과 그 차이로 알맞은 것은?

① G씨, 8,160원
② D씨, 7,340원
③ D씨, 6,840원
④ G씨, 7,340원
⑤ D씨, 8,160원

61 G씨는 산나물박람회에 가족과 함께 가려고 한다. 박람회에서 운영하는 프로그램의 일정표가 다음과 같을 때, G씨 가족이 참여 가능한 일정으로 알맞은 것은? (단, 박람회에 G씨 가족이 도착하는 시간은 8시 30분이며, 집으로 출발하는 시각은 17시이다.)

시간	전시장 A	전시장 B	전시장 C
09:00~10:00	귀농귀촌 홍보관	수제맥주 시음	산나물 모종 심기 체험
10:00~11:00	귀농귀촌 홍보관	곰취찐빵 체험	명이찐빵 체험
11:00~12:00	야생화, 산나물 전시관	곰취찐빵 체험	명이찐빵 체험
12:00~13:00	야생화, 산나물 전시관	곰취찐빵 체험	산나물 에코백 만들기
13:00~14:00	야생화, 산나물 전시관	한방체험	나물 핫도그 체험
14:00~15:00	현수막 시화전	레고 블록 체험	나물 핫도그 체험
15:00~16:00	사진 전시관	레고 블록 체험	산나물 팬던트 만들기
16:00~17:00	산양삼 홍보 및 전시	산나물 물기침 담기	향토음식점
17:00~18:00	천연염색 체험	산나물 물기침 담기	향토음식점

※ 각 전시장 간 거리는 걸어서 15분이며, 모든 프로그램은 중간에 참여하거나 빠질 수 없다.
※ 점심식사는 11:00부터 14:00시 사이에 1시간 동안 프로그램을 이용하여 해결한다.

① 귀농귀촌 홍보관 → 곰취찐빵 체험 → 산나물 에코백 만들기 → 한방체험 → 레고 블록 체험
② 수제맥주 시음 → 곰취찐빵 체험 → 야생화, 산나물 전시관 → 레고 블록 체험 → 사진 전시관
③ 산나물 모종 심기 체험 → 곰취찐빵 체험 → 산나물 에코백 만들기 → 현수막 시화전 → 산나물 팬던트 만들기 → 향토음식점
④ 귀농귀촌 홍보관 → 산나물 에코백 만들기 → 나물 핫도그 체험 → 산양삼 홍보 및 전시
⑤ 산나물 모종 심기 체험 → 명이찐빵 체험 → 한방체험 → 현수막 시화전 → 향토음식점

62 ○○공단은 직원들의 건강을 위해서 한 달 동안 운동 권장 캠페인을 실시하기로 했다. 직원 개개인이 운동하는 종목에 따라 상여금을 지급받는다고 할 때, 다음 중 상여금을 두 번째로 많이 받은 직원은?

> 운동 권장 캠페인을 열고자 합니다. 임직원 여러분들이 운동을 하면 아래 해당 사항에 따라 상여금을 지급할 예정입니다. 상여금의 기준금액은 50만 원이며 다음 조건에 따라 지급할 예정입니다. 활기찬 운동의 계절이 되시길 바랍니다.

직원별 운동 기록

구분	운동 기록
정 사원	벤치프레스 3회, 스쾃 3회
박 대리	줄넘기 7회, 조깅 2회
이 과장	벤치프레스 3회, 줄넘기 4회, 스쾃 4회
최 차장	조깅 3회, 줄넘기 3회, 수영 4회
김 부장	스쾃 6회, 수영 4회

※ 유산소 운동은 1회에 30분, 근력운동은 1회 20분 기준
※ 유산소 운동＝조깅, 줄넘기, 수영
※ 근력 운동＝벤치프레스, 스쾃

- 유산소 운동은 1회에 기준금액의 3%를 상여금으로 제공한다.
- 근력 운동은 1회에 기준금액의 6%를 상여금으로 제공한다.
- 유산소 운동 3종을 각각 적어도 1회 이상 달성했을 때 기준금액의 5%를 상여금으로 추가 제공한다.
- 총 운동시간이 5시간 이상일 때 기준금액의 10%를 상여금으로 추가 제공한다.

① 정 사원
② 박 대리
③ 이 과장
④ 최 차장
⑤ 김 부장

63 다음은 근로자 문화예술제 연극 부문에 출품한 작품에 대한 평가항목이다. 다음의 자료를 보고 할 수 있는 말로 적절한 것은?

근로자 문화예술제 연극 부문 출품작 평가표

구분		세부평가항목(가중치)	내용
종합 평가 항목	작품성	창의성(0.6)	연극이 전통적인 것과 달리 새롭고 독창적인가
		작품의 가치(0.4)	전달하고자 하는 바가 교육적인가
	호응도	관객과의 호흡(0.3)	관객의 적절한 참여르 유도하였는가
		관객 반응(0.7)	관객의 호응이 있었는가
	완성도	연기의 일치성(0.3)	동시 연기할 때 질서가 잘 유지되었는가
		구성원과의 조화(0.5)	구성원 간 커뮤니케이션에 문제가 없었는가
		작품의 완성도(0.2)	협동적으로 완성도 있는 작품을 이끌어냈는가

출품팀 A에 대한 평가점수

세부평가항목	점수(점)
창의성	5
작품의 가치	8
관객과의 호흡	5.5
관객 반응	7
연기의 일치성	9
구성원과의 조화	9.5
작품의 완성도	8

종합점수 해석 및 계산 방법

- 모든 항목의 평가점수는 10점이 최대이며, 종합점수는 10점 만점이 기준이다.
- 종합점수는 작품성, 호응도, 완성도를 각각 30%, 20%, 50% 비중으로 계산한다.
- 종합평가항목인 작품성, 호응도, 완성도는 세부평가항목 점수에 가중치를 곱한 값으로 계산한다.

① 출품팀 A의 종합점수는 4.590점입니다.
② 출품팀 A의 종합점수는 5.655점입니다.
③ 출품팀 A의 종합점수는 6.690점입니다.
④ 출품팀 A의 종합점수는 7.695점입니다.
⑤ 출품팀 A의 종합점수는 7.805점입니다.

64 새로 출판될 소설책의 번역가 계약 담당자로 지정된 정 과장은 4명의 번역가 중 비용이 저렴한 2명의 번역가를 선택해서 책을 발간하려고 한다. 다음 주어진 자료를 보고 정 과장이 선택할 번역가와 양자에게 지급해야 할 금액의 차이로 바르게 짝지은 것을 고르면?

고려 사항

- 소설책에서 번역될 부분은 총 223페이지이다.
- 추천의 말은 반드시 추가되어야 한다.
- 표지 디자이너는 각 번역가와 한 팀이며, 표지 디자인 비용에는 명시된 비용과 별도로 15%를 도구비로 지급해야 한다.
- 정 과장은 이전에 번역가 乙, 丁와 계약한 적이 있다.
- 10일 이내 작업 시 총 비용의 15%를 더 지불한다.

각 번역가 비용 및 참고사항

구분	甲	乙	丙	丁
페이지당 번역 비용	15,000원	18,000원	13,000원	14,000원
추천의 말 작성 비용	200,000원	100,000원	150,000원	180,000원
표지 디자인 비용	250,000원	300,000원	350,000원	300,000원
작업 기간	12일	15일	8일	11일
참고사항	표지 디자인 비용 12% 할인	번역 비용 10% 할인	이전 계약 이력이 있을 시 총 비용의 10% 할인	이전 계약 이력이 있을 시 번역 비용의 10% 할인

	번역가	금액의 차이
①	甲, 丁	463,200원
②	甲, 丙	355,500원
③	乙, 丙	615,100원
④	丙, 丁	624,075원
⑤	乙, 丁	722,800원

65 다음은 2025년 창업 공모전에 참가한 총 4개 팀에 대한 심사결과 자료이다. 아래 〈조건〉을 바탕으로 최종점수를 계산할 때, 2위를 차지한 팀은?

5개 팀의 창업 공모전 심사결과

구분	A팀	B팀	C팀	D팀	E팀
서류평가점수(점)	80	100	90	60	70
발표평가점수(점)	60	60	70	70	80
감점 항목 수(개)	5	10	7	3	6

조건

- 최종점수＝서류평가점수(30%)＋발표평가점수(50%)＋추가점수(20%)
- 추가점수 반영기준

감점비율	50% 이상	40% 이상 50% 미만	30% 이상 40% 미만	20% 이상 30% 미만	20% 미만
추가점수	50점	60점	80점	90점	100점

- 감점비율(%) $= \dfrac{\text{감점 항목 수}}{\text{전체 항목 수}} \times 100$

※ 단, 전체 항목 수는 총 20개이다.

① A팀
② B팀
③ C팀
④ D팀
⑤ E팀

[66~67] ○○회사는 중국 상해, 북경, 항주 등에 지사를 둔 무역업체이다. ○○회사의 직원들 중 일부를 중국 지사로 파견하려 하는데, 지사 파견은 중국어 능력, 근무 평가 등을 고려하여 정한다. 다음 직원들의 자료를 보고 이어지는 물음에 답하시오.

직원명	직급	근속연수	중국어 능력	기타 해외 거주 경험 등	근무 평가
A	부장	15년	2급	중국 1년(지사근무)	A
B	과장	11년	3급	–	S
C	과장	8년	4급	영국 6개월(어학연수)	B
D	대리	5년	6급	중국 2년(대학)	B
E	대리	6년	4급	미국 3개월(어학연수)	C
F	사원	3년	5급	필리핀 1년(교환학생)	A
G	사원	2년	6급	–	S
H	사원	2년	5급	–	D
I	사원	3년	6급	중국 1년(어학연수)	B

※ 중국어 능력은 6급>5급>4급>3급>2급 순으로, 6급이 가장 능력이 우수한 것을 의미한다.
※ 근무 평가는 S>A>B>C>D 순이고 S가 가장 평가가 우수한 것을 의미한다.

66 사원 중 중국지사 파견자를 결정하기 위한 회의 내용으로 적절하지 않은 것은?

① 근무 평가나 중국어 능력이 유사한 경우 현지에서 업무를 수행하려면 중국 현지의 경험이 중요하므로 I사원도 고려할 필요가 있다.

② 사원들의 중국어 능력이 유사한 수준임을 고려할 때 근무 평가를 가장 먼저 고려할 필요가 있으므로 H사원이 적절하다.

③ F사원은 3년 차 직원으로 회사업무에 대한 이해도가 높고 해외 거주경험도 있어 파견대상으로 적절하다.

④ G사원은 해외 거주 경험은 없으나 근무 평가와 중국어 능력이 우수하여 파견대상으로 적절하다.

⑤ H사원은 중국어 능력은 우수하나 근무 평가가 낮아 선발하기 어렵다.

67 〈보기〉의 조건을 고려할 때, 중국 지사 파견자로 선정되는 직원은 누구인가?

> 보기
> • 과장급 이상 1명, 과장급 미만 1명, 총 2명을 선정한다.
> • 근무 평가가 A등급 이상인 자를 우선 선발한다.
> • 중국어 능력은 최소 3급 이상인 자를 선발한다.
> • 중국어 능력이 최소 기준을 충족하였다면 해외 거주 경험이 있는 자를 선정한다.

① B, H   ② B, G
③ A, H   ④ B, F
⑤ A, F

68 예산을 세울 때 고려해야 하는 것 중 비용은 직접비용과 간접비용으로 구분할 수 있다. 이때, 간접비용에 포함되는 항목이 아닌 것은?

① 인건비　　　　　　　　　　　② 광고비

③ 공과금　　　　　　　　　　　④ 보험료

⑤ 건물관리비

69 다음 중 기업의 인적자원이 가지는 특성에 대한 설명으로 적절하지 않은 것은?

① 개발가능성은 환경변화와 이에 따른 조직변화가 심할수록 현대조직의 인적자원관리에서 차지하는 중요성이 더욱 커진다.

② 전략적 중요성은 조직의 성과가 인적자원, 물적자원 등을 효과적이고 능률적으로 활용하는 데 달려 있다.

③ 개발가능성은 인적자원이 자연적인 성장과 성숙은 물론 오랜 기간 동안에 걸쳐서 개발될 수 있는 많은 잠재능력과 자질을 보유하고 있다고 본다.

④ 인적자원은 수동적이고 반응적인 성격을 지니고 있다.

⑤ 인적자원에서 나타나는 성과는 인적자원의 욕구와 동기, 태도와 행동 그리고 만족감 여하에 따라 결정되며 인적자원의 행동동기와 만족감은 경영관리에 의해 조건화된다.

70 근로복지공단 기획팀에 근무하는 양 과장은 업무의 성과를 높이기 위해서는 비효율적인 보고, 협조, 교류 체계를 개선해야 한다고 생각하여 현재 상황을 진단하고 개선안을 마련했다. 다음 주어진 〈보기〉의 개선안 1과 개선안 2 중 단축되는 시간이 큰 방안을 선택한다고 할 때, 어떤 방안을 선택해야 하며, 이때 단축되는 시간은 얼마인가?

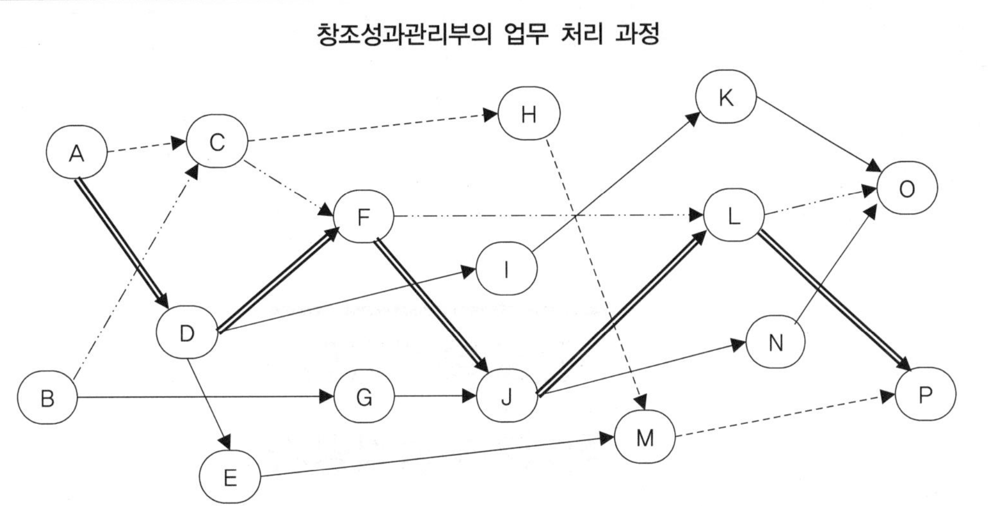

- 다른 종류의 선분은 각각 다른 업무를 의미한다.
- 알파벳은 직원을 의미한다.
- 화살표의 진행방향은 보고, 협조, 교류 등 업무와 관련한 다양한 정보 전달과정을 의미한다.

업무별 전달 소요시간

10분	15분	20분	25분

- 같은 종류의 선으로 이어진 과정에 따라 업무가 전달된다.
- 업무를 받는 사람은 1개를 전달받을 때마다 검토시간으로 13분을 사용한다. 단, A와 B는 검토시간이 없다.
- 그림상의 전달시간, 검토시간을 모두 합한 것을 이 부서의 업무 총량으로 본다.

- 개선안 1 - 인력조정 없이 업무를 조정하는 방안 : D - F를 D - J로 바꾸고 G - J를 G - N으로 바꾼다.(전달시간은 기존과 동일)
- 개선안 2 - 인력을 조정하는 방안 : H와 E를 다른 부서로 발령하고, C가 M에게 바로 전달, D가 M에게 바로 전달하게 한다.(전달시간은 기존과 동일)

① 개선안 1, 30분
② 개선안 2, 25분
③ 개선안 1, 56분
④ 개선안 2, 51분
⑤ 개선안 1, 65분

근로복지공단
직업기초능력평가

박문각

근로복지공단

직업기초능력평가

봉투모의고사

2회

제2회 직업기초능력평가

(70문항 / 70분)

01 다음 보도자료를 보고 보일 수 있는 반응으로 적절하지 않은 것을 〈보기〉에서 모두 고르면?

근로복지공단은 2025년 12월 5일 한국언론진흥재단 국제회의장에서 '2025년 직장어린이집 더-자람 보육공모전 시상식'을 개최했다고 밝혔다. '더-자람 보육공모전'은 직장어린이집의 우수 보육사례를 발굴해 확산하기 위해 공단에서 매년 개최하는 행사로 2025년 17회를 맞았다.

2025년에는 전국 1,291개 직장어린이집 중 229곳이 참여했으며, 전문가 심사와 국민참여 투표를 거쳐 △보육프로그램, △보육실천활동, △설치·운영사례 3개 분야에서 총 34개 우수 프로그램이 선정됐다. 보육프로그램 대상은 일상 속 작은 선택을 통해 자원 순환과 사회 공동체 감수성을 키우는 프로그램으로 높은 평가를 받은 '국회제2어린이집(사업장명 : 국회사무처)'이 선정됐다. 보육실천활동 대상은 또래 관계·사회성 증진에 초점을 맞춘 창의적 활동이 돋보인 '삼양어린이집(사업장명 : ㈜삼양사 판교)'이 선정됐고, 설치·운영사례 대상은 어린이집의 모든 공간을 자연 중심으로 설계해 공간 자체가 교육이 되도록 구성한 '베이비&SOL어린이집(사업장명 : ㈜엘지에너지솔루션)'이 선정됐다.

시상식 본행사에 앞서 공단은 어린이집안전공제회와 '안심보육을 위한 업무협약'을 체결했다. 이번 협약을 통해 공단은 영유아가 더욱 안전하고 건강하게 성장할 수 있는 보육 환경 조성에 앞장설 것을 약속했다. 또한 안심 보육에 대한 사회적 요구에 부응하고, 부모가 안심하고 아이를 맡길 수 있는 보육 안전망을 구축해 나갈 계획이다.

근로복지공단 측은 "직장어린이집은 근로자의 육아부담을 덜어주고, 기업의 인재 유치와 생산성 향상에도 도움이 되는 기업과 근로자 모두에게 꼭 필요한 시설"이라고 강조하면서, "2025년부터는 중소기업 근로자의 돌봄 공백 완화를 위한 긴급돌봄 지원금 제도 도입, 지역개방·상생형 직장어린이집 활성화 등 직장보육 지원을 더욱 확대해 우리 아이들이 더 안전하고 따뜻한 환경에서 성장할 수 있도록 노력하겠다"고 말했다.

보기

㉠ '더-자람 보육공모전'은 매년 개최되며, 2025년에는 전국 직장어린이집의 절반 이상이 참여했다.

㉡ 보육프로그램, 보육실천활동, 설치·운영사례 3개 분야에서 각기 다른 직장어린이집의 보육사례가 대상으로 선정되었다.

㉢ '베이비&SOL어린이집'은 자연 중심의 공간 설계로, 공간 그 자체가 교육이 되게끔 구성하여 설치·운영사례 대상을 수상했다.

㉣ 전문가 심사와 국민참여 투표를 동일하게 반영하여 직장어린이집의 우수 프로그램을 선정하였다.

① ㉠, ㉡, ㉢   ② ㉡, ㉢, ㉣

③ ㉠, ㉣   ④ ㉡, ㉢

⑤ ㉡, ㉣

[02~03] 다음은 근로복지공단에서 개최하는 '산재보험 바로 알기' 숏폼 영상 공모전과 관련한 공고문이다. 이를 보고 이어지는 물음에 답하시오.

☐ 공모주제: 산재 신청방법 및 처리절차를 쉽고 재미있게 전달하는 내용
- 요양급여신청서 작성(서면 및 토탈서비스 활용) 방법
- 업무상 사고, 업무상 질병, 출퇴근 재해 등 재해 유형별 신청 방법
- 업무상 질병 유형별 신청부터 처리까지 절차 안내

☐ 참가대상: 산재보험에 관심 있는 대한민국 국민 누구나, 개인 또는 팀(최대 3인)

☐ 공모기간: 2026. 3. 3.(화) ~ 3. 31.(화)

☐ 참가방법: 담당자 이메일(abcd123@comwel.or.kr)로 참가 신청
- 참가자 본인의 영상플랫폼에 영상 업로드 후 참가 신청서에 영상 URL 기재
- 제출형식: 60초 이상~180초 이내 숏폼 영상(1080 × 1920픽셀, 9:16비율)
- 영상 업로드 시 해시태그 #근로복지공단 #산재근로자의날 #산재신청 #산재절차 작성 필요

☐ 심사기준: 창의성(30%), 홍보효과성(35%), 완성도(35%)를 종합적으로 심사하여 결정

☐ 결과발표: 2026. 4. 20.(월) 예정

☐ 시상식: 2026. 4. 30.(목) 예정
　※ 시상식 일시 및 장소는 수상자 개별 안내

☐ 시상내역: 최우수상(1점), 우수상(2점), 장려상(3점)

구분	최우수상	우수상	장려상	비고
수상자	1점	2점	3점	제세공과금 공제 후 지급(우수상 이상)
상금	150만 원	각 100만 원	각 50만 원	

※ 최우수상, 우수상 수상자 전원 이사장 상장 수여

☐ 유의사항
- 심사결과 동일한 점수의 경우, 먼저 접수된 영상을 우선으로 인정
- 개인·단체 중복하여 참여할 수 없으며, 1건의 영상으로만 참여 가능
- 심사 완료 시까지 제출한 URL 링크의 영상이 전체공개 상태로 게시되어 있어야 함
- 타 공모전에 참여하여 수상이력이 있거나, 타인의 아이디어로 확인될 경우 심사대상에서 제외되며, 시상 이후 확인될 시 수상 취소 및 상금 환수 처리됨
- 응모하는 모든 제작물은 초상권, 저작권, 지적소유권, 음원, 재산권, 대여권 등(사진, 이미지, 음원, 영상, 폰트 등)의 이용에 법적인 문제가 없어야 하며, 원저작자의 허락이 필요한 경우 허가를 받은 후 활용해야 함. 이와 관련 분쟁 발생 시 응모자가 모든 책임을 부담함
- 선정된 아이디어의 소유권, 저작권, 지식재산권 등 일체의 권리는 공단에 귀속되며, 직·간접적으로 이용하거나 재해석하여 향후 정책 또는 사업으로 활용할 수 있음
- 우수상 이상 상금의 제세공과금은 수상자가 부담함
- 팀으로 응모할 경우 상금은 대표자 1인 기준으로 지급하며, 공단은 배분 문제에 관여하지 않음
- 이사장 상장은 공단 사정에 따라 시상식 이후 발송할 수 있음
- 잘못된 개인정보로 인한 상금 수령의 불이익은 공단이 책임지지 않음
- 본 공고문에 명시된 사항을 제대로 숙지하지 않아 발생하는 불이익 및 그에 따른 책임은 응모자에 귀속됨

02 위 공고문의 내용과 일치하는 것을 〈보기〉에서 모두 고르면?

> ┌ 보기 ┌
> ㉠ 총 상금은 500만 원이며, 수상자는 6명 전원에게 이사장 상장을 수여한다.
> ㉡ 시상식은 결과발표 10일 후에 진행되며, 일시 및 장소는 수상자에게 따로 안내한다.
> ㉢ 영상을 업로드한 후, 참가 신청서에 영상 URL을 기재하여 이메일로 신청하여 참가한다.
> ㉣ 2026년 3월 31일까지 제출한 URL 링크의 영상이 전체공개 상태로 게시되어 있어야 한다.
> ㉤ 심사결과 동점이 나오는 경우, 먼저 접수된 영상을 우선 인정하여 시상한다.

① ㉠, ㉢
② ㉡, ㉤
③ ㉠, ㉡, ㉤
④ ㉠, ㉢, ㉣
⑤ ㉡, ㉢, ㉤

03 위 공고문과 관련하여 인터넷 게시판에 문의사항이 게시되었을 때, 답변으로 적절하지 않은 것은?

① Q : 4명이 팀을 이뤄 참가하려고 하는데, 가능한가요?
  A : 개인뿐 아니라 팀 참가도 가능합니다. 다만, 팀으로 참가하는 경우 4명은 불가하고 최대 3인까지 가능합니다.

② Q : 영상을 업로드할 때 해시태그를 꼭 달아야 하나요?
  A : 네, 해시태그 #근로복지공단 #산재근로자의날 #산재신청 #산재절차를 꼭 작성하셔야 합니다.

③ Q : 30초짜리 영상을 제출하는 것은 불가능한가요?
  A : 네, 영상은 60초 이상 180초 이내 분량이 되어야 합니다.

④ Q : 제출한 영상의 저작권은 어떻게 되나요?
  A : 응모하신 분들이 제출한 모든 영상의 아이디어 소유권, 저작권, 지식재산권 등 일체 권리는 공단에 귀속됩니다.

⑤ Q : 수상작을 뽑는 심사기준은 무엇인가요?
  A : 심사기준은 창의성을 가장 높은 비중으로 두고 심사하며, 그 다음으로 홍보효과성, 완성도 순서로 비중을 두고 심사합니다.

[04～05] 다음은 근로복지공단에서 공지한 산재단체 주관 기념사업 공모 실시 알림 자료이다. 이를 보고 이어지는 물음에 답하시오.

1. 추진배경 및 목적
현장의 목소리를 대변하는 민간단체의 자발적 기획 지원으로 산재 노동자의 희생을 기리는 '사회적 추모와 치유'의 장 마련 및 '노동존중' 가치 확산

2. 공모 개요
〇 공모명 : 산재단체 주관 기념사업 공모(부제 : 치유와 희망의 동행)
〇 공모기간 : 2026. 3. 3.(화) ～ 3. 13.(금), 2주간
〇 대상기관 : 비영리민간단체지원법에 등록된 산재 관련 단체, 산재 노동자 협의회, 산재단체 등(컨소시엄 가능)
〇 지원규모 : 3,000만 원 이내(지원 사업 수는 지원 한도액 내에서 결정)
〇 지급방법 : 선금 50% 지급(행사 개최 이후 증빙자료를 첨부하여 잔여 정산)
〇 지원내용 : 행사 개최*에 소요되는 직접 경비**
  * 행사일시 : 2026. 4. 30.(목) [산업재해근로자의 날 및 추모주간(2026. 4. 28.～5. 4.)에 실시]
  ** 행사운영에 직접적으로 수반되지 않는 경비는 사후 정산 시 차감

3. 공모 분야 및 제출방법
〇 공모 분야

구분	주요 내용 예시
추모 및 기념식	산재희생자 합동 위령제, 추모식 등
문화 및 예술	산재근로자 치유 음악회, 사진/수기 전시회, 문화 공연
학술 및 포럼	산재 권익 증진 토론회, 산업안전보건 세미나
힐링 및 화합	치유 캠프, 재활 체험 행사 등
기타	산재단체 등 주관으로 추진이 필요하다고 판단되는 사업

〇 제출서류 : ① 공모신청서 ② 공모제안서 ③ 사업자등록증·법인설립허가증·고유번호증 또는 비영리민간단체 등록증 중 1부 ④ 단체명의 계좌 사본
〇 제출방법
－ 이메일 : abc1234@comwel.or.kr
－ 등기 : 울산 중구 종가로 000(22층, 전략기획부), 기한까지 도착한 우편물에 한함

4. 심사절차

구분	추진내용	일정
① 공모실시	공모신청서 및 공모제안서 제출	3. 3.～3. 13.
② 심사절차 진행	평가 기준을 고려하여 1·2차 심사를 통해 지원 대상 선정 • 1차 심사위원회(서면심사) : 접수된 공모신청서에 대하여 심사를 통해 2차 심사 대상 선정 ※ 1차 심사위원회 구성 : 위원장(고용노동부 사무관), 위원(4명), 간사(1명) • 2차 심사위원회(외부위원) : 2차 후보 과제 평가 ※ 2차 심사위원회 구성 : 위원장(고용노동부 과장), 내부위원(2명), 외부위원(3명), 간사(1명) • 별도 심사위원회 구성 및 심사계획 수립	3. 16. ～25.
③ 공모확정	심사 결과 확정된 지원 대상 행사 통보 및 선금 지급	3. 30.
④ 기념행사 실시	산업재해근로자의 날 기념행사 실시 • 메인 행사 일시 : 2026. 4. 30.(목) • 산업재해근로자의 날 및 추모기간(4. 28～5. 4.) 내 실시	4. 30.
⑤ 결과 보고 및 정산	기념행사의 결과 보고 및 정산	5월 초

※ 세부일정 및 위원 구성은 상황에 따라 달라질 수 있으나 '④ 기념행사 실시기간'은 불변

5. 평가항목

평가항목	평가내용	배점
적합성	산재근로자의 날 목적 및 취지 부합 여부	25
구체성 및 독창성	행사의 기획의 구체성 및 독창성	25
적정성	예산 편성의 합리성 여부	20
수행능력 및 효과성	과거 실적 및 예상되는 효과	20
안전관리대책	안전한 행사를 위한 대책수립 여부	10

04 위 자료의 내용과 일치하지 않는 것은?

① 공모기간은 약 2주간이며, 우편으로 신청 시 2026년 3월 13일까지 도착해야 제출이 인정된다.

② 비영리민간단체지원법에 등록되어 있는 산재 관련 단체 3~4곳이 함께 신청하는 것이 가능하다.

③ 행사 개최에 소요되는 직접 경비만 지원되며, 지원규모는 3천만 원 이내이다.

④ 공모제안서를 받으면 두 번에 걸친 심사를 진행한 뒤 지원대상을 확정하고 선금으로 50%를 지급한다.

⑤ 지원대상 선정 시 1차 심사를 거쳐 2차 심사 대상을 선정하며, 1·2차 심사위원회는 동일한 위원으로 구성된다.

05 위 자료에 대한 반응으로 적절하지 않은 것을 〈보기〉에서 모두 고르면?

┌ 보기 ┐
ⓐ 산재희생자 추모식과 산재 권익 증진 토론회는 같은 공모 분야에 해당하는군.
ⓑ 공모제안서 대신 사업자등록증을 제출하는 단체도 있겠구나.
ⓒ 공모에 선정되기 위해서는 산업재해근로자의 날 목적 및 취지에 부합하는지와, 행사 기획이 얼마나 구체적이고 독창성이 있는지가 가장 중요하겠구나.
ⓓ 2천만 원을 지원받는다고 했을 때, 천만 원은 3월 30일에 지급받고, 나머지 천만 원은 행사가 끝난 5월 초에 지급받네.

① ㉠, ㉡ 　　　　② ㉠, ㉢
③ ㉡, ㉢ 　　　　④ ㉡, ㉣
⑤ ㉢, ㉣

[06 ~ 07] 다음은 산재근로자 생활안정자금 융자 중 취업안정자금 신청에 관한 자료이다. 이를 보고 이어지는 물음에 답하시오.

---

1. 신청자격

월평균소득이 중위소득(3인 가구 기준) 이하인 자로 아래에 해당하는 자

• 장해등급 제1급부터 제9급까지 결정받은 자

  ※ 2026년 중위소득(3인가구 기준) 5,359,036원

월평균소득이란?	신청인이 융자신청일의 직전년도에 지급받은 아래 소득의 합을 12로 나눈 금액으로 한다. 다만, 직전년도 소득이 없는 경우에는 당해연도 융자신청일 직전월까지의 소득총액을 그 월수로 나눈 금액을 말한다. 가. 소득세법 제19조부터 제21조까지에 따른 사업소득, 근로소득(근로기준법에 따른 휴업수당을 포함한다), 기타소득에서 같은 법 제12조 제2호, 제3호 및 제5호에 따른 각 비과세 소득을 뺀 금액의 총액 나. 산업재해보상보험법 제52조(휴업급여), 제57조(장해급여), 제62조(유족급여), 제66조(상병보상연금)에 따른 보험급여의 총액
중위소득이란?	매년 보건복지부장관이 고시하는 3인 가구 기준 중위소득을 말한다.

2. 융자사유

장해판정자(1급~9급) 중 직업에 복귀하여 3개월 이상 취업 중인 경우 그 취업유지를 위해 소요되는 제반비용

3. 자격제한

• 월평균 소득이 중위소득(2026년 중위소득 3인가구 기준 5,359,036원)을 초과하는 자
• 근로자신용보증사업운영규정 제5조(보증조사 및 심사)에 따라 보증지원이 되지 않는 경우
  ※ 한국신용정보원 연체정보, 대위변제 · 대지급, 부도, 금융질서문란정보, 공공기록 · 특수기록 등의 정보등록자
• 공단으로부터 신용보증지원을 받은 후 부정대부 신청, 용도 외 사용 등으로 융자결정이 취소된 사실이 있는 경우
• 외국인 및 재외동포(재외국민 및 외국국적동포)
• 이미 융자한도액까지 융자를 받은 경우(단, 상환 완료액 한도 내 추가 대부는 가능)

4. 융자조건

융자한도	1,000만 원
보증요건	공단의 신용보증제도 이용(보증료 : 연 1.0%)
융자이율	연리 1.25%
융자기간	5년(1년거치 4년, 2년거치 3년, 3년거치 2년 원금균등상환 중 택 1, 융자 실행 후 변경불가)

※ 융자실행 시 총 보증기간에 대한 보증료를 선공제하여 융자금이 지급되며, 중도상환 시 보증료를 환급함

5. 융자신청

(1) 신청 및 접수

구비서류	• 산재근로자 생활안정자금 융자신청서 • 주민등록등본 • 재직증명서 • 소득관련 확인자료(소득금액증명원 등) • (필요 시) 가족관계증명서, 융자사유 사실 확인을 위한 자료
신청기간	직장복귀일부터 1년 이내

(2) 교부 및 접수처

• 신청인의 주소지 또는 요양기관 관할 각 지역본부(지사)
• 인터넷 : 근로복지서비스(http://welfare.comwel.or.kr) 서비스신청 메뉴에서 공동인증서 로그인 후 신청

⑶ 융자일정

　수시접수 및 선발

　• 접수일정 : 2026년 1월 8일부터 예산소진 시까지

　• 융자일정 : 2026년 1월~12월 예산소진 시까지

　※ 상기 일정은 예산상황에 따라 달라질 수 있으며, 일정 변경 시 근로복지넷 공지사항을 통해 안내

⑷ 융자결정

　개별(우편 또는 SMS) 통보

⑸ 융자 수속기간

　융자예정자 결정확인서 발급일로부터 30일 이내

06　위 자료에 대한 설명으로 옳지 않은 것은?

① 월평균소득이 3인 가구 기준 5,350,000원인 사람은 취업안정자금 신청을 할 수 있다.

② 장해등급 제1급이고 직업에 복귀하여 6개월 이상 취업상태인 자는 융자를 신청할 수 있다.

③ 외국국적동포는 취업안정자금 신청이 가능하나, 외국인은 신청을 할 수 없다.

④ 2026년 1월 8일부터 융자신청 접수가 가능하며, 융자가 실행될 경우 우편이나 문자로 통보를 받을 수 있다.

⑤ 융자신청 시 주민등록등본, 재직증명서, 산재근로자 생활안정자금 융자신청서는 반드시 제출해야 한다.

07　위 자료를 통해 알 수 있는 것을 〈보기〉에서 모두 고르면?

보기

㉠ 융자한도 및 융자이율

㉡ 융자신청 시 가족관계증명서가 필요한 경우

㉢ 융자신청 방법

㉣ 융자 실행 후 융자기간 변경방법

㉤ 융자일정 변경 시 안내방법

① ㉠, ㉢, ㉤　　　　　　　　② ㉡, ㉢, ㉣

③ ㉢, ㉣, ㉤　　　　　　　　④ ㉠, ㉤

⑤ ㉡, ㉣

[08~09] 다음 보도자료를 보고 이어지는 물음에 답하시오.

근로복지공단은 2025년 10월 26일 국회 본회의를 통과한 임금채권보장법 일부개정법률안이 국무회의를 통과('25. 11. 4.)하여 11. 11. 공포됐다고 밝혔다. 이번 개정의 핵심 내용은 크게 두 가지로 나누어 볼 수 있다.

① 대지급금 회수에 국세체납처분 절차 적용
   그동안 대지급금 변제금 회수는 민사절차를 따르면서 회수가 지연되는 경우가 많았다. 개정법은 회수 절차를 국세체납처분의 예에 따르도록 명확히 규정하면서 보다 강력한 회수가 가능해졌다. 이로 인해 신속한 채권 확보와 기금 건전성 제고가 기대된다.
② 도급사업에서 직상수급인·상위수급인에 대한 회수 청구 근거 신설
   도급사업에서 임금체불이 발생한 경우 근로기준법상 직상수급인과 상위수급인에게도 대지급금 회수를 청구할 수 있는 근거를 마련해 연대책임 의무를 강화했다.

대지급금 제도는 사업주의 파산, 회생절차 개시, 또는 고용노동부장관이 미지급 임금 등을 지급할 능력이 없다고 인정한 경우에, 국가가 사업주를 대신해 체불임금을 일정 범위 내에서 근로자에게 지급하고 이후 사업주로부터 변제금을 회수하는 제도다. 근로복지공단이 2024년 한 해에만 지급한 대지급금은 7,242억 원이며, 이 중 92% 정도인 6,694억 원은 간이대지급금이었다. 간이대지급금은 도산하지 않은 사업장에서 체불임금을 지급받지 못한 근로자를 신속히 보호하기 위해 2015년에 도입된 제도로 2025년 10월 현재 전체 대지급금의 대부분을 차지하고 있다. 대지급금 상한액 인상과 신청절차 간소화로 매년 지급액은 늘어나고 있으나, 그간 민사절차에 따라 채권관리가 이루어져 적기 회수에 어려움이 있었다. 앞으로는 국세체납처분의 예에 따라 처리할 수 있어 채권의 신속 확보와 회수가 가능해질 전망이다. 공단은 이번 법 개정에 맞추어 '고액채권 집중회수팀'을 설치하는 한편 주요 거점지역에 '회수전담센터'를 설치하여 임금채권 회수를 강화할 계획이다.
한편, 2026년부터는 대지급금 변제금을 납부하지 않는 사업주에 대한 신용정보 제공 제도도 본격 시행될 예정이다. 이는 변제 의무를 이행하지 않는 사업주에게 신용상 불이익을 부과해 체불임금에 대한 책임을 명확히 하고, 추가적인 임금체불 발생을 예방하기 위한 것이다. 공단은 신용제재 제도 시행에 앞서 사업장 8,931개소에 안내문을 발송해 약 20억 원을 회수했다. 앞으로도 지속적인 사전안내를 실시해 제도 시행 초기 현장 혼란을 최소화하고 사업주의 자발적 상환을 유도해 신용제제 제도의 실효성을 높여나갈 방침이다.

[참고] 대지급금 제도
□ 제도 개요
 근로자가 기업의 도산 등으로 인하여 임금 등을 지급받지 못한 경우 국가가 사업주를 대신하여 일정범위의 체불임금 등을 지급함으로써 체불근로자의 생활안정 도모

□ 지급 사유 및 대상
• 도산대지급금: 체불 사업주에 대한 법원의 회생절차개시결정 또는 파산선고 결정, 지방고용노동관서의 도산등사실인정(퇴직 근로자만 대상)
• 간이대지급금: 미지급 임금 등의 지급을 명하는 법원의 확정판결이 있는 경우 또는 지방고용노동관서의 체불 임금 등·사업주 확인서로 체불 임금 등이 확인된 경우[퇴직 근로자 또는 저소득 재직 근로자(최저임금 110% 미만)가 대상]

□ 지급 범위
• 퇴직자: 최종 3개월분의 임금(또는 휴업수당, 출산전후휴가기간 중 급여), 최종 3년간의 퇴직급여등 중 체불액
• 재직자: 소송 또는 진정 등 제기일을 기준으로 마지막 체불 발생일부터 소급하여 3개월간의 임금(또는 휴업수당, 출산전후휴가기간 중 급여) 중 체불액

□ 상한액
• 도산대지급금: 최대 2,100만 원[연령별로 상한액 차등, 월별(또는 연별) 상한액 존재)]
• 간이대지급금: 퇴직자 1,000만 원(항목별로 임금 등 700만 원, 퇴직급여 700만 원 상한) / 재직자 700만 원

08 위 자료의 내용과 일치하지 <u>않는</u> 것은?

① 근로복지공단이 2024년에 지급한 대지급금의 90% 이상은 간이대지급금이다.
② 대지급금 회수에 국세체납처분 절차가 적용되면 이전보다 회수가 용이해진다.
③ 도산대지급금이 간이대지급금에 비해 신청절차가 간단하고 지급 범위가 넓다.
④ 대지급금 변제금을 납부하지 않는 사업주에게 신용상 불이익을 주는 제도가 2026년부터 시행된다.
⑤ 근로복지공단에 고액채권 집중회수팀을 설치한 것은 임금채권보장법 개정에 맞추어 채권을 신속
　하게 확보하기 위함이다.

09 간이대지급금에 대한 설명으로 옳은 것을 〈보기〉에서 모두 고르면?

┌─ 보기 ┌──
│ ㉠ 간이대지급금은 퇴직 근로자뿐 아니라 최저임금의 110% 미만인 저소득 재직 근로자도 지급받는 것
│ 　 이 가능하다.
│ ㉡ 도산대지급금은 최대 2,100만 원을 받을 수 있으며, 간이대지급금은 재직자의 경우 최대 1,000만 원을
│ 　 지급받을 수 있다.
│ ㉢ 출산전후휴가기간 중 급여를 받지 못한 퇴직자도 대지급금 지급 대상이다.
│ ㉣ 퇴직자가 최종 5개월분의 임금 및 최종 1년간의 퇴직급여를 지급받지 못했다면, 2,100만 원의 범위에
│ 　 서 체불금액 전액을 지급받을 수 있다.
└──

① ㉠, ㉡　　　　　　　　　　　　　　② ㉠, ㉢
③ ㉡, ㉢　　　　　　　　　　　　　　④ ㉡, ㉣
⑤ ㉢, ㉣

[10～11] 다음은 예술인 고용보험과 관련된 자료이다. 이를 보고 이어지는 물음에 답하시오.

◎ **예술인 고용보험 적용 대상**
1. 근로자가 아닌 예술인복지법 제2조 제2호에 따른 예술인 등 대통령령이 정하는 사람 중
2. 예술인복지법 제4조의4에 따른 문화예술용역 계약을 체결하고,
3. 다른 사람을 사용하지 않고 자신이 직접 노무를 제공하는 사람
   ※ 예술활동 실적을 증명할 수 있는 예술인 복지법상 예술인 및 예술활동 증명은 어려우나 문화예술 용역계약에 따른 소득이
      발생할 수 있는 경력단절 예술인 및 신진 예술인 등 포함

◎ **예술인 고용보험 적용 제외**
1. **소득제한**: 문화예술용역 계약의 월평균소득 50만 원 미만인 경우
   다만, 예술인이 복수사업장소득합산신청서를 제출하고 합산소득이 50만 원 이상으로 확인되는 경우 적용
   ※ 단기예술인은 소득과 상관없이 문화예술용역 관련 계약 건 별로 모두 적용
2. **연령제한**
   • 65세 이후 문화예술용역 관련 계약을 새로 체결한 예술인
   • 15세 미만 예술인(임의가입 가능)
3. **신분제한**: 공무원, 사학연금법 적용자, 별정우체국 직원(근로자와 동일)
4. **체류자격**: 외국인의 경우 체류자격에 따라 아래와 같이 가입대상 구분

당연적용 (의무가입)	임의가입(신청을 통해 가입 가능)	적용제외
거주(F-2), 영주(F-5), 결혼이민(F-6)	재외동포(F-4), 단기취업(C-4), 교수(E-1), 회화지도(E-2), 연구(E-3), 기술지도(E-4), 전문직업(E-5), 예술흥행(E-6), 특정활동(E-7), 계절근로 (E-8), 비전문취업(E-9), 선원취업(E-10), 방문취업(H-2)	그 외 체류자격

◎ **예술인 고용보험 피보험자격 관리**
1. **피보험자격의 구분**
   예술인의 계약기간을 고려하여 일반예술인과 단기예술인으로 구분
   • 일반예술인: 문화예술용역 계약기간이 1개월 이상인 예술인
   • 단기예술인: 문화예술용역 계약기간이 1개월 미만인 예술인
2. **피보험자격 신고 의무**: 아래의 경우를 제외하고는 보험가입자(예술인으로부터 노무를 제공받는 사업주)가 피보험자격 신고

> 1. 각 계약건별 월평균소득 50만 원 미만이나 중복 계약기간 중 합산 월평균소득 50만 원 이상인 경우
>   → 예술인이 직접 신청
> 2. 고용보험법 제77조의2 제3항에 따른 문화예술용역 관련 도급사업 중 국가·지자체·공공기관 발주사업
>   → 발주자 또는 원수급인이 신고

3. **피보험자격의 취득·상실**: 문화예술용역 관련 계약 개시일에 피보험자격을 취득하며, 계약 종료일 다음 날 피보험자격을 상실(피보험 기간=계약기간)
4. **피보험자격 이중취득**: 보험관계가 성립되어 있는 둘 이상의 사업에 동시에 고용되어 있는 경우 피보험자격 이중취득 가능

10 위 자료의 내용과 일치하지 않는 것을 〈보기〉에서 모두 고르면?

보기

㉠ 문화예술용역 계약의 월평균소득 50만 원 미만인 경우, 단기예술인만 예술인 고용보험을 적용받을 수 없다.

㉡ 근로자가 아닌 예술인복지법 제2조 제2호에 따른 예술인에 해당되나 문화예술용역 계약을 체결하지 않은 경우에는 예술인 고용보험을 적용받을 수 없다.

㉢ 65세가 넘었으나, 64세에 문화예술용역 계약을 새로 체결한 경우에는 예술인 고용보험을 적용받을 수 있다.

㉣ 보험관계가 성립되어 있는 두 개의 사업에 동시에 고용되어 있는 경우 하나의 사업에서만 피보험자격을 취득할 수 있다.

---

① ㉠, ㉡　　　　　　　② ㉠, ㉣
③ ㉡, ㉢　　　　　　　④ ㉡, ㉣
⑤ ㉢, ㉣

11 위 자료의 내용을 잘못 이해한 것을 〈보기〉에서 모두 고르면?

보기

㉠ 재외동포 비자를 가지고 있으며, 문화예술용역 계약기간이 3개월인 갑은 따로 신청을 해야 예술인 고용보험을 적용받을 수 있다.

㉡ 두 개의 사업에서 예술인 고용보험을 적용받는 을은 두 사업에서 얻는 월평균소득이 각각 40만 원이다. 이때 을의 피보험자격 신고는 보험가입자가 신청해야 한다.

㉢ 문화예술용역 계약일이 2026년 1월 3일이고, 3월 31일에 이 계약이 종료된 병의 경우, 3월 31일에 피보험자격을 상실한다.

㉣ 한 개의 사업장에서 1년간 문화예술용역 계약을 한 정의 월평균소득이 70만 원일 때, 정은 예술인 고용보험을 적용받을 수 있다.

---

① ㉠, ㉢　　　　　　　② ㉠, ㉣
③ ㉡, ㉢　　　　　　　④ ㉠, ㉡, ㉣
⑤ ㉡, ㉢, ㉣

12 **다음 글의 바로 다음에 이어질 내용으로 가장 적절한 것은?**

근대 사회에 이르기까지는 고기를 먹으려면 직접 집에서 가축을 키우는 것이 가장 보편화된 방법이었다. 장이 설 때 고깃간에서 고기를 사거나, 백정 등을 통해 육류를 공급받는 방법도 있었으나 이것은 대부분 경제적으로 부유한 일부의 양반 계층을 위한 것이었다. 현대에 들어서면서 대규모의 축산 농장들이 들어서고, 육류의 공급량이 증가하여 일반 서민들도 큰 부담 없이 육류를 구입하는 것이 가능해지면서 전 세계적으로 육류 소비량이 큰 폭으로 증가하게 되었다. 대한민국의 육류 소비량도 적지 않은 편인데, 2024년에는 국내 연간 1인당 고기 총 소비량이 60kg을 넘어섰다.

육류의 소비량이 늘어 수요가 증가함에 따라 축산 농가의 축산 방식도 변화하기 시작했다. 축산 농가에서 예전의 규모로 소량의 가축을 기르는 방식으로는 육류 수요를 충족하기에 턱없이 부족했기 때문이다. 이런 탓에 고기의 대량 생산을 위한 공장식 축산이 축산업계의 대세로 자리 잡게 되었다. 공장식 축산이란, 자연 상태와는 거리가 먼 공장과 같은 환경에서 오로지 고기 생산만을 목적으로 하여 동물을 길러내는 것을 말한다.

이와 같은 방식으로 축산업계에서는 인간이 필요로 하는 양의 고기를 공급하는 데에는 성공했으나, 이에 대한 문제점을 제기하는 이들도 점점 늘어나고 있다. 공장식 축산의 가장 큰 문제점으로 제기되는 것이 바로 동물의 도구화이다. 더 이상 동물이 생명체 자체로서의 가치를 존중받는 것이 아니라 고기를 얻기 위한 단순한 상품으로 취급되어 생명체 경시 풍조를 조장한다는 것이다. 고기를 목적으로 대량으로 사육되는 동물들의 경우 경제적 이익을 창출하는 것이 주목적이므로 해당 동물이 질병에 걸리거나 상처를 입게 되어도 이에 대한 제대로 된 치료를 기대하기 어려우며, 심각한 경우 동물에 대한 학대가 자행되기도 한다. 살 권리가 있는 생명이 아니라 판매해야 할 상품으로 취급할 때 더 이상 경제적 가치가 없는 동물에게 투자하는 것은 손실로 여겨질 수밖에 없다.

공장식 축산 과정에서는 경제성 확보를 위해 최소의 공간을 활용하여 최대의 이익을 내고자 한다. 즉, 작은 공간 안에 얼마나 많은 수의 동물을 집어넣느냐에 따라 얻게 되는 경제적인 이익의 범위가 달라지는 것이다. 때문에 최대의 효율성을 얻고자 하는 공장식 축산 농가에서는 동물들이 몸을 움직이기 어려울 정도로 비좁은 사육장에 갇혀 있게 되며, 당연히 동물들이 극도의 스트레스 상태에 처할 수밖에 없다. 동물들의 심리적인 문제도 문제지만, 이러한 사육 환경에서는 가축들이 자신의 배설물을 몸에 묻힌 채로 평생을 보낼 수밖에 없기 때문에 동물 입장에서는 심각하게 생리가 무시된 환경이다. 이러한 최악의 생존 조건 속에서는 자연에 풀어져서 길러지는 동물에 비해 질병의 위험성이 증가할 뿐만 아니라, 동물의 배설물과 이로 인해 발생하는 질병균 등으로 인한 토양과 수질 오염 등의 환경파괴 현상까지 발생할 수 있다.

동물에게 제공되는 먹이의 질도 문제가 된다. 공장식 사육에서는 가격이 저렴한 옥수수 사료가 선호되는데, 각 동물에게 필요한 영양소를 고려하지 않고 제공되는 옥수수 사료는 동물에게 양질의 영양소를 제공하기 어렵다. 옥수수는 동물에게 필요한 오메가3와 오메가6가 불균형하므로, 옥수수 사료를 먹은 가축의 고기에서도 역시 영양소의 불균형이 나타난다. 비위생적인 방식을 통해 사육되고, 필요한 영양소를 제대로 공급받지 못한 가축의 고기가 사람의 몸에도 좋을 리 없다. 단기적으로 볼 때 사육되는 동물에게만 불리한 것으로 여기기 쉬우나, 인간 또한 공장식 축산으로 인한 피해에서 자유롭기 어렵다는 것이다.

① 동물에 대한 학대는 근절되어야 마땅하나, 생업을 걸고 있는 축산 농가의 입장에서 공장식 축산은 재화 생산을 위한 부득이한 방법이다.

② 현대인의 과도한 육류 소비로 인한 공장식 축산으로 동물권과 환경문제가 야기되었으므로 1인당 육류 소비량을 제도적으로 제한해야 한다.

③ 가장 잔인한 동물학대 유형인 공장식 축산을 자연 생태계 보존과 동물 복지를 실현하는 친환경 축산 방식으로 전환하여야 한다.

④ 수많은 사람들로 인한 고기와 달걀 수요를 충족하기 위해서 공장식 사육은 반드시 필요한 현대적인 가축 사육 방식이다.

⑤ 과거 일부 지배계급에 한정되었던 육류 공급 방식이 공장식 축산의 대량생산 시스템으로 전환됨에 따라 비로소 인간은 누구나 고기를 먹을 수 있게 되었다.

13　다음 글의 제목으로 가장 적절한 것은?

인간의 특성은 유전자와 환경에 의해 결정된다. 이 두 가지 가운데 어느 쪽의 영향을 더 많이 받느냐 하는 것은 생물학계의 오랜 논쟁거리였다. 복제인간의 경우 유전자에 관심이 집중될 수밖에 없다. 그렇다면 복제인간은 체세포 제공자를 어느 정도나 닮게 될까? 우리는 그 실마리를 일종의 '복제인간'이라 할 만한 일란성 쌍둥이에서 찾을 수 있다. 쌍둥이를 연구하는 과학자들에 따르면, 일란성 쌍둥이의 경우 키나 몸무게 같은 생물학적 특징뿐 아니라 심지어 이혼 패턴과 같은 비생물학적 행동까지도 유사하다고 한다.

그렇다면 아인슈타인을 복제하면 복제인간도 아인슈타인과 똑같은 천재가 될까? 과학자들은 이 같은 질문에 대부분 '아니다'라고 말한다. 일란성 쌍둥이는 비슷한 환경에 놓이는 반면 복제인간과 체세포 제공자는 완전히 다른 환경에 놓일 수 있기 때문에, 복제인간의 경우 환경의 영향이 일란성 쌍둥이에 비해 훨씬 크게 작용할 것이다. 물론 그 경우에도 복제인간은 다른 사람보다는 체세포 제공자를 많이 닮을 것이다. 그러나 과학자들은 환경이 동일하더라도 복제인간이 체세포 제공자와 똑같지는 않을 것이라고 예상한다. 어쩌면 복제인간은 외모마저 체세포 제공자와 다를지 모른다. 최근 국내 연구팀은 복제동물이 체세포 제공자와 다른 외모를 보일 수 있다는 사례를 보고하였다. 흑갈색 돼지를 체세포 복제방식으로 복제한 돼지 다섯 마리 가운데 한 마리가 흰색으로 태어난 것이다. 연구팀은 미토콘드리아 유전자의 차이 때문에 복제돼지가 흰색이 되었다고 추정하고 있다.

유전자에는 핵 속의 DNA에 있는 것 말고도 미토콘드리아 DNA에 있는 것이 있고, 이 '미토콘드리아 유전자'는 전체 유전자의 약 1%를 차지한다. 연구팀이 미토콘드리아 유전자를 원인으로 지목하는 이유는 이 유전자가 세포질 속에만 존재하는 것으로서 수정 과정에서 난자를 통해 어미로부터만 유전되기 때문이다. 다섯 마리의 복제돼지는 각각 다른 난자를 이용해 복제됐고, 따라서 다른 미토콘드리아의 영향을 받았을 것으로 추측하고 있다.

흔히 복제인간이 DNA 제공자와 100% 같은 유전정보를 갖는다는 말을 하는데, 이는 엄밀히 말하면 잘못된 표현이다. 과학자들은 '복제인간도 복제동물처럼 체세포 제공자와는 다른 사람의 난자, 즉 다른 미토콘드리아 유전자를 물려받기 때문에 유전정보가 100% 같지는 않고 외모도 체세포 제공자와는 차이가 날 가능성이 크다'고 말한다.

① 유전자와 환경이 인간의 특성에 미치는 영향
② 일란성 쌍둥이와 복제인간의 차이점
③ 미토콘드리아 유전자가 복제인간에게 미치는 영향
④ 복제인간이 체세포 제공자와 다른 특성을 보이는 이유
⑤ 과학자들이 전망하는 복제인간의 미래

14 다음 글의 내용을 통해 알 수 없는 것은?

희생제의(sacrifice)라는 말은 sac라는 라틴어의 어근에서 유래된 단어이다. 그 뜻을 살펴보면 '행복이나 재난을 가져올 수 있는 보이거나 만져지지 않는 특별한 힘(power)과의 관계'를 뜻한다. 이 어근을 사용한 단어 중 sacer가 있는데, 이는 '규정된 의식에 따라 신에게 바치는 대상들'을 의미한다. 곧 희생제물이 될 수 있는 것들을 말하는 것이다. 또한 sacrificium은 희생제의를 통해 신에게 바쳐진 제물을 뜻한다. 그리고 sacer를 sacrificium으로 만드는 과정이 sacrificare인데, 바로 여기에서 희생제의란 말이 나오게 된 것이다. 다시 말해 희생제의는 신에게 바치는 제물이나 그 제물을 받는 신보다는 바치는 과정을 뜻하는 말인 것이다. 그래서 희생제물을 죽이고 피를 수거하여 뿌리거나 고기와 기름기를 태우는 일련의 과정이 희생제의가 되는 것이다.

희생제의란 말의 어원이나 용례가 다양하기 때문에 한가지 정의를 내리는 것은 힘들다. 그러나 어원이나 의례를 염두에 두고 폭력과의 관계를 고려한다면 다음과 같은 정의를 할 수 있다. '개인 혹은 집단이 그 (그들)에게 매우 가치 있는 것을 파괴하는 폭력적 방법으로 초월적 존재(신 등)에 바치는 일련의 과정'을 희생제의라고 할 수 있겠다.

이러한 정의에서는 무엇보다도 희생제의를 통해 제물들에게 가해지는 '폭력적 방법'이 강조된다. 희생제 의에서 제물을 죽이고, 태우거나 피를 뿌리는 행위 등은 다분히 폭력적이기 때문이다. 또한 '매우 가치 있는 것'은 그것의 파괴가 물질적 손해 및 정신적 충격을 주는 것을 의미한다. 희생제의에서는 항상 가장 가치 있는 것이 그 파괴의 대상이 되었고, 동시에 그것이 그것을 바치는 자와 동일시되었기 때문에 정신 적으로도 엄청난 충격을 줄 수 있는 것이기도 했다. 또한 희생제의가 종교 의례라는 점도 강조할 필요가 있다.

희생제의는 희생제물을 신앙의 대상에게 바치는 의식이며, 그 신앙의 표현이다. 그런데 오늘날에는 희생 제의가 거의 다 사라졌다. 그렇기 때문에 희생제의에 대한 정의는 오늘날의 의미로 재해석되어야 한다. 특히 희생제의에 나타난 폭력적 방법과 매우 가치 있는 것의 파괴, 그리고 종교 의례라는 특징을 재해석 할 필요가 있다. 왜 희생물을 폭력적인 방법으로 살해했으며 가장 가치 있는 제물을 바친 이유는 무엇인 가? 종교적으로 왜 그러한 의식이 중시되었고 오늘날 무엇으로 희생제의를 대체하고 있는가? 이러한 질 문들에 답을 하기 위해 우선 희생제의의 기원, 유형과 기능 그리고 희생제의의 의미에 대해 알아볼 필요 가 있다.

① 희생제의는 종교적 신념과 관련이 깊다.
② 과거에 제물을 바치며 기우제를 지내던 행위도 희생제의의 한 예로 볼 수 있다.
③ 희생제의는 신앙의 대상에게 원하는 바를 기원하기 위한 평화적 의례이다.
④ 오늘날에는 희생제의 사례를 거의 찾아볼 수 없다.
⑤ 희생제의라는 단어는 라틴어에서 유래되었다.

15 문서작성의 원칙 중 잘못된 것을 모두 고르면?

> ㉠ 문서에는 반드시 필요한 자료 외에는 첨부하지 않는다.
> ㉡ 문서에는 작성 시기를 정확하게 기입한다.
> ㉢ 공문서 작성 시 부정문이나 의문문 형식은 피하고 긍정문으로 작성한다.
> ㉣ 공문서 작성 시 한자를 병기하여 이해를 돕는다.
> ㉤ 결론을 가장 마지막에 배치하고 앞부분에 근거 및 배경을 제시한다.

① ㉠, ㉣, ㉤ 　　　　② ㉡, ㉢, ㉣
③ ㉡, ㉣, ㉤ 　　　　④ ㉢, ㉤
⑤ ㉣, ㉤

16 다음 중 의사표현에 영향을 미치는 비언어적 요소에 해당하는 것을 모두 고르면?

> ㉠ 연단공포증　　　　㉡ 화자가 입은 옷
> ㉢ 말의 속도　　　　㉣ 표정
> ㉤ 청자의 연령대

① ㉠, ㉡, ㉢ 　　　　② ㉠, ㉢, ㉣
③ ㉡, ㉢, ㉤ 　　　　④ ㉠, ㉢
⑤ ㉡, ㉤

17 다음 중 경청에 대한 설명으로 적절하지 않은 것은?

① 대화의 과정에서 타인과의 신뢰를 쌓는 데 매우 효과적인 방법이다.
② 의사소통을 하기 위한 기본적인 자세이다.
③ 다른 사람의 말을 주의 깊게 듣되, 내 마음대로 다른 사람의 마음을 짐작해서는 안 된다.
④ 말하는 사람의 표정이나 손짓을 보며 정신이 분산되지 않도록 주의한다.
⑤ 상대방의 말 중 이해가 안 되는 부분에 대해 질문하거나, 자신이 이해한 내용을 되물으면서 확인하는 것이 좋다.

[18~19] 다음은 보건복지부에서 조사한 2024년 한방의료이용 실태조사 결과에 대한 자료이다. 이를 보고 이어지는 물음에 답하시오.

한방의료이용 실태조사는 2008년부터 3년 주기로 실시하던 것을 빠르게 변화하는 정책 여건에 대응하고자 2020년부터 매 2년으로 조사 주기를 단축하여 2008년부터 2024년까지 총 7차례 실시하였다. 이번 실태조사는 19세 이상 일반 국민 5,160명과 19세 이상 한방의료 이용자 2,154명(외래환자, 입원환자)을 대상으로 방문·면접 방식으로 진행하였으며, 조사 결과는 한의약 정책 수립 및 발전을 뒷받침할 수 있는 기초 통계자료로 활용된다.

1. 한방의료 경험
(1) 일반 국민의 한방의료 이용 경험

한방의료를 이용한 경험이 있다고 응답한 국민은 67.3%로 2022년 71.0% 대비 3.7%p 감소하였고, 최근 이용 시기는 '1년 이내'(33.6%)라는 응답이 가장 많았다. 한방의료 선택 이유는 '치료효과가 좋아서'(42.5%), '질환에 특화된 진료를 해서'(16.0%), '부작용이 적어서'(11.6%) 순이다. 한방의료에 대한 전반적인 만족도는 79.5%로 2020년 74.5%, 2022년 76.6%에 비해 상승하였으며, '의료기관 종사자의 진료 태도', '한방의료기관의 시설환경', '치료결과'에 대한 만족도가 높은 비중을 차지하였다. 한방의료 이용목적은 '질환치료'가 93.9%로 가장 높았다. 세부 질환으로는 '등통증·디스크·관절염 등 근골격계통'(73.9%), '염좌(삠)·열상 등 손상, 중독 및 외인(낙상사고 등)'(39.6%), '소화계통'(8.7%) 순이었다.

(2) 이용자(외래/입원환자)의 한방의료 이용 경험

현재 한방의료를 이용하고 있는 이유로 질환치료(외래환자 86.6%, 입원환자 67.5%)를 우선으로 꼽았으며, 다음으로 교통사고 치료(외래환자 11.2%, 입원환자 30.3%) 순이었다. 입원환자는 질환치료가 67.5%로 2022년 58.3%에 비해 9.2%p 증가했고, 교통사고 치료는 30.3%로 2022년 40.0%에 비해 9.7%p 감소하였다. 한방의료 이용의 주된 질환으로 모든 이용자에서 근골격계통(외래환자 68.9%, 입원환자 56.8%)이 가장 높았다. 외래환자의 경우 근골격계통 비중이 2020년 75.1%, 2022년 70.1%로, 지속적으로 줄어들고 있으며 신경계통(+7.9%p), 소화계통(+4.8%p)은 2022년 대비 증가하였다. 한방의료 이용에 대해 외래환자 86.3%, 입원환자 76.5%가 '만족한다'고 응답하였으며, '치료효과'에 대한 만족도는 높은 반면 '진료비'는 상대적으로 낮은 만족도를 보였다. 한방의료 서비스를 이용하기 전 동일한 증상으로 의원, 병원을 이용한 경험은 외래환자 50.1%, 입원환자 43.0%로 2022년 조사 대비 모두 높게 나타났다.

2. 한방의료에 대한 인식
이용자가 한의진료에 지출한 총비용은 외래환자 '1만 원~10만 원'(41.4%), '10만 원~50만 원'(39.9%), 입원환자 '10만 원~50만 원'(29.8%), '50만 원~100만 원'(29.5%) 순이었다. 한방의료이용 비용은 응답자의 50% 이상이 '보통'이라고 답했다. 보통이라는 응답은 일반 국민 52.5%, 외래환자 52.7%, 입원환자 52.7%였다. 일반 국민의 경우 '비싸다'는 응답이 37.2%로 2022년 34.1% 대비 3.1%p 증가한 반면, 한방의료 이용자에서는 '비싸다'는 응답이 외래환자 21.5%, 입원환자 33.6%로 2022년 대비 각각 9.7%p와 15.4%p 감소하였다.

3. 한방의료 이용의향 및 개선사항
향후 의료서비스 필요 시, 한방의료를 이용할 의향에 관해 일반 국민 75.8%, 외래환자 94.5%, 입원환자 92.8%가 '이용할 생각 있음'으로 응답했다. 일반 국민 78.4%, 외래환자 90.7%, 입원환자 85.2%가 향후 '한약 복용 생각 있다'고 응답했고, 복용 의향이 없는 이유는 공통적으로 '한약값이 비싸서'가 가장 큰 이유로 조사되었다. 한방의료의 개선사항으로 일반 국민, 외래환자, 입원환자 모두 '보험급여 적용 확대'를 1순위로 꼽았다. 2순위로는 외래환자와 입원환자가 '의과와의 원활한 협진', 일반 국민은 '한약재의 안전성 확보'가 필요하다고 응답했다.

18　**위 자료의 내용과 일치하지 않는 것은?**

① 2024년 한방의료이용 실태조사는 7,200명 이상을 대상으로 방문·면접 방식으로 진행하였다.

② 일반 국민 중 1년 이내에 한방의료를 이용한 적 있다는 응답은 20% 이상이다.

③ 한방의료 이용자 중 이용에 대해 '만족한다'고 응답한 환자는 외래, 입원 모두 80% 이상으로 나타났다.

④ 한방의료 이용자는 일반 국민에 비해 향후 한방의료를 이용할 의향이 있음을 표한 비율이 15%p 이상 높고, 입원환자보다는 외래환자의 응답비율이 더 높다.

⑤ 한방의료가 '비싸다'는 응답은 '보통'이라는 응답에 비해 일반 국민과 한방의료 이용자 모두에서 낮은 것으로 나타났다.

19　**위 자료에 대한 반응으로 적절한 것을 〈보기〉에서 모두 고르면?**

┌─ 보기 ┌───
ㄱ 조사대상자 중 한방의료 이용자와 일반 국민을 동일한 비율로 구성한 것으로 보아, 조사의 신뢰도도 높다고 생각된다.
ㄴ 한약 처방에 건강보험이 전면 적용된다면, 한방의료 이용자가 늘어날 수 있겠다.
ㄷ 한방의료 서비스를 이용하기 전 동일한 증상으로 의원이나 병원을 이용한 환자가 2년 전에 비해 늘어난 것으로 보아, 병·의원을 찾고도 만족하지 못한 환자가 늘어났고, 이는 결국 한방의료에 대한 신뢰도가 높아진 것으로도 해석할 수 있겠다.

① ㄱ

② ㄴ

③ ㄱ, ㄴ

④ ㄱ, ㄷ

⑤ ㄴ, ㄷ

20 다음 글의 주제로 가장 적절한 것은?

왜 선진국의 기업들은 유전자 특허를 위해 속도전을 펼치는 것일까? 답은 뻔하다. 특허를 내면 막대한 돈을 벌 수 있기 때문이다. 유전자의 기능을 밝혀 특허를 획득하면 유전자 재조합 기술 등으로 원하는 단백질의 대량 생산이 가능해지고 또 특정 질환의 진단과 치료에도 활용할 수 있다. 그래서 어떤 사람은 의학적으로 중요한 유전자를 발굴해 세계의 주요 국가에서 물질 특허를 받는 것은 그 나라에 진출할 수 있도록 토지나 건물을 확보하는 것보다 더 중요한 교두보를 확보하는 일이라고 말하며 유전자 특허의 중요성을 역설한다. 우리처럼 수출로 먹고살 수밖에 없는 처지에서는 솔깃한 이야기가 아닐 수 없다. 그렇다면 결론은 "빨리 연구해서 유전자 특허를 하나라도 더 따자!"가 되는가? 이것은 간단하지 않은 문제이다.

대체로 자신이 새롭게 개발한 것에 대해 특허권을 주장하는 행위는 널리 받아들여진다. 그렇다면 유전자에 대해 특허를 부여한다는 것은 유전자가 인간의 '발명품'이라는 말인가? 현재의 특허법을 보면, 생명체나 생명체의 일부분이라도 그것이 인위적으로 분리·확인된 것이라면 발명으로 간주하고 있다. 따라서 유전자도 자연으로부터 분리·정제되어 이용 가능한 상태가 된다면 화학물질이나 미생물과 마찬가지로 특허의 대상으로 인정된다.

그러나 유전자 특허 반대론자들은 자연 상태의 생명체나 그 일부분이 특허에 의해 독점될 수 있다는 발상 자체가 터무니없다고 지적한다. 수만 년 동안의 인류 진화 역사를 통해 형성되어 온 유전자를 실험실에서 분리하고 그 기능을 확인했다는 이유만으로 독점적 소유권을 인정하는 일은, 마치 한 마을에서 수십 년 동안 함께 사용해 온 우물물의 독특한 성분을 확인했다는 이유로 특정한 개인에게 우물의 독점권을 준다는 논리만큼 부당하다는 것이다.

이러한 주장은 그럴듯한 반론처럼 들리기는 하지만 유전자의 특허권을 포기하게 할 만큼 결정적이지는 못하다. 사실 우물의 비유는 적절하지 않다. 왜냐하면 어떤 사람이 우물물의 특성을 확인했다고 해서 그 사람만 우물물을 마시게 한다면 부당한 처사겠지만, 우물물의 특정한 효능을 확인해서 다른 용도로 가공한다면 그런 수고의 대가는 정당하기 때문이다. 유전자 특허권의 경우는 바로 후자에 해당된다. 또한 특허권의 효력은 무한히 지속되지 않고 출원일로부터 20년을 넘지 못하게 되어 있어 영구적인 독점이 아니다.

① 유전자 특허의 사회적·경제적 의미에 대해서는 상반된 견해들이 대립하고 있다.
② 유전자 특허를 허용하더라도 영구적 독점의 방식이어서는 안 된다.
③ 유전자는 특정한 기법에 의해 분리되고 그 기능이 확인된 경우 특허의 대상이 될 수 있다.
④ 유전자 특허는 유전자 재조합 기술이나 특정 단백질의 생산과 관련된 경우에 한해 허용하는 것이 옳다.
⑤ 유전자 특허 경쟁은 막대한 경제적 이득과 맞물려 있기 때문에, 이에 대한 논쟁은 무의미하다.

21 5% 농도의 소금물과 12% 농도의 소금물을 섞어 10% 농도의 소금물 350g을 만들었다. 이때 12% 농도 소금물의 양은?

① 100g   ② 150g
③ 200g   ④ 250g
⑤ 300g

22 원영이는 100개의 초콜릿을 사서 집으로 돌아오는 도중 친구와 몇 개를 나눠 먹었다. 집에 와서 남은 초콜릿의 개수를 세어 보니, 3개씩 세면 1개, 4개씩 세면 2개, 5개씩 세면 3개가 남았다. 원영이가 집으로 돌아오는 길에 친구와 나눠 먹은 초콜릿은 모두 몇 개인가?

① 18개   ② 42개
③ 30개   ④ 38개
⑤ 54개

23 유진이는 100원짜리 동전 30개를 한 번씩 던져 앞면이 나온 동전은 자신이 가지고, 나머지 동전은 동생 지원이에게 갖고 싶은 만큼 가지라고 하였다. 그 결과 유진이는 300원을 가지게 되었다. 이때 유진이가 300원을 가지게 되는 경우의 수를 a라 하고, 지원이가 200원 이하의 금액을 가져갈 확률을 b라고 했을 때 $a \times b$의 값은? (단, 지원이는 동전을 가져가지 않을 수도 있다.)

① 430   ② 435
③ 449   ④ 451
⑤ 465

24 다음은 2020~2023년 A지역의 산재신청자수 및 산재근로자수에 관한 자료이다. 이에 대한 설명으로 옳지 않은 것은?

A지역의 산재신청자수 및 산재근로자수

(단위 : 명, %)

성별 \ 구분	연도	2020	2021	2022	2023
남성	산재신청자수	14,431	15,605	15,422	( )
	산재근로자수	12,122	( )	12,273	12,222
	인정률	84.0	82.1	79.6	81.0
여성	산재신청자수	16,300	18,282	( )	18,504
	산재근로자수	( )	14,488	14,309	14,465
	인정률	83.4	79.2	77.1	78.2
전체	산재신청자수	30,731	33,887	33,984	33,598
	산재근로자수	25,713	27,299	26,582	26,687
	인정률	83.7	80.6	78.2	( )

$$※\ 인정률(\%) = \frac{산재근로자수}{산재신청자수} \times 100$$

① 2022년 전체 산재근로자수는 전년 대비 3% 이상 감소하였다.
② 남성 산재신청자수는 2022년이 2023년보다 많다.
③ 여성 산재근로자수 대비 남성 산재근로자수 비율은 2022년이 2023년보다 높다.
④ 전체 산재근로자 인정률은 2020년이 가장 높다.
⑤ 남성 산재신청자수 대비 여성 산재신청자수 비율은 매년 증가한다.

25 다음은 '갑' 회사의 근로자 A~E의 총급여액과 근로기간 현황에 관한 자료이다. 이를 근거로 월평균소득이 가장 높은 근로자와 가장 낮은 근로자를 바르게 연결한 것은? (단, 만 원 미만은 절사하여 계산한다.)

근로자 A ~ E의 총급여액과 근로기간 현황

(단위 : 만 원, 개월)

근로자＼구분	총급여액	근로기간
A	3,000	16
B	200	1
C	500	2
D	1,000	6
E	2,000	9

※ 근로기간 1개월=31일로 계산한다.

※ 재직 중인 사업장에 대하여 근로기간 동안의 총급여액을 근로기간으로 나눈 금액을 '월평균소득'이라 한다. 단, 입사 후 3개월 미만 근로한 경우 지급된 총급여액을 근로일수로 나눈 금액에 30을 곱한 금액을 월평균소득으로 한다.

$$※\ 3개월\ 이상\ 월평균소득(만\ 원) = \frac{근로기간\ 동안의\ 총급여액}{근로기간(월)}$$

$$※\ 3개월\ 미만\ 월평균소득(만\ 원) = \frac{근로기간\ 동안의\ 총급여액}{근로일수} \times 30일$$

	가장 높은 근로자	가장 낮은 근로자
①	E	D
②	E	A
③	C	B
④	C	A
⑤	C	D

26 다음은 2025년 '갑'국의 주요 10개 업종의 사내 근로복지기금 현황에 관한 자료이다. 〈보기〉의 정보를 근거로 A~C에 해당하는 업종을 바르게 연결한 것은?

주요 10개 업종의 사내 근로복지기금 현황

(단위 : 건, 개)

구분 / 업종	사내 근로복지기금 지출건수			사내 근로복지기금 운영 기업 수
	대기업	중견기업	중소기업	
A	25,234	1,575	4,730	1,725
유통	6,611	501	3,265	1,282
건축	1,314	1,870	5,833	2,360
전기장비	204	345	8,041	2,550
의료	5,460	1,606	1,116	617
연구개발	2,978	917	2,026	995
전자부품	52	533	2,855	1,019
B	18	115	3,223	1,154
기계	113	167	2,129	910
C	29	7	596	370

※ 기업규모는 '대기업', '중견기업', '중소기업'으로만 구분됨

┌ 보기 ┐
- '중소기업' 사내 근로복지기금 지출건수가 해당 업종 전체 기업 사내 근로복지기금 지출건수의 90% 이상인 업종은 '화학제품', '전문서비스', '전기장비'이다.
- '대기업' 사내 근로복지기금 지출건수가 '중견기업'과 '중소기업' 사내 근로복지기금 지출건수 합의 2배 이상인 업종은 '자동차', '의료'이다.
- 사내 근로복지기금 운영 기업당 지출건수는 '화학제품'이 '전문서비스'보다 많다.

	A	B	C
①	화학제품	자동차	전문서비스
②	자동차	화학제품	전문서비스
③	자동차	전문서비스	화학제품
④	전문서비스	화학제품	자동차
⑤	전문서비스	자동차	화학제품

[27~28] 다음은 OECD 주요국과 한국의 금융권 종사자 평균 은퇴 연령과 관련된 자료이다. 이를 보고 이어지는 물음에 답하시오.

OECD 주요국의 남성 금융권 종사자 평균 은퇴 연령

(단위 : 세)

구분	2005년	2010년	2015년	2020년	2025년
미국	63.3	62.1	63.5	64.0	66.6
뉴질랜드	64.2	64.9	66.5	67.6	68.2
스웨덴	64.0	63.7	65.7	66.1	68.1
포르투갈	65.1	65.0	66.6	67.5	68.0
멕시코	70.7	71.1	73.0	72.4	73.2
스위스	63.2	62.3	64.6	65.2	67.5
아이슬란드	64.8	66.1	68.9	69.0	70.5
아일랜드	64.0	63.6	65.2	66.0	69.0
일본	65.5	66.1	69.5	69.0	70.5

한국의 금융권 종사자 평균 은퇴 연령

(단위 : 세)

구분	2005년	2010년	2015년	2020년	2025년
전체	50.5	51.3	52.6	53.7	54.4
여성	48.0	48.5	49.7	50.6	50.5
남성	52.5	53.2	54.6	56.8	58.9

27 위 자료에 대한 설명으로 옳은 것은?

① OECD 주요국 중 남성 금융권 종시자 평균 은퇴 연령이 70세기 넘는 국가는 2005년 1개국에서 2025년 3개국으로 증가하였다.

② 우리나라 금융권 종사자의 남녀 평균 은퇴 연령의 차이가 가장 크게 나타났던 해의 포르투갈 남성 금융권 종사자 평균 은퇴 연령은 66세를 넘지 않는다.

③ 2010년 기준으로 OECD 주요국 중 남성 금융권 종사자의 평균 은퇴 연령이 가장 높은 국가와 가장 낮은 국가의 은퇴 연령 차이는 7세이다.

④ 우리나라 금융권 종사자의 전체 평균 은퇴 연령은 꾸준히 증가했으며, 남성과 여성 종사자의 평균 은퇴 연령 모두 같은 추이를 보인다.

⑤ 2020년부터 OECD 주요국의 남성 금융권 종사자 평균 은퇴 연령은 모두 65세를 넘어섰다.

28 한국을 제외한 OECD 주요 9개국 중 2005년 대비 2020년 남성 금융권 종사자 평균 은퇴 연령의 증가율이 가장 큰 국가와 가장 작은 국가를 순서대로 바르게 나열한 것은? (단, 소수점 둘째 자리에서 반올림하여 계산한다.)

① 멕시코, 포르투갈　　　　　　　② 아이슬란드, 미국
③ 아이슬란드, 포르투갈　　　　　④ 뉴질랜드, 스웨덴
⑤ 멕시코, 미국

[29~30] ○○대학교에 재학 중인 A씨는 대학교 내 셔틀버스 도입을 건의하기 위해 2024~2025년 전체 학생 수의 절반에 해당하는 일부 학과 학생을 대상으로 주로 이용하는 통학수단이 무엇인지 설문조사하였다. 다음의 설문조사 결과 자료를 보고 이어지는 물음에 답하시오.

2024~2025년 ○○대학교 학과별 주요 통학수단

(단위 : 명)

구분	2024년			2025년		
	버스	지하철	택시	버스	지하철	택시
경영학과	32	11	24	34	19	26
실용예술학과	22	24	12	35	14	28
컴퓨터공학과	26	12	7	26	34	16
뮤지컬학과	16	35	8	28	20	11
화학공학과	31	21	15	19	31	8
국어국문학과	21	12	9	19	28	24
일어일문학과	10	18	7	37	22	19
중어중문학과	25	12	16	20	13	5
합계	183	145	98	218	181	137

29 위 자료에 대한 〈보기〉의 설명으로 옳지 않은 것은?

> ┌ 보기 ┌
> ㉠ 2025년 조사 대상인 모든 학과에서 버스를 이용하는 학생 수는 택시를 이용하는 학생 수보다 많다.
> ㉡ 2024년 대비 2025년 버스를 이용하는 뮤지컬학과 학생 수는 75% 증가하였다.
> ㉢ 2024년 대비 2025년 지하철을 이용하는 학생 수는 2개 과를 제외한 모든 학과에서 증가하였다.
> ㉣ 2025년 일어일문학과에서 버스를 이용하는 학생 수는 택시를 이용하는 학생 수의 2배 이상이다.

① ㉠, ㉡　　　　　　　　② ㉠, ㉢
③ ㉠, ㉣　　　　　　　　④ ㉡, ㉢
⑤ ㉡, ㉣

30 2026년 ○○대학은 셔틀버스를 도입하였다. 2026년 전체 학생 수는 전년 대비 25% 증가하였고, 전체 학생의 30%가 셔틀버스를 이용한다고 할 때, 셔틀버스를 이용하는 학생은 몇 명인가?

① 201명　　　　　　　　② 306명
③ 402명　　　　　　　　④ 509명
⑤ 608명

31 다음은 A~E사원에 대한 인사평가표이다. 인사평가표의 항목별 순위를 통해 A~E사원의 점수를 매겼을 때, 최종점수가 3위인 사람은 누구인가?

평가요소		평가기준	항목별 순위				
			A	B	C	D	E
역량평가 (50%)	근태 (10점)	지각, 무단결근 등이 없이 성실하게 근무에 임하고 있는가?	3위	1위	2위	3위	4위
	의사전달 (10점)	이메일, 전화, 보고 등에서 주요 핵심 내용을 명쾌하고 분명하게 전달하는가?	2위	2위	4위	1위	3위
	책임 (10점)	주어진 업무에 최선을 다하고 결과에 대해 책임지는 자세를 보이는가?	1위	3위	4위	3위	2위
	적응 (10점)	새로운 업무 및 변화되는 환경에 대하여 잘 적응하는가?	3위	2위	3위	1위	4위
	발전가능성 (10점)	업무 수행에 대한 새로운 방법이나 아이디어를 창출하여 업무를 개선하려는 의지가 있는가?	2위	3위	1위	3위	4위
업적평가 (50%)	전문지식 (10점)	담당업무 수행에 필요한 충분한 지식을 겸비하고 있는가?	3위	2위	4위	1위	5위
	기획창의 (10점)	창의력을 바탕으로 구체적인 아이디어를 창출하는 능력을 보유하고 있는가?	1위	4위	5위	2위	3위
	분석판단 (10점)	업무의 문제점을 파악·분석하여 올바른 결론, 정확한 대책을 강구하는 능력을 보유하고 있는가?	4위	5위	3위	1위	2위
	수행능력 (10점)	설정된 목표 또는 지시사항을 일정에 맞게 완수하고 명확한 결과 또는 결과물을 제시하는가?	3위	4위	5위	1위	2위
	공헌도 (10점)	업무를 효율적·합리적으로 수행함으로써 조직과 회사 발전에 기여하였는가?	4위	5위	2위	3위	1위

※ 평가항목별로 매겨진 각자의 순위에 대해 1위 10점부터 그 다음 순위는 1점씩 차감하여 점수를 부여한다.

※ 각 공동순위 항목별로 공동순위자의 총점을 비교해 그중 총점이 가장 높은 사람에 0.5점을 추가적으로 부여하고, 총점이 가장 낮은 사람에게 0.5점을 차감한다.

① A   ② B
③ C   ④ D
⑤ E

[32~33] 다음은 산재보상 보험급여 중 유족급여와 관련된 자료이다. 이를 보고 이어지는 물음에 답하시오.

◎ **유족급여란?**

근로자가 업무상 사유로 사망한 경우 그 당시 부양하고 있던 유족에게 급여를 지급하는 제도

◎ **유족급여 지급 절차**

사망한 근로자의 유족이 유족급여청구서를 제출하면, 관할 근로복지공단에서 확인 후 유족급여를 지급한다.

◎ **구비서류 및 지급 방법**

1. **구비서류**
   - 사망진단서 또는 사체검안서 1부
   - 근로자의 사체부검소견서(사인 미상인 경우) 1부
   - 주민등록등본 또는 호적등본(주민등록등본으로 수급권자 확인이 곤란한 경우) 1부
   - 기타 평균임금 및 업무상 사망을 입증할 수 있는 서류 각 1부
2. **지급방법**
   - 연금지급이 원칙(평균임금의 52~67% 상당액 매월 지급)
   - **50% 일시금 지급**: 연금수급권자가 원하는 경우 유족일시금(평균임금 1,300일분 상당)의 50%를 일시금으로 지급하고 유족보상연금은 50% 감액하여 지급
     - ※ 연금수급자가 없는 경우 등 연금으로 받을 수 없는 경우에는 일시금으로 지급

◎ **유족보상연금 수급자격자 및 순위**

근로자가 사망할 당시 그 근로자와 생계를 같이 하던 유족 중
① 배우자
② 부모 또는 조부모로서 각각 60세 이상인 자
③ 자녀·손자녀로서 25세 미만인 자
④ 형제자매로서 19세 미만이거나 60세 이상인 자
⑤ 위에 해당되지 않는 자녀, 부모, 손자녀, 조부모, 형제자매로서 장애인복지법 제2조에 따른 장애인 중 고용노동부령으로 정한 장애등급 이상에 해당하는 자(시각장애인인 경우 제3급인 자도 해당됨)
※ 받을 권리의 순위: 배우자, 자녀, 부모, 손, 조부모 및 형제자매의 순

◎ **유족보상일시금 수급**

유족 중 유족보상연금 수급권자가 없는 경우, 유족급여를 연금의 형태로 지급하기 곤란한 경우(근로자가 사망 당시 유족보상연금 수급권자가 외국에 거주하는 자일 경우 또는 내국인 수급권자가 국외로 이주하는 경우)에 일시금으로 지급한다.

▶ **유족보상일시금 수급권자 순위**

① 근로자의 사망 당시 그에 의하여 부양되고 있던 배우자, 자녀, 부모, 손자녀 및 조부모
② 근로자가 사망 당시 그에 의하여 부양되고 있지 아니하던 배우자, 자녀, 부모, 손자녀 및 조부모 또는 근로자의 사망 당시 그에 의하여 부양되고 있던 형제, 자매
③ 형제자매
※ 같은 순위의 수급권자가 2인 이상인 경우 그 유족에게 등분하여 지급. 부모에 있어서 양부모를 우선순위로 하고 조부모에 있어서 양부모의 부모를 우선 순위로 함. 위 순서에 불구하고 근로자가 특히 유언으로서 지정할 경우에는 그 지정에 따름

◎ **유족보상연금**

수급권자가 원하는 경우 유족보상일시금의 50/100에 상당하는 금액을 일시금으로 지급하고 유족보상연금은 50/100을 감액하여 지급한다.

▶ 유족보상연금 수급자격자의 실격 및 지급정지
① 사망한 때
② 재혼한 때(사망근로자의 배우자에 한하며, 사실상 혼인관계에 있는 경우를 포함)
③ 사망근로자와의 친족관계가 종료한 때
④ 자녀·손자녀가 25세가 된 때 또는 형제자매가 19세가 된 때
⑤ 신체장애가 있었던 자가 그 상태가 해소된 때
⑥ 근로자가 사망할 당시 대한민국 국민이었던 유족보상연금 수급자격자가 국적을 상실하고 외국에서 거주하기 위하여 출국하는 경우
⑦ 대한민국 국민이 아닌 유족보상연금 수급자격자가 외국에서 거주하기 위하여 출국하는 경우

32 위 자료의 내용과 부합하는 것은?

① 주민등록등본과 호적등본은 유족급여 청구 시 반드시 제출해야 한다.
② 유족급여는 연금으로 지급하는 것이 원칙이며, 유족일시금으로 지급 시 일시금은 평균임금의 1,300일분 상당을 지급하고, 유족보상연금은 감액하여 지급한다.
③ 장애인복지법에 따른 장애인은 수급자격 순위 1~4순위에 해당하지 않으면 유족보상연금을 수급할 수 없다.
④ 유족급여를 유족보상 일시금으로 지급하는 경우는 수급권자가 외국에 거주하거나 외국으로 이주하는 경우로 제한된다.
⑤ 근로자의 형제자매이나 사망 당시 그에게 부양되고 있지 않았던 경우에는 유족보상일시금을 수급할 수 없다.

33 〈보기〉는 업무상 사유로 사망한 갑, 을, 병, 정의 유족에게 지급되는 유족급여와 관련된 사례이다. 위 자료의 내용으로 보아, 사례의 내용이 잘못된 것을 모두 고르면?

> **보기**
>
> ㉠ 갑의 유족으로는 25세인 자녀, 62세인 동생이 있다. 이때 유족급여는 동생이 받게 된다.
> ㉡ 을의 유족으로는 외국에서 이민생활을 하고 있는 동생 2명이 있다. 두 동생은 유족급여를 일시금으로 절반씩 나누어 받았다.
> ㉢ 병은 유족으로 5세인 자녀와, 65세인 어머니가 있다. 유족보상연금은 자녀와 어머니가 절반씩 받게 되었다.
> ㉣ 정의 유족으로는 17세인 자녀가 있다. 유족보상연금을 받던 자녀는 몇 년 뒤 외국 국적을 획득하고 거주를 위해 출국하게 되어 유족보상연금은 더 이상 받지 못하게 되었다.

① ㉠

② ㉡

③ ㉢

④ ㉠, ㉣

⑤ ㉡, ㉢

[34~35] 다음은 근로복지공단이 제공하는 생활안정자금 융자 중 자녀양육비 관련 자료이다. 이를 보고 이어지는 물음에 답하시오.

◎ **융자개요**
18세 미만의 자녀의 양육에 드는 비용

◎ **융자한도**
2,000만 원 범위 내에서 자녀 1명당 500만 원
※ 2025년 500만 원을 대출받은 경우, 상환 전까지 동일 자녀로 추가 대출 불가
※ 최소신청금액 50만 원 이상

◎ **융자 신청기한**
자녀가 18세에 도달하는 시기 이내

◎ **신청대상**
1. 대상
 • 근로자, 특수형태근로종사자
 • 1인 자영업자(산재보험 임의가입사업주, 융자 신청일이 속한 달의 직전 달 말일에 고용된 근로자가 없는 사람에 한함)
2. 재직요건
 • 근로자, 특수형태근로종사자: 신청일 기준 3개월 이상 근로 중인 자
 (일용근로자는 고용보험 근로내용 확인신고서에 따른 근로일수가 신청일 기준 90일 이내에 45일 이상인 자)
 • 1인 자영업자: 신청일 기준 중소기업사업주 산재보험 가입기간이 3개월 이상인 자
3. 소득요건
월평균소득이 중위소득 2분의 1 이하(2025년 사업기준 252만 원 이하, 2026년 사업기준 268만 원 이하)
※ 다만, 일용근로자는 소득요건 적용하지 않음

> • 월평균소득이란 재직 중인 사업(장)에 대하여 전년도 근로(사업)기간 동안의 총급여액(총소득액)을 근로(사업)기간으로 나눈 금액을 말함
>
> $$월평균소득 = \frac{근로기간\ 동안의\ 총급여액}{근로기간(월)} \times 100$$
>
> − 예시: 2023년 8월 입사, 8~12월 근로기간 동안의 총급여액=1,000만 원, 근로기간=5개월
>
> $$월평균소득 = \frac{1{,}000만\ 원}{5월} = 200만\ 원$$
>
> • 2군데 사업장에서 근로하는 경우 각 사업장의 월평균소득을 산정한 후 합산한 금액을 월평균소득으로 함
>
> $$A사업장\ 월평균소득 + B사업장\ 월평균소득$$
>
> • 전년도 입사 후 3개월 미만 근로하거나 올해 입사한 근로자인 경우 융자신청일 이전 3개월 동안 지급된 총급여액을 근로일수로 나눈 금액에 30을 곱한 금액을 월평균소득으로 함
> − 예시: 2023년 11월 입사, 융자신청일 이전 3개월(2024년 7~9월) 근로기간 동안의 총급여액=600만 원, 근로일수=92일
>
> $$월평균소득 = \frac{600만\ 원}{92일} \times 30일 = 1{,}956{,}522만\ 원$$

◎ **융자조건**
금리 연 1.5% / 1년 거치 3년 또는 4년 원금균등분할상환 중 선택
※ 거치기간 및 상환기간 선택 후 변경 불가, 조기상환 가능(조기상환 수수료 없음)

◎ **보증방법**

우리공단 신용보증지원제도 이용(보증료 연 0.9% 선공제)

◎ **관련법령**

고용노동부 고시 근로복지사업 운영규정

※ 신청대상, 융자요건 등에 대한 자세한 사항은 관련 법령을 참고

◎ **증빙서류(신청인 제출서류)**

공통	가족관계증명서(융자 대상자가 본인이 아닌 경우)
근로자	직전년도 소득증빙자료(소득금액증명원, 원천징수영수증 등)
특수형태근로 종사자	- 직전년도 소득증빙자료(소득금액증명원, 원천징수영수증, 종합소득세 과세표준확정신고 및 납부계산서 등) - 위수탁·도급·노무제공 계약서 등 노무제공사실 확인자료 - 사업자등록증(필요 시) - 임대차계약서(필요 시)
1인 자영업자	직전년도 소득증빙자료(소득금액증명원, 원천징수영수증, 종합소득세 과세표준확정신고 및 납부계산서 등)

※ 신청인에 따라 위 서류 이외에 공단 담당자가 별도 서류를 요구할 수 있음

34 위 자료의 내용으로 보아, 자녀양육비 융자와 관련된 설명으로 적절한 것은?

① 자녀가 3명이라면 최대 2,000만 원 융자가 가능하며, 상환 후에는 추가 대출이 가능하다.

② 일용근로자는 2026년 기준 월평균소득이 268만 원 이상인 경우에도 신청 대상이 될 수 있다.

③ 1인 자영업자의 경우 신청일 기준 중소기업사업주 산재보험 가입기간이 6개월 이상이고, 2026년 기준 월평균소득이 268만 원 이하여야 신청 대상이 된다.

④ 원금균등분할상환 방식에 금리는 연 1.5% 조건이며, 조기상환 시 수수료가 부과된다.

⑤ 특수형태근로종사자의 경우 사업자등록증과 직전년도 소득증빙자료를 반드시 제출하여야 한다.

35 〈보기〉의 갑, 을은 2026년 3월에 생활안정자금 자녀양육비 융자를 신청하려고 한다. 위 자료를 바탕으로 했을 때, 갑, 을의 월평균소득액을 각각 구하면? (단, 만 원 미만은 절사하여 계산한다.)

> **보기**
>
> - 갑은 A회사에 재직 중으로, 2025년 4월부터 현재까지 근무하고 있다. 2025년 4월부터 12월까지 총급여액은 2,250만 원이었다.
> - 을은 2026년 1월에 B회사에 입사했으며, 2020년부터 입사 직전인 2025년 12월까지 C회사에서 근무했다. C회사에 다니던 2025년 총급여액은 3,540만 원이었다.

① 230만 원, 288만 원 ② 230만 원, 285만 원

③ 240만 원, 295만 원 ④ 250만 원, 285만 원

⑤ 250만 원, 288만 원

[36~37] 다음은 2026년 근로복지기금 지원사업 시행 안내문의 일부이다. 이를 보고 이어지는 물음에 답하시오.

◎ **지원신청 관련 안내**

(1) 접수기간 : 상반기(2026. 3. 4. ~ 4. 17.)
　　　　　　　　하반기(실시 여부는 2026. 7월 이후 별도 공지 예정)

　　※ 당해 예산범위 내에서 지원되는 사업이므로 예산사정으로 인한 조기마감(하반기 사업 미실시) 등 변동사유 발생 시 근로
　　　복지넷에 사전 공지 예정

(2) 접수방법 : 등기우편 또는 근로복지넷 온라인 접수
　　• 주소 : 44428) 울산 중구 종가로 123 근로복지공단 복지계획부
　　• 유의사항 : 우편접수 시 2026. 4. 17.(금)까지 근로복지공단 도착분에 한하여 접수

◎ **주요 안내사항**

1. 공동근로복지기금 지원

(1) **공동기금 지원대상 선정 우선순위** : 심사위원회 심사 결과 같은 점수(순위)일 경우 ① 중소기업 근로자수가 많
　은 기금법인, ② 지원을 받은 적이 없는 기금법인, ③ 중소기업 수가 많은 기금법인 순으로 우선 지원

(2) **목적 외 사용 시 지원 제한** : 지원금의 목적 외 사용으로 지원금 반환이 결정된 경우 반환결정일로부터 3년간
　지원 제한

(3) **지원결정 취소사유** : 출연금이 출연약정(예정) 금액에 미달하는 경우, 지원금의 목적 외 사용에 대한 고의성이
　확인되어 환수(반환) 대상으로 결정된 경우, 여입조치 불응에 따른 관할 지방고용노동관서장의 시정명령을 미
　이행한 경우 등

(4) **공동기금 지원한도** : 심사점수에 따라 차등지원(지원배제, 신청금액의 50%, 75%, 100%)하며, 기업체 노동비용
　조사의 300인 미만 사업장 법정 외 복지비용을 반영하여 근로자 1인당 지원한도 설정

　　※ 근로자 1인당 지원한도 : 2024년 기업체 노동비용조사상 300인 미만 사업장의 연간 법정외 복지비용 1,912,800원의
　　　50%(956,400원) 수준을 반영하여, 2025년 1인당 지원한도는 960,000원으로 설정

(5) **소급 지원신청 시 지원결정 기준** : 1개 연도 이상 과거연도 출연분과 당해 연도 출연(예정)분을 함께 지원신청한
　경우 그 총액에 대하여 심의를 거쳐 지원 대상 및 지원 금액 결정

(6) **개정 고시 적용** : 원·하청 간 상생협력 노력 촉진을 위해, 대기업이 30억 원 이상 출연하는 경우 최대 20억
　원 한도 내에서 지원할 수 있도록 고시 개정

　　※ '26. 4월 중 고시 개정 예정으로 근로복지기금지원 심사위원회에서 개정 내용을 반영하여 심사·결정

〈공동근로복지기금 지원사업 운영규정 주요 개정(안)〉

현행	개정(안)
제8조(지원수준) ① ~ ⑤ (생략) 〈신설〉	제8조(지원수준) ① ~ ⑤ (현행과 같음) ⑥ 제5항에도 불구하고 공동기금에 참여한 사업장 수가 50개 이상 또는 수혜를 받는 중소기업 등의 소속 근로자 수가 1,500인 이상인 경우이고, 영 제55조의3 제1항 제2호에서 정한 공동기금법인이 대기업 또는 도급인으로부터 출연받은 금액이 30억 원 이상인 경우에는 20억 원을 한도로 지원할 수 있다.

2. 사내근로복지기금 지원

지원 대상 확인을 위해 대기업(도급업체)과 중소기업(수급업체)이 맺은 도급계약서 또는 파견계약서 반드시 제출

3. 사내·공동 근로복지기금 지원 공통 유의사항

(1) **사업계획서 변경신고 의무화** : 지원신청 시 심사받은 사업계획서의 목적사업과 다른 사업을 수행하려는 경우
　변경된 사업계획서를 공단에 미리 제출하여 목적사업의 적합성 여부를 확인받고 수행

(2) **지원금 사용가능 목적사업 확인 철저** : 근로복지기본법 제62조, 사내 및 공동근로복지기금 실무매뉴얼의 목적사
　업 허용범위 확인 후 적합한 지원 사업 수행

　　※ 근로복지기금 지원금으로 복지사업을 하는 경우 대부사업은 허용되지 않음

36 위 자료의 내용과 부합하지 않는 것을 〈보기〉에서 모두 고르면?

┌ 보기 ┐
ㄱ 2026년 하반기에는 근로복지기금 지원사업이 실시되지 않을 수 있다.
ㄴ 공동근로복지기금은 심사위원회의 심사 결과에 따라 지원대상이 결정되며, 지원금 목적 외에 지원금을 사용하여 지원금을 반환하게 되면 이후에는 지원을 받을 수 없다.
ㄷ 지원신청 시 제출한 사업계획서의 목적사업을 다른 것으로 바꾸는 것은 불가능하며, 목적사업과 다른 사업을 수행하려면 지원금을 포기하여야 한다.
ㄹ 공동근로복지기금의 근로자 1인당 지원한도는 심사점수에 따라 신청금액의 절반 또는 전액 중 하나로 차등지원된다.

① ㄱ, ㄴ

② ㄴ, ㄷ

③ ㄷ, ㄹ

④ ㄱ, ㄴ, ㄹ

⑤ ㄴ, ㄷ, ㄹ

37 공동근로복지기금에 관한 설명으로 잘못된 것은?

① 2025년 기준 근로자 1인당 지원한도는 96만 원이다.

② 2026년 4월 이후에는 대기업인에서 원청과 하청 간의 상생협력을 위해 10억 원의 기금을 출연한 경우 최대 20억 원까지 지원을 받을 수 있다.

③ 중소기업 수가 많은 기금법인보다는 중소기업 근로자수가 많은 기금법인이 지원대상 선정 시 동순위일 경우 우선 선정된다.

④ 대기업에서 기금에 1억 원을 출연하기로 하고 기금 지원 신청을 하였으나, 5천만 원만 출연한 경우에 시원결정이 취소될 수 있다.

⑤ 공동근로복지기금 지원사업 운영규정 개정안은 2026년 4월에 고시 예정으로, 이후 근로복지기금 지원 심사위원회에서 이를 반영하여 심사하게 된다.

[38~39] 다음은 근로복지공단의 공공직장어린이집 사업 관련 자료이다. 이를 보고 이어지는 물음에 답하시오.

☐ **사업목적**

전국 37개 공단 어린이집을 통해 근로자 육아부담 경감 및 지역사회에 바람직한 직장어린이집 운영 롤 모델 제시

☐ **사업내용**

1. 입소대상자

0세부터 5세 취학 전 아동

2. 월보육료(2026년 기준)

구분	0세	1세	2세	3세~5세
금액	584,000원	515,000원	426,000원	280,000원

3. 입소순위

구분	고용보험가입 근로자	동순위 내 우선순위 적용
1순위	부모 모두 근로자인 가정의 자녀	1) 우선지원대상기업·비정규직근로자 가정의 자녀
2순위	부모 중 1인이 근로자인 가정의 자녀	2) 재원 중 아동 형제자매, 공단어린이집 교직원 자녀
3순위	조부모가정, 한부모가정, 다문화가정의 비근로자자녀	3) 영유아보육법 및 지침(보육사업안내) 준용
4순위	1~3순위 이외 비근로자 자녀	4) 선착순

※ 근로자 : 고용보험 가입자(고용보험에 가입한 자영업자, 특수형태근로자 포함)

  비근로자 : 고용보험 미가입자(공무원, 무직자 등)

※ 장애아전문어린이집은 상기 순위에도 불구하고, 장애인복지법 제2조에 따른 장애인 중 장애의 정도가 심한 장애인(장애아)을 최우선순위로 하되, 기타사항은 같다.(필요서류 : 장애복지카드 또는 장애진단서 또는 특수교육대상자선정배치통지서 등)

4. 보육시간

구분	평일	토요일	야간연장교육
보육시간	07:30~19:30	07:30~15:30	19:30~22:30

- 공휴일 제외, 주5일, 평일 12시간 이상 운영함을 원칙으로 하며, 보호자의 근로시간 등을 참작하여 조정 운영 가능
- 기준시간 초과보육 및 휴일보육은 보호자와 원장의 협의에 의해 실시

5. 보육내용(기본원칙)

- **보호** : 영아 및 유아에 대하여 심신의 세심한 보호를 통하여 가정과 같은 분위기 조성
- **교육** : 영유아의 신체적·사회적·지적 및 언어적 발달에 기여할 수 있는 경험제공 및 자기 존중감 발달
- **영양** : 충분하고 균형 있는 영양공급 및 바른 식습관 지도
- **건강** : 영유아의 신체적·정서적 건강을 위한 예방적 서비스 제공
- **안전** : 영유아 스스로가 자신의 안전을 보호할 수 있는 능력과 기술을 가지도록 지도
- **부모에 대한 서비스** : 부모참여, 부모교육, 보육과정의 관찰 등을 통하여 보육의 효과 제고
- **지역사회와의 교류** : 지역사회 인사의 보육활동에의 참여, 지역사회의 보육시설 활용, 보육시설의 지역사회 시설의 활용 등을 통하여 효율적인 보육프로그램의 운영

6. 특수보육서비스 제공

- **목적** : 근로자의 근무환경 및 지역특성에 맞는 각종 특수보육서비스의 제공으로 보육욕구 충족 및 안정적인 취업활동에 기여
- **특수보육서비스 내용**

장애아통합보육	남동, 제주, 군산, 시흥, 임실군, 화성, 곰달래, 광주, 송도어린이집
장애아전문보육	울산명촌어린이집
방과후보육	12세 이하 취학아동(차상위, 장애)의 방과 후 어린이집 이용 : 창원, 울산명촌어린이집
야간연장보육	야간보육 제공 : 창원, 수안들, 수원, 군포, 남동, 강서, 시흥, 계룡, 곰달래어린이집

38 위 자료의 내용으로 보아, 공공직장어린이집과 관련된 설명으로 적절한 것을 〈보기〉에서 모두 고르면?

┌ 보기 ┐
㉠ 월보육료는 나이가 어릴수록 비싸고, 3세 이상은 동일하다.
㉡ 장애아전문어린이집은 부모가 모두 근로자인 가정의 자녀가 1순위가 아니라 장애의 정도가 심한 장애아가 1순위이다.
㉢ 고용보험 가입자인 자영업자의 자녀보다 공무원 자녀의 어린이집 입소순위가 높다.
㉣ 평일에 12시간 운영하는 것이 원칙이며, 야간연장교육은 오후 10시 이후까지 하되 그 시간은 조정될 수 있다.
㉤ 장애아전문보육을 하는 어린이집은 한 곳, 장애아통합보육을 하는 어린이집은 두 곳이다.

① ㉠, ㉡, ㉣　　　　　　　　② ㉡, ㉢, ㉤
③ ㉠, ㉡　　　　　　　　　　④ ㉡, ㉤
⑤ ㉢, ㉣

39 〈보기〉의 어린이 갑~정이 공공직장어린이집 입소를 신청했을 때, 입소 우선순위를 순서대로 바르게 배열한 것은?

┌ 보기 ┐
아버지가 우선지원 대상기업 근로자이고 어머니가 비정규직근로자인 갑
싱글맘인 어머니가 일반기업 근로자인 을
아버지가 공무원이고, 어머니가 공단어린이집 교직원인 병
아버지가 우선지원대상기업 근로자이고 어머니가 전업주부인 정

① 갑, 을, 병, 정　　　　　　　② 갑, 정, 병, 을
③ 정, 을, 갑, 병　　　　　　　④ 을, 갑, 정, 병
⑤ 정, 갑, 병, 을

[40~41] 다음은 산재근로자 간병급여에 관한 자료이다. 이를 보고 이어지는 물음에 답하시오.

□ 간병급여란?
치료가 끝난 후에도 간병인이 필요하여 간병이 실제 행하여지면 그 장해 및 간병필요성 정도에 따라 간병비용을 지급하는 제도

□ 간병급여 지급 프로세스
1. 요양종결 근로자 및 재요양 치료종결근로자 중 간병인이 필요한 경우, 간병급여청구서를 제출하면 관할 근로복지공단이 이를 확인한 후 간병비용을 지급한다.

2. 급여비용

구분	상시 간병	수시 간병
가족, 기타간병인이 간병 시	1일 46,250원	1일 30,830원
전문간병인이 간병 시	1일 53,060원	1일 35,370원

※ 전문간병인 : 산업재해보상보험법 시행규칙 제12조 제1항 제1호(의료법에 따른 간호사 또는 간호조무사) 및 제2호(노인복지법 제39조의2에 따른 요양보호사 등 공단이 인정하는 간병교육을 받은 사람)에 따른 사람
※ 간병급여 지급 대상자가 무료요양소 등에 입소하여 간병비용을 지출하지 아니하거나 지출한 간병비용이 간병급여액에 미달하는 경우에는 간병급여를 지급하지 아니하거나 실제 지출된 간병비용만 지급한다.

□ 간병급여 지급 대상

상시 간병급여 대상	1. 신경계통의 기능, 정신기능 또는 흉복부 장기의 기능에 장해등급 제1급에 해당하는 장해가 남아 일상생활에 필요한 동작을 하기 위하여 항상 다른 사람의 간병이 필요한 사람 2. 두 눈, 두 팔 또는 두 다리 중 어느 하나의 부위에 장해등급 제1급에 해당하는 장해가 남고, 다른 부위에 제7급 이상에 해당하는 장해가 남아 일상생활에 필요한 동작을 하기 위하여 항상 다른 사람의 간병이 필요한 사람
수시 간병급여 대상	1. 신경계통의 기능, 정신기능 또는 흉복부 장기의 기능에 장해등급 제2급에 해당하는 장해가 남아 일상 생활에 필요한 동작을 하기 위하여 수시로 다른 사람의 간병이 필요한 사람 2. 장해등급 제1급(제53조 제2항에 따른 조정의 결과 제1급이 되는 경우를 포함한다)에 해당하는 장해가 남아 일상생활에 필요한 동작을 하기 위하여 수시로 다른 사람의 간병이 필요한 사람

40 위 자료의 내용과 부합하지 않는 것은?

① 간병급여는 치료가 끝난 후에 신청이 가능하며, 이때 급여를 신청하려는 근로자는 간병급여청구서를 관할 근로복지공단에 제출해야 한다.
② 의료법에 따른 간호사 및 간호조무사, 노인복지법에 따른 요양보호사만이 전문간병인이 될 수 있다.
③ 장해등급 제1급에 해당하는 장해가 남아 일상생활에 필요한 동작을 하기 위해서는 수시로 다른 사람의 간병이 필요한 경우, 수시 간병급여 대상에 포함된다.
④ 2주간 전문간병인이 간병하는 경우에는 기타간병인이 간병하는 경우보다 급여비용이 10만 원 이상 차이 나지는 않는다.
⑤ 상시 간병급여 대상자가 지출한 간병비용이 1일 3만 원 미만인 경우에는 간병급여를 지급하지 않을 수 있다.

41 〈보기〉의 경우 갑과 을이 청구할 간병비용의 합은 얼마인가?

> 보기
>
> • 산재근로자인 갑은 치료 후에도 흉복부 장기의 기능에 장해등급 제1급에 해당하는 장해가 남아 일상생활에 필요한 동작을 하기 위하여 항상 다른 사람의 간병이 필요한 상태이다. 이에 전문간병인에게 70일간 간병을 맡겼다.
> • 산재근로자인 을은 치료 후 흉복부 장기 기능에 장해등급·제2급에 해당하는 장해가 남아 일상생활에 필요한 동작을 하기 위해서는 수시로 다른 사람의 간병이 필요한 상태이다. 이에 기타간병인에게 3주간 간병을 맡겼다.

① 2,775,490원

② 2,910,120원

③ 4,361,630원

④ 4,510,240원

⑤ 4,809,250원

[42~43] 갑, 을, 병은 4박 5일 일정으로 영국 런던으로 함께 여행을 가려고 한다. 총 예산은 세 명이 함께 모은 600만 원이고, 예산 안에서 숙박비, 뮤지컬 공연 티켓 비용, 런던 지역 1일 투어 요금을 지출하려고 한다. 여행 계획을 짜기 위해 각 비용을 원화로 환산하여 조사한 자료가 다음과 같을 때, 이를 보고 이어지는 물음에 답하시오.

3인 숙박비(1일 기준)

(단위 : 원)

구분	Standard룸	Royal룸
A호텔	370,000	510,000
B호텔	340,000	480,000
C호텔	400,000	560,000

※ Standard룸과 Royal룸 모두 3인까지 투숙할 수 있다.
※ 숙박비가 비쌀수록 방의 컨디션이 좋다.

뮤지컬 공연 티켓 비용(1인당)

(단위 : 원)

구분	Balcony	Upper Circle	Dress Circle	Stall
D공연	60,000	100,000	160,000	220,000
E공연	90,000	120,000	220,000	280,000
F공연	85,000	165,000	250,000	320,000
G공연	80,000	170,000	270,000	360,000

※ 좌석은 가장 저렴한 Balcony부터 가장 비싼 Stall 등급까지 있다.
※ E, G공연은 예매 시 10% 할인이 적용된다.

런던 지역 1일 투어 요금(1인당)

(단위 : 원)

구분	투어 요금
H여행사	60,000
I여행사	70,000
J여행사	55,000

※ H여행사 상품은 3인 예약 시 1명 요금은 50% 할인해 준다.
※ I여행사 상품은 3인 이상 예약 시 1인당 20% 할인이 적용된다.

42 D, E, F, G 공연 중 두 개의 공연을 관람하려고 한다. D와 E 공연은 Dress Circle 이상 등급, F와 G 공연은 Upper Circle 이상 등급의 좌석으로 공연을 예매하려고 할 때, 가장 저렴한 비용으로 예매가 가능한 경우의 예매 비용은 얼마인가?

① 939,000원 　　　　② 942,000원
③ 954,000원 　　　　④ 960,000원
⑤ 975,000원

43 갑, 을, 병은 예산의 40%의 범위에서 컨디션이 가장 좋은 방을 예약하고 런던 지역 1일 투어 상품을 예약하려고 한다. 갑, 을, 병이 선택할 숙박비 및 투어 상품 요금의 합과, 이들이 예약할 1일 투어 상품 여행사를 바르게 나열한 것은?

① 2,370,000원, I여행사　　　　　　② 2,380,000원, H여행사
③ 2,380,000원, J여행사　　　　　　④ 2,390,000원, H여행사
⑤ 2,390,000원, J여행사

44 ○○시에 있는 A구 청소년수련관은 ○○시로부터 보조금을 지급받아 △△강의를 진행하고 있다. 강좌 정보가 다음과 같을 때, 이에 대한 설명으로 옳은 것은?

△△강의 수강료에 따른 예상 수강생 인원

	30,000원	40,000원	50,000원	60,000원
1명 이상 ~ 10명 미만				○
10명 이상 ~ 15명 미만			○	
15명 이상 ~ 20명 미만		○		
20명 이상 ~ 25명 미만	○			

※ A구 청소년수련관 수입 = 수강료 × 수강생 수
※ A구 청소년수련관의 이윤 = 수입 − 재료비 − 강사비 + 보조금
※ 재료비는 1만 원 × 수강생 수, 강사비는 수강생이 1명 이상~15명 미만인 경우 20만 원, 15명 이상~25명 미만인 경우 40만 원

수강생 1인당 지급되는 ○○시 보조금

	1명 이상 ~ 10명 미만	10명 이상 ~ 20명 미만	20명 이상 ~ 25명 미만
보조금	20,000원	30,000원	15,000원

① 보조금이 지급되기 때문에 A구 청소년수련관의 이윤은 항상 0보다 크다.
② ○○시는 수강생이 많을수록 더 많은 보조금을 지급한다.
③ 각 수강료에 대해 예상 수강인원의 최소 인원이 강좌를 신청할 때, 수강료가 40,000원인 경우와 50,000원인 경우의 이윤은 동일하다.
④ 각 수강료에 대해 예상 수강인원의 최대 인원이 강좌를 신청하는 경우, 수강료가 40,000원에서 50,000원으로 오를 때 A구 청소년수련관 수입이 가장 많이 증가한다.
⑤ 각 수강료에 대해 예상 수강인원의 최대 인원이 강좌를 신청하는 경우, 수강료가 60,000원일 때 이윤은 450,000원을 초과한다.

45 ○○회사의 경영지원팀에서 근무하는 서 주임은 창립기념일 행사를 진행하는 업무를 담당하고 있다. 행사를 개최할 호텔의 장소 대관료와 식사비용이 다음과 같고, 제시된 조건에 따라 최저금액으로 예약을 하려고 할 때 서 주임이 선택할 컨벤션홀과 뷔페 구성으로 알맞은 것은?

장소 대관료

구분	기본 수용인원	비용	1인당 추가비용	비고
그랜드 컨벤션홀	70명(최대 90명)	770,000원	15,000원	뷔페 A 이용 시 대관료 10% 할인
다이아 컨벤션홀	80명(최대 110명)	930,000원	12,000원	뷔페 B 이용 시 대관료 10% 할인
팰리스 컨벤션홀	80명(최대 95명)	890,000원	13,000원	뷔페 A 이용 시 총 비용의 10% 할인

※ 기본 수용인원 초과 시 1인당 추가비용이 발생하며, 최대 인원까지만 수용이 가능함

식사 비용

구분		메뉴 구성	비용(1인)	비고
뷔페	뷔페 A	메인 18종+디저트 7종+와인 3종	52,000원	와인 뷔페 이용 시 총 식사 비용의 20% 할인
	뷔페 B	메인 16종+디저트 5종+와인 2종	48,000원	
추가 메뉴	채식주의자 메뉴	기존 뷔페메뉴에 채식메뉴 6종 추가	32,000원	10인 이상 이용 시 채식주의자 메뉴 금액의 20% 할인
	와인 뷔페	기존 제공 와인 포함 10종	55,000원	

예약 조건

- 참석인원은 80명이다.
- 행사는 2026년 4월 10일 오후 6시부터 오후 10시까지 진행된다.
- 식사는 뷔페로 준비하되 채식주의자 메뉴를 참석인원의 20%에 해당하는 분량으로 별도 준비하고, 와인을 5종 이상 준비한다.

	컨벤션홀	뷔페
①	그랜드	A
②	다이아	A
③	다이아	B
④	팰리스	A
⑤	팰리스	B

46 미국의 알렉스 오즈번이 고안한 그룹발산기법으로, 집단의 효과를 살려서 아이디어의 연쇄반응을 일으켜 자유분방한 창의적 아이디어를 내고자 하는 대표적인 기법은?

① 브레인스토밍　　　　　　　　② 체크리스트
③ 마인드 맵　　　　　　　　　　④ 육색 사고 모자
⑤ NM법

47 비판적 사고를 하기 위해 필요한 요소가 아닌 것은?

① 객관성　　　　　　　　　　　② 고정 관념
③ 지적 호기심　　　　　　　　　④ 결단성
⑤ 개방성

48 M회사에서는 사내 프로젝트를 진행하기 위해 9명의 직원을 뽑아 3명씩 1팀, 2팀, 3팀의 세 개 팀으로 나누었다. 다음 조건을 참고할 때, 3팀에 속하는 직원은?

> • A, B, C, D의 직급은 대리, E, F G, H, I의 직급은 사원이다.
> • B는 1팀에 속한다.
> • C와 F는 2팀이다.
> • 한 팀에는 적어도 한 명의 대리가 있다.
> • H는 두 명의 대리와 같은 팀이다.
> • A와 I는 같은 팀이다.
> • E는 F와 같은 팀이 아니다.

① A, E, G　　　　　　　　　　② A, E, H
③ A, E, I　　　　　　　　　　④ D, E, H
⑤ D, H, I

49 다음은 K회사의 사원 대상 승진시험 결과에 대해 사원들이 언급한 내용을 정리한 것이다. 승진시험 3등까지만 승진 대상자로 선정되며, 다음의 사원 5명 중 한 명을 제외하고는 모두 진실만을 이야기하였다고 할 때, 다음 중 반드시 참인 것은?

> 정 사원 : 윤 사원은 일등이다.
> 최 사원 : 임 사원은 꼴찌다.
> 윤 사원 : 나는 일등이 아니고 4등이다.
> 임 사원 : 박 사원은 3등이다.
> 박 사원 : 최 사원은 정 사원보다 시험을 잘 봤다.

① 윤 사원은 승진 대상자이다.
② 최 사원과 박 사원은 승진 대상자이다.
③ 최 사원과 정 사원 중 한 명만 승진 대상자이다.
④ 정 사원이 거짓말을 하였다면 정 사원은 승진대상자가 아니다.
⑤ 확실하게 순위를 알 수 있는 사람은 세 명 외에는 없다.

50 어느 회사의 창립기념일을 기념하여 호텔에서 행사가 개최되었다. 행사에 참석한 같은 팀 직원 A, B, C, D, E, F 6명이 원탁에 일정한 간격으로 둘러앉아 식사를 하고 있다. 다음의 내용으로 미루어볼 때 옳은 것을 고르면?

> • 참여 인원의 직급은 과장 2명, 대리 2명, 주임 2녕이고, A의 직급은 과장이다.
> • 과장의 양옆에 서로 같은 직급의 직원이 앉는다.
> • 같은 직급의 직원들끼리는 서로 옆에 앉지 않는다.
> • A는 B의 왼쪽에 앉고, D의 오른쪽 두 번째 옆에 F가 앉아 있다.
> • C의 직급은 대리이고, F의 오른쪽에 앉아 있다.

① E의 왼쪽에는 F가 앉아 있다.
② C와 D는 서로 마주 보고 있지 않다.
③ 과장들은 서로 마주 보고 있지 않다.
④ D와 B의 직급은 서로 같다.
⑤ B의 직급은 대리이다.

51 ○○공단은 전체 예산 중 하반기 부서별 예산을 여러 평가요소를 반영하여 지급한다. 작년 실적, 작년 예산 집행률, 올해 예상 예산, 현 사업 진행상황을 점수로 평가하며 이때 가중치를 30%, 25%, 35%, 10%로 부여해 총점을 산정한다. 각 부서별 평가 결과는 다음과 같고, 평가 결과 총점이 높은 순서대로 많은 예산을 지급한다고 할 때, 예산을 가장 많이 지급받는 부서와 가장 적게 지급받는 부서를 바르게 짝지은 것은?

부서별 평가 결과

(단위: 점)

구분	보험가입관리부	특례가입기획부	보험료부과부	복지계획부	임금채권부
작년 실적	8	10	7	9	6
작년 예산 집행률	6	9	9	8	7
올해 예상 예산	9	9	8	8	6
현 사업 진행상황	5	7	8	6	4
청렴도	7	4	5	6	8

※ 단, 청렴도의 가중치를 30%로 반영해 산출한 청렴지수가 2 미만인 경우 청렴지수를 총점에서 빼고, 2 이상인 경우 청렴지수를 총점에 더하여 산출된 최종점수 순으로 예산을 집행한다.

	가장 많이 지급받는 부서	가장 적게 지급받는 부서
①	보험가입관리부	복지계획부
②	보험가입관리부	보험료부과부
③	특례가입기획부	보험가입관리부
④	특례가입기획부	복지계획부
⑤	임금채권부	보험료부과부

[52~53] ○○공단 운영지원부에서는 신입사원 환영회에서 사원들에게 나눠주기 위해 400개의 웰컴키트를 외부 업체에 제작 의뢰하려 한다. 다음의 업체별 제작 현황 자료를 보고 이어지는 물음에 답하시오.

업체별 제작 현황

구분	A업체	B업체	C업체	D업체	E업체
공임비(원/개)	32,000	29,800	30,000	30,500	31,000
일일 최대 제작 수량(개)	280	260	300	270	260
휴무일	매월 첫 번째, 세 번째 토·일요일	매월 두 번째, 세 번째 월·일요일	매주 토·일요일	매주 일요일	매주 금요일
비고	1,000개 이상 주문 시 5% 할인	2,000개 이상 주문 시 10% 할인	–	–	4월 7일 창립기념일 휴무

52 ○○공단의 운영지원부는 A~E업체 중 4월 19일 화요일 이전에 가장 적은 비용으로 상품 제작을 완료할 수 있는 업체를 한 곳 선정하고자 한다. 선정되는 업체는 어느 곳인가? (단, 제작 주문일은 4월 1일이며, 제작은 주문일 당일부터 시작한다.)

① A업체
② B업체
③ C업체
④ D업체
⑤ E업체

53 ○○공단 신입사원 환영회 일정이 변경되어 제작 완료일이 4월 15일로 앞당겨졌다. 이에 따라 2,000개씩 두 개의 업체에 나눠 제작을 맡기려고 할 때, 총비용이 가장 적게 드는 업체의 조합과 그때의 비용은? (단, 제작 주문일과 제작 시작일은 위 52번 문제와 같다.)

	업체	총비용
①	A, B	113,640,000원
②	B, C	114,440,000원
③	B, C	113,640,000원
④	C, D	114,440,000원
⑤	D, E	113,640,000원

54 다음은 ○○공단 병원운영부 1팀 직원들이 해외출장에서 이용할 수 있는 이동수단 관련 자료이다. 이때 병원운영부 1팀이 최종적으로 선택하게 될 이동수단의 종류와 이용 시 비용을 바르게 짝지은 것은?

> 4명으로 구성된 병원운영부 1팀은 해외출장을 계획하고 있다. 1팀은 출장지에서의 이동수단 한 가지를 결정하려 한다. 이때 1팀은 경제성, 용이성, 안전성의 총 3가지 요소를 고려하여 최종점수가 가장 높은 이동수단을 선택한다.
> - 각 고려요소의 평가결과 '상' 등급을 받으면 3점을, '중' 등급을 받으면 2점을, '하' 등급을 받으면 1점을 부여한다. 단, 안전성을 중시하여 안전성 점수는 2배로 계산한다. (예: 안전성 '하' 등급 2점)
> - 경제성은 각 이동수단별 제시된 비용계산식으로 계산하였을 때 비용이 적은 것부터 상, 중, 하로 평가한다.
> - 각 고려요소의 평가점수를 합하여 최종점수를 구하고, 평가점수가 가장 높은 이동수단을 선택한다.

이동수단별 평가표

이동수단	경제성	용이성	안전성
렌터카	?	상	하
우버	?	중	중
대중교통	?	하	상

이동수단별 비용계산식

이동수단	비용계산식
렌터카	(렌트비 + 유류비) × 이용 일수 • 렌트비 = 60달러/일(4인승 차량) • 유류비 = 20달러/일(4인승 차량)
우버	거리당 가격(1달러/마일) × 이동거리(마일) ※ 최대 4명까지 탑승가능
대중교통	대중교통패스 3일권(40달러/인) × 인원수

해외출장 일정

출장 일정	이동거리(마일)
11월 1일	100
11월 2일	50
11월 3일	50

	제작사	비용
①	렌터카	180달러
②	우버	200달러
③	우버	120달러
④	대중교통	140달러
⑤	대중교통	160달러

55 ○○공단은 2025년 3월 9일 A시에서 근로자 연극제를 개최하였다. 연극제의 통역경비 산정기준과 〈상황〉을 근거로 판단할 때, ○○공단이 연극제에서 쓴 총 통역경비는?

통역경비 산정기준

통역경비는 통역료와 출장비(교통비, 이동보상비)의 합으로 산정한다.

◎ 통역료(통역사 1인당)

구분	기본요금 (3시간까지)	추가요금 (3시간 초과 시)
영어, 일본어, 중국어	500,000원	100,000원/시간
스페인어, 독일어	600,000원	150,000원/시간

◎ 출장비(통역사 1인당)
- 교통비는 왕복으로 실비 지급(서울 출발 기준)
- 이동보상비는 이동시간당 10,000원 지급

상황

○○공단은 2025년 3월 9일 A시에서 근로자 연극제를 개최하였다. 통역은 영어, 일본어, 중국어, 스페인어로 진행되었고, 영어 통역사 2명, 일본어 통역사 1명, 중국어 통역사 1명, 스페인어 통역사 2명이 통역하였다. 근로자 연극제에서 통역사 1인당 영어 통역은 4시간, 일본어, 중국어, 스페인어 통역은 2시간 진행되었다. A시까지는 서울에서 편도로 2시간이 소요되며, 개인당 교통비는 왕복으로 1인당 100,000원이 들었다.

① 452만 원　　　　　　　② 424만 원
③ 412만 원　　　　　　　④ 400만 원
⑤ 340만 원

[56~57] ○○보험 재무팀은 지난 2024~2025년의 성과를 분석하고, 2026년 경영목표를 수립하는 중이다. 다음 성과 분석 자료를 보고 이어지는 물음에 답하시오.

중장기 경영목표 이행 성과 분석

◎ 업계 현황

1) 운전자상해종합보험 가입자 수 기준 업계 점유율 1위
2) 암보험 가입자 수 기준 업계 점유율 3위
3) 해외여행보험 가입자 수 기준 업계 점유율 3위
4) 치매간병보험 가입자 수 기준 업계 점유율 2위

◎ 중장기 경영목표 이행 성과

경영목표	2024년	2025년
○○골프보험 해외 신규 가입 고객 유치	38,804명	48,109명
○○자동차보험 국내 신규 가입 고객 유치	29,495명	31,855명
○○치아보험 신규 가입 고객 유치	22,326명	25,229명
○○자녀생활보험 신규 가입 고객 유치	18,350명	21,286명

◎ 성과평가 기준표

평가 기준	평가등급
증가율 20% 이상	S
증가율 15% 이상 20% 미만	A+
증가율 10% 이상 15% 미만	A
증가율 5% 이상 10% 미만	B+
증가율 5% 미만	B

56 성과평가 기준표에 따라 2025년의 성과를 분석하였을 때, (가)~(라)에 들어갈 평가등급을 바르게 나열한 것은?

경영목표	평가등급
○○골프보험 해외 신규 가입 고객 유치	(가)
○○자동차보험 국내 신규 가입 고객 유치	(나)
○○치아보험 신규 가입 고객 유치	(다)
○○자녀생활보험 신규 가입 고객 유치	(라)

	(가)	(나)	(다)	(라)
①	A+	B+	A+	A+
②	A+	A	A	S
③	S	B+	A	A+
④	S	A	A+	A
⑤	S	B+	A+	A+

57 재무팀은 경영목표 네 개 항목 모두에서 2025년 평가등급 이상을 받는 것을 2026년의 중장기 경영목표로 설정하려고 한다. 2026년 각 항목별 최소 목표치를 순서대로 바르게 나열한 것은? (단, 소수점 아래 첫째 자리에서 반올림하여 계산한다.)

경영목표	2026년(명)
○○골프보험 해외 신규 가입 고객 유치	(가)
○○자동차보험 국내 신규 가입 고객 유치	(나)
○○치아보험 신규 가입 고객 유치	(다)
○○자녀생활보험 신규 가입 고객 유치	(라)

	(가)	(나)	(다)	(라)
①	55,325	35,041	27,752	23,415
②	55,325	33,448	26,490	24,479
③	57,731	35,041	26,490	23,415
④	57,731	33,448	26,490	24,479
⑤	57,731	33,448	27,752	24,479

58 R사는 여름을 맞이하여 사무실에 에어컨을 새로 설치하기로 하였다. 이에 총무팀에서 다음과 같이 제조업체별로 에어컨의 성능과 가격을 분석하여 〈보기〉와 같은 구입 조건을 정했다고 할 때, R사에서 선택할 에어컨 제조업체는?

구분	A업체	B업체	C업체	D업체	E업체
에어컨 효율	43.8%	10.6%	51.0%	77.4%	50.0%
에너지 절전	1등급	2등급	1등급	1등급	1등급
출동 서비스	있음/무상	있음/유상	있음/무상	있음/유상	있음/무상
부가 기능	공기청정	공기청정	공기청정	공기청정	없음
A/S 기간	6개월 이내 무상	6개월 이내 무상	1년 이내 무상	1년 이내 무상	6개월 이내 무상
설치비	100,000원	없음	200,000원	100,000원	200,000원
월 요금	25,000원	35,000원	15,000원	25,000원	25,000원

┌─ 보기 ───┐

Ⓐ 공기청정 기능이 포함되어야 한다.
Ⓑ 무상 A/S 기간이 8개월 이상이어야 한다.
Ⓒ 효율이 50% 이상이어야 한다.
Ⓓ 절전 등급이 1등급이어야 한다.
Ⓔ 설치비를 1년간(12회) 분할 납부할 경우, 월 요금과 합산한 납부금액이 월 33,000원 이하여야 한다.

└──┘

① A업체   ② B업체
③ C업체   ④ D업체
⑤ E업체

[59~60] 퇴직연금 산출과 관련된 다음 자료를 보고 이어지는 물음에 답하시오.

퇴직연금 산출 방법

퇴직할 때 받게 되는 연금 액수는 근무연수와 최종 평균 보수월액에 의해 결정된다. 연금 액수 산출 방법에는 월별 연금지급방식과 일시불 지급방식이 있다.

(1) 월별 연금지급액＝(최종 평균 보수월액) × [0.5＋0.15 × {(근무연수)－20}]

(2) 일시불 연금지급액＝[(최종 평균 보수월액) × (근무연수) × 2]＋[(최종 평균 보수월액) × {(근무연수)－5} × 0.1]

퇴직자 연금액수 산출자료

퇴직자	근무연수(년)	최종 평균 보수월액(만 원)
갑	20	100
을	30	150
병	35	120
정	10	200

59 위 자료를 보고 판단한 것으로 올바른 것은?

① 갑이 10년간 연금을 받을 수 있다면 월별 연금보다 일시불 연금을 선택하는 것이 유리하다.

② 갑의 일시불 연금지급액은 정의 일시불 연금지급액보다 많을 것이다.

③ 을의 월별 연금지급액은 병의 월별 연금지급액보다 25만 원 더 많다.

④ 병이 월별 연금을 29개월간 받는 것이 일시불 연금지급액을 받는 것보다 금액이 적다.

⑤ 정이 월급의 변화 없이 10년 후 퇴직을 하는 경우 받게 되는 일시불 연금지급액은 현재 받을 수 있는 일시불 연금지급액의 2배 이하일 것이다.

60 현재 10년째 회사에 근무 중인 K씨의 현재 기준 평균 보수월액은 250만 원이다. 월별 연금지급액이 300만 원을 초과하기 위해서 K씨는 최소 몇 년을 더 근무해야 하는가? (단, 보수월액은 변동이 없다고 가정한다.)

① 12년 ② 13년

③ 14년 ④ 15년

⑤ 16년

61 다음은 어느 회사의 출장여비 지급 규정이다. 이 규정을 참고했을 때, 〈보기〉의 최 대리가 받을 수 있는 출장여비는?

---

1. 일비 지급 기준

- 일비는 숙박비, 식비, 교통비 외 출장 중 발생하는 잡비 보상적 성격으로 지급한다.
- 1박 2일 이상의 국내 출장 및 해외 출장 시(해외 당일 출장 포함) 지급한다.
- 출장에 소요되는 일수를 산정하여 지급한다.
- 출장 당일 및 출장 종료일도 출장일수에 포함한다.
- 출장 당일 오후 2시 이전에 출발할 경우에는 1일 일비를 지급하며 오후 2시부터 그 이후에 출발하는 경우에는 1/2일 일비(1일 일비의 절반)를 지급한다.
- 출장 종료일 오후 2시 이전에 도착하는 경우에는 1/2일 일비를 지급하며 오후 2시부터 그 이후에 도착하는 경우에는 1일 일비를 지급한다.

2. 교통비

직원이 본인 자가용을 이용할 경우에는 차량 연료 구분 없이 이동거리를 산정하여 다음 각 호에 따라 지급한다.

- 100km 이하: km당 300원 지급
- 100km 초과: km당 200원 지급(단, 100km까지는 km당 300원 적용)

3. 직급별 국내 숙박비, 식비 일비

구분	숙박비(1일/1인)	식비(1식)	일비(1일)
	직급별 정액 지급	직급별 정액 지급	직급별 정액 지급
대표이사~전무	실비	15,000원	50,000원
상무~이사	실비	10,000원	40,000원
부장	60,000원	7,000원	30,000원
차장, 과장	50,000원	6,000원	20,000원
대리, 사원	40,000원	5,000원	16,000원

보기

최 대리는 9월 14일 오후 1시에 서울에 있는 본인의 집에서 출발하여 자가용을 타고 대전에 출장을 갔다 왔다. 집에 돌아온 시간은 9월 16일 오전 10시였다. 서울에서 대전까지의 거리는 237km로 계산한다. (단, 아침은 오전 9시, 점심은 오후 12시, 저녁은 오후 6시에 먹는다.)

① 18만 9,400원 　　　　② 19만 7,400원
③ 23만 6,800원 　　　　④ 24만 9,800원
⑤ 26만 원

62 ○○공단 직원들은 다음과 같이 프랑스 파리에서 개최되는 컨퍼런스에 참석하려고 한다. 파리 공항 입국 수속은 2시간, 공항에서 호텔까지 이동하여 체크인하는 데까지는 1시간이 걸리며, 호텔에서 컨퍼런스 장소까지 이동하는 데에는 1시간이 걸린다고 한다. 파리 현지 시각이 서울보다 8시간 느리고, 비행 운임 및 스케줄이 다음 표와 같을 때, 가장 저렴한 예산을 들여 컨퍼런스에 참석할 수 있는 항공편은?

파리 컨퍼런스 공고

- 행사명 : WIPO Conference
- 개최 일시 : 2026. 10. 30. 10:00~16:00
- 개최지 : 2 Rue André Pascal, 75016 Paris, France

〈비행운임 및 스케줄(2026년 10월 29일 출발편)〉

항공편	출발시각	경유시간	총 비행시간	운임
P0001	22:30	3시간	14시간	110만 원
P0002	23:00	3시간	13시간	120만 원
P0003	23:00	직항(0시간)	13시간	130만 원
F0001	23:30	1시간	13시간	120만 원
F0002	23:30	3시간	12시간	115만 원

① P0001편   ② P0002편
③ P0003편   ④ F0001편
⑤ F0002편

[63~64] K회사 영업팀은 쾌적한 근무환경을 위해 팀원들이 돌아가면서 매일 청소를 하기로 하였다. 이에 따라 김민수 팀장은 청소 배정표를 작성하였다. 다음 자료를 보고 이어지는 물음에 답하시오.

청소 관련 규정

- 청소는 탕비실 1명, 사무실 2명, 복도 2명의 인원을 배치한다.
- K회사는 월요일부터 금요일까지 근무한다.
- 탕비실은 매일, 사무실은 2일에 한 번, 복도는 일주일에 한 번 청소한다.
- 업무가 바쁘거나 다른 개인 사정으로 인해 청소를 못하게 되는 경우에는 다른 사람으로 인력을 대체한다.
- 단, 대체 인력은 같은 날 청소 당번인 사람은 할 수 없다.
- 한 사람이 일주일에 한 번 이상은 청소를 해야 하고, 주별 3번 이상은 불가하다.
- 하루 청소 인원은 최대 3명으로 한다.
- 한 달에 한 번 다 같이 대청소(모든 청소 포함)를 하며, 이 날은 특별히 개별 청소는 하지 않는다.

영업팀 직원

김민수(팀장), 김현주, 이종희, 최범석, 김웅기, 최상민, 김선중, 이민진, 김원석

영업팀 3월 청소 배정표(초안)

월	화	수	목	금	토	일
1 탕-민수 사-현주, 종희	2 탕-범석 복-웅기, 상민	3 탕-선중 사-민진, 원석	4 탕-민수	5 탕-현주 사-종희, 범석	6 휴무	7 휴무
8 탕-웅기	9 탕-상민 사-선중, 민진	10 탕-원석 복-민수, 현주	11 탕-종희 사-범석, 웅기	12 탕-상민	13 휴무	14 휴무
15 대청소	16 탕-선중	17 탕-민진 사-원석, 민수	18 탕-현주 복-종희, 범석	19 탕-웅기 사-상민, 선중	20 휴무	21 휴무
22 탕-민진	23 탕-원석 사-민수, 현주	24 탕-종희 복-범석, 웅기	25 탕-상민 사-선중, 민진	26 탕-원석	27 휴무	28 휴무
29 탕-민수 사-현주, 종희	30 탕-범석 복-웅기, 상민	31 탕-선중 사-민진, 원석				

※ 탕: 탕비실 / 사: 사무실 / 복: 복도 / 기재되어 있지 않은 사람은 청소 없음

63 영업팀 3월 청소 배정표(초안)에 대해 바르게 이야기하지 않은 사람은?

① 김선중 : 난 셋째 주에만 두 번이고, 다른 주에는 한 번씩만 청소하면 되겠다.

② 김민수 : 셋째 주에 대청소가 있는데 복도 청소가 또 있네. 수정해야겠어.

③ 이민진 : 첫째 주에는 한 번만 청소해도 돼서 좋다.

④ 김현주 : 이 배정표대로라면 4주마다 똑같이 반복되네.

⑤ 김웅기 : 난 16~17일에 출장이 있었는데 청소 배정을 변경할 필요가 없구나.

64 휴무로 인해 청소 배정표의 재조정을 요청한 직원들의 명단이다. 적절하게 재조정하지 못한 경우는?
(대체 : 대신 청소를 해줌 / 교체 : 서로 청소를 맞바꿈)

대체 예상일자	휴무 예정자	사유	대체 청소인력
3월 12일 금요일	최상민	거래처 미팅	① 이민진(대체)
3월 3일 수요일	김원석	월차	② 김민수(4일/교체)
3월 22일 월요일	이민진	외근	③ 김원석(대체)
3월 18일 목요일	최범석	출장	④ 김웅기(19일/교체)
3월 23일 화요일	김원석	출장	⑤ 최상민(대체)

65 ○○공단은 지난 하반기 프로젝트를 진행했던 팀원 4명에게 성과급을 지급하려고 한다. 팀 구성원과 내규 성과급 지급표를 참고할 때, 4명에게 지급되는 성과급을 합하면 모두 얼마인가? (단, 호봉 산정 기준일은 2025년 1월 1일이다.)

프로젝트팀 구성원

성명	입사일	직급	비고
박성현	2017. 12. 04	과장	
안나현	2020. 03. 07	대리	경력 2년
지은영	2019. 04. 15	대리	
이상훈	2022. 09. 14	사원	

내규 성과급 지급표

(단위 : 만 원)

직급	1호봉	2호봉	3호봉	4호봉	5호봉	6호봉	7호봉	8호봉	9호봉
부장	210	215	220	225	230	235	240	245	250
차장	165	170	175	180	185	190	195	200	205
과장	120	125	130	135	140	145	150	155	160
대리	75	80	85	90	95	100	105	110	115
사원	30	35	40	45	50	55	60	65	70

- 호봉은 입사일에 관계없이 입사한 월의 다음 달 1일을 기준으로 만 1년이 되는 날 1호봉씩 올라간다.
- 신입의 경우 0호봉부터 시작한다.
- 경력의 경우 경력 연수만큼 호봉을 더해준다.
  예) 2024년 1월 15일 신입 입사 시 2025년 1월까지는 0호봉이며 2025년 2월 1일에 1호봉으로 승급된다.

① 350만 원   ② 360만 원
③ 370만 원   ④ 380만 원
⑤ 390만 원

66 다음 중 효율적이고 합리적인 인사관리 원칙과 그에 관한 설명이 바르게 연결된 것을 모두 고르면?

> ㉠ 공정 보상의 원칙－근로자의 인권을 존중하고 공헌도에 따라 노동의 대가를 공정하게 지급해야 한다.
> ㉡ 공정 인사의 원칙－직장 내에서 구성원들이 소외감을 갖지 않도록 배려하고, 서로 유대감을 가지고 협동, 단결하는 체제를 이루도록 한다.
> ㉢ 종업원 안정의 원칙－직장에서 신분이 보장되고 계속해서 근무할 수 있다는 믿음을 갖게 하여 근로자가 안정된 회사 생활을 할 수 있도록 해야 한다.
> ㉣ 창의력 계발의 원칙－근로자가 창의력을 발휘할 수 있도록 해당 직무 수행에 가장 적합한 인재를 배치해야 한다.

① ㉠, ㉡ ② ㉠, ㉢
③ ㉠, ㉣ ④ ㉡, ㉢
⑤ ㉡, ㉣

67 다음에서 설명하는 인력배치의 원칙으로 옳은 것은?

> 팀의 효율성을 높이기 위해 팀원을 그의 능력이나 성격 등과 가장 적합한 위치에 배치하여 팀원 개개인의 능력을 최대로 발휘해 줄 것을 기대하는 것이다.

① 능력주의 ② 균형주의
③ 인재육성주의 ④ 공정보상주의
⑤ 적재적소주의

[68~70] 근로복지공단 이사회는 ○○사업에 1억 원을 투자할 계획을 세우고 있다. 이와 관련된 다음 자료를 보고 이어지는 물음에 답하시오.

투자방안별 수익 발생 확률

구분	직접투자(무상담)	A사 상담	B사 상담
높은 수익	20%	30%	15%
낮은 수익	30%	25%	45%
낮은 손실	35%	20%	25%
높은 손실	15%	25%	15%

※ A사와 B사는 투자자문회사이다.

투자방안별 투자금액 대비 수익·손실

높은 수익	낮은 수익	낮은 손실	높은 손실
투자금액 대비 20%	투자금액 대비 10%	투자금액 대비 −10%	투자금액 대비 −20%

• 이사회는 1억 원을 투자할 계획이다.
• 기대이익은 투자금액 대비 수익에 각각의 수익을 얻을 수 있는 확률을 곱한 값의 합으로 구한다.
  예를 들어 상담 없이 투자를 하는 경우 [{높은 수익(1억 원 × 20%) × 20%} + {낮은 수익(1억 원 × 10%) × 30%} + {낮은 손실(1억 원 × −10%) × 35%} + {높은 손실(1억 원 × −20%) × 15%}]와 같이 계산한다.

68 이사회는 가장 높은 기대이익을 얻을 수 있는 투자방안을 선택하고자 한다. 어떤 방안이 선택되며, 그 때의 기대이익은 얼마인가?

① 직접투자(무상담), 50만 원
② A사 상담, 150만 원
③ B사 상담, 200만 원
④ A사 상담, 200만 원
⑤ B사 상담, 150만 원

69 A, B 2개 회사와 모두 상담을 할 경우 기대이익은 각 회사와 상담했을 때의 기대이익의 평균이라고 가정하자. 이 경우 상담을 하지 않았을 때 기대이익의 몇 배의 이익을 기대할 수 있는가?

① 2배
② 2.5배
③ 3배
④ 3.5배
⑤ 4배

70 이사회가 A사와 B사 중 한 곳과 상담을 하기로 결정했다면, 상담을 하는 회사에 최대 얼마까지 상담료를 지불할 수 있는가? (단, 기대이익이 가장 큰 회사와 상담하며, 상담료는 만 원 단위로 지불한다.)

① 49만 원
② 50만 원
③ 99만 원
④ 149만 원
⑤ 150만 원

근로복지공단

직업기초능력평가

박문각

근로복지공단

직업기초능력평가

봉투모의고사

3회

제3회 직업기초능력평가
(70문항 / 70분)

01 다음은 근로복지공단의 직장복귀지원금 제도에 관한 자료이다. 자료의 내용과 일치하지 않는 것을 〈보기〉에서 모두 고르면?

☐ 사업개요
산재근로자를 원직장에 복귀시켜 고용을 유지한 사업주에게 직장복귀지원금을 지급

☐ 지급대상
요양종결한 산재장해인을 원직장에 복귀시켜 고용을 유지시키고 있는 사업주
※ 산재장해인 : 장해 제1급~제12급을 결정받은 자 또는 요양 중이나 치유 후 장해 제1급~제12급에 해당할 것이라는 의학적 소견이 있는 자

☐ 지급요건
요양종결일(또는 직장복귀일)부터 6개월 이상 고용유지하고 그에 따른 임금 지급
※ 단, 타 법령에 의해 지원금을 받은 경우는 지급 제한

☐ 지급기간
최대 12개월 범위 내

☐ 지급내용
고용노동부장관 고시금액 범위 내에서 사업주가 실제 지급한 임금액(2020. 1. 1. 고시 개정)

제1급~제3급	제4급~제9급	제10급~제12급
월 80만 원(최대 960만 원)	월 60만 원(최대 720만 원)	월 45만 원(최대 540만 원)

☐ 지원금 청구
산재장해인이 원직장에 복귀한 날부터 1개월이 지난 후에 청구
※ 산재장해인의 고용을 유지한 사업 또는 사업장이나 그 본사 소재지를 관할하는 소속기관으로 청구(방문접수, 우편접수, 인터넷 신청)
※ 청구서류 : 직장복귀지원금 청구서, 고용 유지기간에 해당하는 임금대장 사본 등

☐ 문의 및 신청
공단 지역본부(지사) 재활보상부

┌ 보기 ┐

㉠ 장해 제5급을 받은 산재장해인을 원직장에 복귀시킨 사업주가 받을 수 있는 연간 지원금은 최대 720만 원이다.
㉡ 2명의 산재장해인을 원직장에 복귀시킨 사업주가 받을 수 있는 연간 지원금은 2천만 원 이상일 수 없다.
㉢ 요양을 종결한 산재장해인 갑을 2026년 7월 1일 직장에 복귀시킨 사업자 을은 2026년 7월 31일에 지원금을 청구할 수 있다.
㉣ 지원금을 받기 위해서는 사업장 소재지를 관할하는 근로복지공단 소속기관으로의 방문접수나 우편접수만 가능하다.

① ㉠, ㉢, ㉣   ② ㉡, ㉢, ㉣   ③ ㉠, ㉢
④ ㉡, ㉢   ⑤ ㉢, ㉣

02 다음은 보건복지부에서 수집한 우리나라의 2023년 국가암등록통계 자료의 일부이다. 자료의 내용과 일치하지 않는 것은?

○ 암환자 수

2023년 신규 발생한 암환자 수는 28만 8,613명(남 15만 1,126명, 여 13만 7,487명)으로 전년대비 7,296명 (2.5%) 증가하였고, 암통계가 처음으로 집계된 1999년 10만 1,854명에 비해 2.8배 증가하였다.
* 암환자 수: ('99) 101,854명 → ('10) 208,458명→ ('22) 281,317명 → ('23) 288,613명

○ 암 발생 추이

인구 구조의 변화를 배제하고 산출한 연령표준화발생률(이하 '발생률'이라 한다)은 인구 10만 명당 522.9명으로 최근 정체 양상을 보였다. 이를 보면 최근 신규 암환자 수의 증가는 인구 고령화에 따른 결과로 해석할 수 있다.
* 인구 10만 명당 발생률: ('20) 489.5명 → ('21) 531.4명 → ('22) 521.3명 → ('23) 522.9명

성별 암 발생률은 남자 587.0명, 여자 488.9명이었다.
* 남자 암 발생률: ('20) 571.3명 → ('21) 601.9명 → ('22) 590.3명 → ('23) 587.0명
* 여자 암 발생률: ('20) 441.8명 → ('21) 494.1명 → ('22) 484.2명 → ('23) 488.9명

○ 암 발생 확률

우리나라 국민이 평생 동안 암이 발생할 확률(현재의 암 발생률이 앞으로 계속 유지된다고 가정할 때 평생 암이 발생할 확률)이 남자는 약 2명 중 1명(44.6%), 여자는 약 3명 중 1명(38.2%)으로 추정되었다.

○ 암 발생 순위

2023년 남녀 전체에서 가장 많이 발생한 암은 갑상선암이었으며, 이어서 폐암, 대장암, 유방암, 위암, 전립선암, 간암 순이었다. 특히 인구의 고령화 효과로 전립선암이 남성암 1위가 되었다.
* (남자 암 발생 순위) 전립선암('22 2위)—폐암('22 1위)—위암—대장암—간암—갑상선암 순
* (여자 암 발생 순위) 유방암—갑상선암—대장암—폐암—위암—췌장암 순

○ 연령대별

2023년 남녀 전체에서 연령대별로 가장 많이 발생한 암은 0~9세는 백혈병, 10대·20대·30대는 갑상선암, 50대는 유방암, 60대·70대·80세 이상에서는 폐암이었다. 성별로 나눠서 보면 남자에서는 0~9세· 10대 백혈병, 20대·30대·40대 갑상선암, 50대 대장암, 60대·70대 전립선암, 80세 이상은 폐암이 가장 많았다. 여자에서는 0~9세 백혈병, 10대·20대·30대 갑상선암, 40대·50대·60대 유방암, 70대 폐암, 80세 이상은 대장암이 가장 많았다.

○ 고령암

2023년 신규 발생한 65세 이상 고령 암환자 수는 14만 5,452명(남 9만 62명, 여 5만 5,390명)으로 전체 암환자의 50.4%를 차지하였다. 65세 이상 남녀 전체에서 가장 많이 발생한 암은 폐암이었으며, 이어서 전립선암, 위암, 대장암, 간암 순이었다.
* (65세 이상 남자 암 발생 순위) 전립선암—폐암—위암—대장암—간암 순
* (65세 이상 여자 암 발생 순위) 대장암—폐암—유방암—위암—췌장암

○ 암 생존율

최근 5년('19~'23) 진단받은 암환자의 5년 상대생존율(이하 '생존율'이라 한다)은 73.7%로, 암환자 10명 중 7명은 5년 이상 생존하는 것으로 볼 수 있다. 5년 생존율은 지속적으로 증가하여, 2001~2005년에 진단받은 암환자의 상대생존율(54.2%)과 비교할 때 19.5%p 높아졌다. 성별 5년 생존율은 여자(79.4%)가 남자(68.2%) 보다 높았는데, 이는 생존율이 높은 갑상선암, 유방암이 여자에게 더 많이 발생하기 때문으로 분석된다.

○ 암종

갑상선암(100.2%), 전립선암(96.9%), 유방암(94.7%)이 암종 중에서 높은 생존율을 보였고, 폐암(42.5%), 간암(40.4%), 췌장암(17.0%)은 상대적으로 낮은 생존율을 보여 지속적인 연구와 관리 강화가 필요한 영역으로 나타났다. 2001~2005년 대비 2019~2023년에 생존율이 크게 상승한 암종은 폐암(25.9%p 증가), 위암(20.6%p), 간암(19.8%p)이었다.

① 2023년 새로 발생한 암환자 수는 1999년과 비교하면 그 수가 2배 이상 많다.
② 2023년 여자 암 발생 순위는 1위가 유방암, 2위가 갑상선암이며, 남자는 1위가 전립선암, 2위는 폐암이다.
③ 2023년 신규 발생한 65세 이상 여성 암환자에게 가장 많이 발생한 암은 폐암이고, 그 다음은 대장암이다.
④ 여성과 남성의 암환자 생존율이 차이를 보이는 것은, 여성 환자에게서 생존율이 높은 암이 더 많이 발생하기 때문이다.
⑤ 암종 중 가장 낮은 생존율은 보이는 암은 췌장암으로 생존율이 17%이다.

[03~04] 다음은 2026년 직장어린이집 나눔행사인 '**多가치 으쓱(ESG)**' 관련 안내문이다. 이를 보고 이어지는 물음에 답하시오.

□ 행사개요

1. 대상: 전국 직장어린이집 및 근로복지공단 어린이집(with 기업)
2. 행사기간: 2026년 3월 ~ 11월
3. 신청기간: 2026년 3월 9일 ~ 10월 30일
4. 신청방법: 직장보육지원센터 홈페이지 접속→ 개인회원 로그인 → 행사·교육 → 기타 행사 → 2026년 多가치 으쓱 신청(어린이집 대표 1인이 신청)
5. 주요내용: 직장어린이집의 나눔 행사를 통해 마련된 수익금을 '초록우산'에 기탁하여 국내 취약계층 아동 후원

□ 지원내용

1. 직장어린이집: 나눔 행사(플리마켓 등)를 통해 얻은 수익금 후원(기업과 기부금 1:1 매칭그랜트* 가능)
   * 매칭그랜트: 누군가 기부를 하면 또 다른 누군가가 그 금액만큼 기부금을 내는 방식으로 기업의 참여를 독려하기 위함
2. 근로복지공단: 행사 홍보, 수익금 전달 및 ESG 실천포상(30개소), 현수막 제공(선착순 100개소), 참여인증 현판 제공(참여한 모든 어린이집), 찾아가는 기부금 전달식 진행
3. 초록우산: 국내취약계층 아동 지원, 참여시설 후원증서 제공

□ 수익금 모금

어린이집별 행사 진행 후 후원 계좌로 수익금 이체, 후원정보 메일 송부

1. 수익금 이체
   • △△은행 2468-00-12345(어린이재단)
   • 입금자명: 어린이집명
     ※ 기업 별도 기부 시: 기업명(어린이집명) 예) 근로복지공단(근복어린이집)
2. 후원정보 메일 송부: 어린이집명/이체일자/후원금액/입금자명, 이메일: abcd@comwel.or.kr
   ※ 모금행사 진행 후 후원계좌로 송금 가능
   ※ 기부금 영수증 필요 시 담당자 메일로 요청(사업자등록번호 10자리), 익월 7일 이내 이메일 발송
   ※ 후원증서: 12월 초 일괄 우편발송 예정(일정 변동 가능)

□ 결과서 제출

1. 多가치 으쓱(ESG) 실천 활동 결과서(희망자에 한함)
   ※ 실천 활동 결과서는 우수 참여시설 선정에 활용
2. ~2026. 10. 30.(금)까지
3. 제출방법: 마이 페이지→ 기타 행사→ 파일첨부(파일명: 어린이집명)

□ 기부금 사용 계획

초록우산 '영유아 바른자람 지원사업'(국내 취약계층 아동을 대상으로 심리치료비 및 돌봄비 지원 사업)
※ 수익금은 초록우산 후원 계좌를 통해 취합 후 공단과 초록우산이 기부정보 교환

---

03 위 안내문의 내용과 일치하지 않는 것을 〈보기〉에서 모두 고르면?

┌ 보기 ┐
ⓐ 행사에 참여하고자 하는 직장어린이집 대표는 직장보육지원센터 홈페이지를 통해 신청할 수 있으며, 행사 신청은 2026년 3월부터 11월까지 가능하다.
ⓑ 기업은 행사 참여 시 수익금을 어린이집과 별도로 기부할 수 있으며, 이 경우 이체할 때 입금자명을 '기업명(어린이집명)'으로 해야 한다.
ⓒ 초록우산 측은 후원한 어린이집에 후원증서를 제공하는데, 이는 송금을 확인한 익월 7일 이내에 우편으로 발송한다.
ⓓ 근로복지공단은 행사에 참여하는 직장어린이집 모두에 현수막 및 참여인증 현판을 제공한다.

① ㉠, ㉢, ㉣ 　　　　　　　② ㉡, ㉢, ㉣
③ ㉠, ㉢ 　　　　　　　　 ④ ㉡, ㉢
⑤ ㉡, ㉣

04 근로복지공단 송 주임은 '多가치 으쓱(ESG)' 행사에 관한 문의사항 및 이에 대한 답변을 정리하고 있다. 위 안내문의 내용을 바탕으로 할 때, 답변이 잘못된 것은?

① Q : 행사에 참여하고 싶은 어린이집 원장입니다. 2026년 9월에 행사진행이 가능한가요? 근로복지공단에서 여러 지원을 해준다던데, 이에 관해서도 알고 싶습니다.
　 A : 네, 9월에 행사진행이 가능하니 신청해 주시기 바랍니다. 근로복지공단은 행사 홍보, 수익금 전달 및 ESG실천포상을 하고 선착순 100개소를 대상으로 현수막 및 참여한 모든 어린이집에 현판도 제공하니 참고해 주시기 바랍니다.
② Q : 수익금 이체 시 입금자명에 어린이집 이름과 원장 이름을 둘 다 기재해야 하나요?
　 A : 입금자명에는 어린이집 이름만 기재하시면 됩니다.
③ Q : 행사 참여 후에는 어린이집에서 실천 활동 결과서를 따로 제출해야 하나요?
　 A : 네, 인터넷을 통해 행사를 마치고 반드시 제출하셔야 합니다. 제출 기한은 2026년 10월 30일까지입니다. 결과서는 우수 참여시설 선정에 활용됩니다.
④ Q : 어린이집에서 행사 후 수익금을 입금하고 기부금 영수증을 받으려고 합니다. 어디에 요청해야 하나요?
　 A : 담당자 메일(abcd@comwel.or.kr)로 요청하시면 됩니다. 이때 사업자등록번호 10자리가 필요합니다. 기부금 영수증은 다음달 7일 이내에 이메일로 발송해 드립니다.
⑤ Q : 행사로 초록우산에 기부한 수익금은 어디에 사용되나요?
　 A : 행사로 얻은 수익금은 초록우산의 국내 취약계층 아동을 대상으로 하는 심리치료비 및 돌봄비 지원 사업에 사용됩니다.

[05~06] 다음은 현장실습생 산재보험 관련 자료이다. 이를 보고 이어지는 물음에 답하시오.

◎ **의의**
산업현장에서 일반근로자와 같이 동일한 위험권 내에서 현장실습 및 작업을 동시에 행하는 현장실습생을 산업재해로부터 보호하기 위한 제도임

◎ **가입대상**
- 산재보험 적용사업(장)에서 현장실습을 하고 있는 학생 및 직업훈련생 중 고용노동부장관이 정하는 현장실습생
  ※ 현장실습 당시 산재보험 적용 사업장이 아닐 경우 적용(신고)대상 아님
- 현장실습 범위: 고교, 대학 등 초·중등교육법 및 고등교육법상 학교에서 시행하거나 참여하는 모든 국내 현장실습
  ※ 실습기관 등을 학생 개인이 섭외하거나 해당 기관의 필요에 따라 직접 모집·선발하는 경우는 제외
  ※ 학교 외 학원 등에서 시행하는 현장실습, 단순 견학, 자격취득을 위한 필수요건에 해당하는 현장실습은 제외

◎ **보험가입자**
현장실습생이 실제 현장실습을 하는 사업장의 사업주가 보험가입자

◎ **산재보험 취득 및 상실신고**
- 취득신고: 일반근로자를 새로이 고용한 사업주의 '자격취득신고'와 동일하게
  −현장실습생을 새로이 사용한 사업주는 현장실습이 시작된 날이 속하는 달의 다음 달 15일까지 근로복지공단에 현장실습생의 성명, 현장실습 시작일(자격취득일) 등을 신고하여야 함
    ※ 보험료 부과구분 부호를 52(산재보험만 부과), 사유를 03(현장실습생)으로 기재
- 상실신고: 일반근로자와 고용관계를 종료한 사업주의 '자격상실신고'와 동일하게
  −현장실습생을 더 이상 사용하지 않게 된 사업주는 현장실습이 종료된 날이 속하는 달의 다음 달 15일까지 근로복지공단에 현장실습생에게 지급한 일체의 금품(보수총액), 현장실습 종료일(상실일) 등을 신고하여야 함
    ※ 현장실습이 종료되거나 실습기간 이후 일반근로자로서 근로계약을 맺는 경우 현장실습생은 반드시 상실신고 필요

◎ **보험료 산정**
- 보험료: 현장실습의 대가로 사업주가 실습생에게 지급한 일체의 금품(학교에서 실습생에게 지급한 훈련수당은 제외) × 해당 사업장 보험료율
  ※ 금품: 소득신고 및 비과세 여부, 학교 또는 실습주관기관 등에서 지원금 지급 여부와 관계없으며, 실습기관 사업주가 실제 지급하는 모든 금품

◎ **보험급여 지급**
- 현장실습생이 실습과 관련하여 입은 재해는 업무상의 재해를 입은 것으로 보아 산재보험법 제36조 제1항의 각 호에 따른 보험급여를 지급
  − 요양급여, 휴업급여, 장해급여, 간병급여, 유족급여, 상병보상연금, 장의비, 직업재활급여
- 현장실습생이 실습과 관련하여 재해를 당한 경우에는 훈련수당 등 모든 금품을 임금으로 보고 산정한 평균임금으로 보험급여를 지급. 다만, 현장실습생에게 지급하는 훈련수당 등이 최저임금법 제5조 제1항에 따른 최저임금액에 미달되는 경우에는 최저임금액을 훈련수당으로 봄

05 **위 자료의 내용과 부합하지 않는 것은?**

① 학교에서 시행하는 현장실습의 경우 산재보험 가입대상이나, 학원에서 시행하는 현장실습의 경우 산재보험 가입대상이 아니다.

② 현장실습생이 실습과 관련해 산업재해를 입은 경우 업무상 재해를 입은 것으로 보아 산재보험법에 따른 보험급여를 지급받을 수 있다.

③ 현장실습생이 최저임금액에 미치지 못하는 훈련수당을 받고 일하다가 산업재해를 입은 경우에는, 최저임금액을 훈련수당으로 보고 보험급여를 지급한다.

④ 2월 1일부터 사업주가 현장실습생을 새로 사용하는 경우, 3월 15일까지 실습생의 이름, 실습 시작일 등을 신고해야 한다.

⑤ 현장실습생이 실습 이후 실습을 하던 업체에 일반근로자 고용이 확정되어 근로계약을 맺게 된 경우에는 따로 산재보험 취득 신고를 할 필요가 없다.

06 **위 자료를 통해 알 수 없는 내용은?**

① 현장실습생 산재보험의 가입자

② 현장실습생 산재보험 제도의 도입 목적

③ 현장실습생 산재보험료의 산정 방법

④ 현장실습생 산재보험 해당 사업장의 보험료율

⑤ 현장실습생 산재보험료의 지급 범위

[07~08] 다음 보도자료를 보고, 이어지는 물음에 답하시오.

근로복지공단, '체불예방지원부' 신설...체불사업주 제재 강화

근로복지공단은 임금체불 근절과 대지급금 회수 강화를 위해 '체불예방지원부'를 신설하고 본격 운영에 들어갔다고 2026년 3월 3일 밝혔다. 이번 조직 신설은 근로기준법과 임금채권보장법 개정에 따른 후속 조치로, 상습체불 사업주에 대한 경제적 제재 지원과 대지급금 변제금 미납 사업주 신용제재 업무를 전담하기 위한 것이다.

먼저 공단은 고용노동부가 선정한 상습체불 사업주에게 소명기회를 부여하고 관련 자료를 검토하는 등 행정적 지원을 수행한다. 상습체불 사업주는 직전연도 1년간 ① 3개월분 임금 이상 체불(퇴직금 제외)하거나, ② 5회 이상 임금을 체불하고 체불액이 3천만 원(퇴직금 포함) 이상인 경우에 해당한다. 또한 2천만 원 이상의 대지급금을 1년 이상 미납한 사업주의 명단을 신용정보기관에 제공해 금융거래상 불이익이 부과되도록 한다. 신용정보 제공은 2026년 6월부터 시행될 예정이다.

이와 함께 기존 민사절차에 따르던 변제금 회수 방식이 2026년 5월부터 국세체납처분 절차로 변경됨에 따라 공단은 선제적으로 '고액채권 집중회수TF'를 신설·운영 중이며 강력한 채권 확보에 나설 계획이다. 체불근로자 보호 및 지원 강화를 위해 대지급금 지급범위를 기존 3개월분 임금에서 6개월분으로 확대하는 법안이 최근 국회를 통과함에 따라 제도의 악용을 막고 기금 안정성을 확보하기 위한 회수 강화 조치도 함께 추진한다.

[참고] 근로기준법 개정에 따른 상습체불 사업주에 경제적 제재

□ 배경 및 근거
- 상습체불 사업주에 대한 경제적 제재*를 강화함으로서 임금체불에 대한 경각심을 높이고 체불을 예방하기 위해 근로기준법을 개정함('25. 10. 23. 시행)
  * 종합신용정보집중기관에 임금 등 체불자료 제공, 보조·지원사업 참여 배제, 국가계약 등 입찰참가 불이익 조치
- 체불예방지원업무처리규정 상습체불 사업주 소명 부여사항 규정('25. 12. 30. 제정)

□ 주요내용
상습체불 사업주 대상자 경제적 제재 전 소명기회 부여 절차 진행
① 상습체불 사업주 대상자* 추출(고용노동부) → ② 소명기회 부여(공단) → ③ 경제적 제재(고용노동부)
* 직전년도 1년간 근로자에게 임금 등(퇴직급여 제외) 3개월분 이상 체불, 5회 이상 임금 등 체불하고 체불총액이 3천만 원 이상 / 매년 12월 31일 기준으로 추출(자료제공 1월, 6월)

□ 소명기회 부여 업무진행 절차
소명기회 부여를 위한 소명자료 제출통지서 등 자료는 본부에서 일괄 발송하고 소명자료에 대한 검토 및 보고서 또한 본부에서 진행, 소속기관에서 수행하는 사항은 없음

고용노동부		공단 본부		고용노동부
1. 대상추출 및 공단 제공	→	2. 대상자에 대한 소명자료 제출 통지 및 소명자료 검토	→	3. 자료 검토, 위원회 회부 및 자료제공
직전년도 3개월 이상, 5회 이상 이고 3천만 원 이상 * 2025. 10. 23. 이후 조사 확정 건		송달: 우편, 교부, 공시 송달 * 소명자료 확인 및 검토: 사망, 실종, 회생, 파산, 도산여부, 전액청산, 일부지급+청산계획, 대지급 변제여부		− 자료 검토: 보완 요청 − 임금체불정보심의위원회 심의 − 부처, 지자체, 신용정보기관 자료 제공

□ 향후 일정
상습체불 대상 사업주 명단 수령(2월 중) → 소명자료 제출통지서 발송(2~3월 예정) → 상습체불 사업주 제출 소명자료 검토 및 검토보고서 송부(~6월 예정)

07 위 자료의 내용과 일치하지 않는 것을 〈보기〉에서 모두 고르면?

> ┌ 보기 ┌
> ㉠ 체불예방지원부는 근로복지공단이 임금체불 근절 및 대지급금 회수 강화를 위해 신설한 조직으로, 2026년 3월부터 운영한다.
> ㉡ 사업주가 직전년도 1년간 3회 근로자 임금을 체불하고 그 체불액이 6천만 원 이상인 경우 상습체불 사업주로 본다.
> ㉢ 2천만 원 이상의 대지급금을 1년 이상 미납한 사업주의 정보를 신용정보기관에 통보하여, 사업주에게 금융거래상 불이익을 주는 조치를 시행할 예정이다.
> ㉣ 근로복지공단이 '고액채권 집중회수TF'를 신설한 것은 변제금 회수 방식이 민사절차에 따르는 것으로 바뀐 데 따른 선제적 조치이다.

① ㉠, ㉡   ② ㉡, ㉣
③ ㉢, ㉣   ④ ㉠, ㉡, ㉣
⑤ ㉡, ㉢, ㉣

08 상습체불 사업주에 대한 소명기회 부여 진행과 관련된 설명으로 옳지 않은 것은?

① 상습체불 사업주 대상자는 체불총액 및 체불기간·횟수를 판단하여 결정하며, 이때 기준 날짜는 매년 12월 31일이다.
② 고용노동부가 상습체불 사업주 대상자를 추출하고, 근로복지공단에 이를 제공한다.
③ 사업주에게 소명자료 제출통지서는 근로복지공단 본부에서 일괄 발송하며, 소명자료에 대한 검토는 고용노동부에서 맡는다.
④ 소명자료 제출 통지는 우편, 교부, 공시 송달에 따른다.
⑤ 소명자료 검토 후 임금체불정보심의위원회의 심의를 거쳐 경제적 제재를 하는데, 이때 제재는 고용노동부에서 한다.

09 다음은 산재신청 방법에 대한 자료이다. 자료의 내용과 일치하는 것을 〈보기〉에서 모두 고르면?

1 요양급여신청서 작성
1. 재해자의 인적사항, 소속 사업장, 재해발생 경위 등 기재하고 신청인(재해자) 날인
   • 신청서 제출 위임란에 날인하면 의료기관이 토탈서비스를 통해 접수 가능
   • 소속 사업장관리번호는 공단 홈페이지 '사업장관리번호'에서 검색 가능
2. 병원에 제출하여 요양급여신청서 뒷면에 의사소견서 작성
3. 업무상질병(일부상병 제외)은 업무상질병판정위원회에서 심의
   신청서를 제출받은 소속기관장은 업무상 질병에 대하여 7일 이내에 판정위원회에 심의를 의뢰하고,
   판정위원회는 20일 이내(1차 10일 이내 연장 가능)에 심의하여 그 결과를 해당 소속기관장에게 통지

2 업무상 재해 여부 확인 및 결과통지
1. 요양급여의 신청을 받은 공단은 그 사실을 보험가입자에게 알리고, 보험가입자는 요양급여 신청에 대
   한 의견 제출
2. 업무상 사유에 의한 재해 여부가 명확한 경우 7일 이내에 요양승인 여부 결정 통지
3. 업무내용이나 사고 경위 등에 대한 구체적 사실관계 확인이 필요할 경우 처리기간이 연장될 수 있으며
   업무상 질병의 경우 업무와의 인과관계 확인을 위하여 현장조사, 특별진찰, 역학조사 등을 거칠 수
   있으며, 이 경우 처리기간이 추가적으로 더 연장될 수 있음

3 불승인 통지에 관한 이의 신청
요양 불승인 처분을 받았을 경우 그 처분에 이의가 있을 때 처분이 있음을 안 날부터 90일 이내에 처분지
사를 경유하여 공단 산업재해보상보험심사위원회에 심사청구하거나 관할 행정법원에 행정소송 제기. 단,
업무상질병판정위원회의 심의를 거쳐 불승인 결정된 경우에는 심사청구 절차 없이 처분지사를 경유하여
고용노동부 산업재해보상보험재심사위원회에 재심사청구하거나 관할 행정법원에 행정소송 제기

보기
㉠ 요양급여신청서에는 재해발생 경위 등을 적고 재해를 입은 근로자와 보험가입자가 모두 날인한다.
㉡ 업무상질병이 있는 경우 업무상질병판정위원회에서 요양급여신청서를 심의하며, 심의는 적어도 30
   일 이내에 마무리하여야 한다.
㉢ 요양급여의 신청을 받은 공단은 필요한 경우 현장조사, 특별진찰, 역학조사 등을 거칠 수 있다.
㉣ 업무상질병으로 요양급여신청서를 제출하였으나, 업무상질병판정위원회의 심의에서 요양 불승인 처
   분을 받은 경우에는 90일 이내에 공단 산업재해보상보험심사위원회에 심사청구를 할 수 있다.

① ㉠, ㉡   ② ㉡, ㉢
③ ㉢, ㉣   ④ ㉠, ㉡, ㉣
⑤ ㉡, ㉢, ㉣

10 다음 글의 내용과 부합하지 않는 것은?

> 신체 내에 지방이 저장되는 과정과 분해되는 과정은 많은 연구들을 통해 명확히 알려져 있다. 지방은 지방세포 속에 중성지방의 형태로 축적된다. 이 과정을 살펴보면, 음식물 형태로 섭취된 지방은 소화 과정에서 효소들의 작용에 의해 중성지방으로 전환되어 작은창자에서 흡수되고 혈액에 의해 운반된 후 지방 조직에 저장된다. 이 과정에서 중성지방은 작은창자의 세포 내로 직접 흡수되지 못하기 때문에 췌장에서 분비된 지방분해 효소인 리파아제에 의해 지방산과 글리세롤로 분해되어 흡수된다. 이렇게 작은창자의 세포에 흡수된 지방산과 글리세롤은 에스테르화라는 화학 반응을 통해 다시 합쳐져서 중성지방이 된다. 이 중성지방은 작은창자의 세포 내에서 혈관으로 방출되어 신체의 여러 부위로 이동한다. 중성지방이 지방세포 근처의 모세혈관에 도달하였을 때, 모세혈관 세포의 세포막에 붙어 있는 리파아제에 의해 다시 지방산과 글리세롤로 분해된 후 지방세포 내로 흡수된다. 이때의 리파아제는 지방 흡수를 위해 지방세포에서 분비되어 옮겨진 것이다. 지방세포는 흡수된 지방산과 글리세롤을 다시 에스테르화하여 중성지방의 형태로 저장한다. 만약 혈액 내에 중성지방의 양이 너무 많아서 기존의 지방세포가 커지는 것만으로는 더 이상 저장할 수 없을 경우, 지방세포의 수가 늘어나서 초과된 양을 저장한다.
>
> 지방세포에 저장된 중성지방은 다시 지방산과 글리세롤로 분해된 후 혈액으로 분비되어 신체 기관에 필요한 에너지를 만드는 데 중요한 에너지원이 된다. 이러한 중성지방의 분해는 카테콜아민이라는 신경 전달 물질에 의한 지방세포 내 호르몬−민감 리파아제의 활성화를 통해 일어나는 카테콜아민−자극 지방 분해와 카테콜아민의 작용 없이 일어나는 기초 지방 분해로 나뉜다. 이 가운데 기초 지방 분해는 특별히 많은 에너지가 필요 없는 평상시에 일어나며, 카테콜아민−자극 지방 분해는 격한 운동을 할 때와 같이 에너지가 많이 필요할 때 일어난다. 일반적으로 기초 지방 분해 과정에 의한 중성지방의 분해 속도는 지방세포의 크기가 클수록 빨라진다.
>
> 따라서 지방세포 내로 중성지방이 저장되는 것을 조절하거나 지방세포 내 중성지방의 분해를 조절하는 것이 체내 지방의 축적을 조절하는 방법이 된다. 이러한 지방 축적의 조절에는 성장 호르몬이나 성 호르몬 같은 내분비 물질이 관여한다. 이 가운데 성장 호르몬은 카테콜아민−자극에 대한 민감도를 증가시켜 지방 분해를 촉진하는 동시에, 지방세포가 분비한 리파아제의 활성을 감소시켜 지방세포 내 중성지방의 저장을 줄이는 것으로 알려져 있다. 이러한 이유로 성장 호르몬의 분비량이 많은 사춘기보다 분비량이 줄어드는 성인기에 지방세포 내 중성지방의 축적이 증가하게 되는 것이다.
>
> 한편 성 호르몬의 혈중 농도는 사춘기에 증가하며 성인기에 일정 수준 이상으로 유지되다가 노년기에 이르러 감소한다. 성 호르몬이 지방의 축적과 분해에 관여하는 기전은 아직 정확히 알려져 있지 않지만, 최근 연구들은 여성의 경우 둔부와 대퇴부의 피부 조직 아래의 피하 지방세포에 지방이 더 많이 축적되는 데 비해 남성의 경우 복부 창자의 내장 지방세포에 더 많이 축적된다는 사실로부터 지방 축적에 대한 성 호르몬의 기능을 설명하려고 한다.

① 중성지방이 에너지원으로 작용하기 위해서는 지방산과 글리세롤로 분해되어야 한다.
② 카테콜아민은 지방세포 내에서 지방산과 글리세롤의 에스테르화 반응을 일으킬 수 있다.
③ 지방세포의 크기와 지방세포에서 일어나는 기초 지방 분해 속도는 비례한다.
④ 췌장에서 분비된 리파아제의 활성이 억제되면, 체내에 지방 축적이 감소된다.
⑤ 신체 내에 지방세포가 다른 부위보다 더 잘 축적되는 부위는 성별에 따라 다르다.

[11~12] 다음은 산재근로자 일상복귀지원을 위한 심리회복 프로그램 관련 자료이다. 이를 보고 이어지는 물음에 답하시오.

◎ **심리상담**

1. 개요 : 산업 재해로 인한 불안, 가족 및 대인관계, 직업 및 사회적응 등 다양한 심리·사회적 문제를 해소하고자 개별 심리상담 서비스를 지원
2. 지원대상 : 다차원심리검사 결과 임상척도 총점 또는 임상척도별 점수가 60점 이상인 산재근로자 및 가족
   ※ 다차원심리검사 : 산재근로자들이 공통적으로 겪을 수 있는 심리적·정신적 증상들을 포괄적으로 파악하고 산재사고 이후 체계적으로 공단 및 외부 전문상담기관의 사회심리서비스를 제공할 수 있도록 개발된 심리검사 도구
3. 지원내용
   심리학회 또는 상담학회 등 관련기관으로부터 심리상담 관련 자격을 취득한 사람으로서 해당분야 3년 이상 실무자에 종사한 사람이 제공하는 심리상담 서비스

구분	내용	비용
심리상담	개인상담, 부부상담, 가족상담 등	지원 결정일로부터 2개월간 최대 6회기
심리검사	임상증상 진단을 위한 각종 검사	실비

   ※ 심리상담기관 방문이 어려운 경우 출장상담, 온라인상담(게시판, 채팅, 전화 등) 이용 가능

◎ **집단(심리)프로그램**

1. 프로그램 개요 : 요양 중 겪을 수 있는 스트레스, 심리불안을 극복하기 위해 전문심리상담사의 진행으로 동료산재근로자와 함께 하는 집단활동프로그램
2. 프로그램 내용 : 스트레스 관리, 분노조절 프로그램, 강점 찾아보기, 구직계획 세우기 등
3. 프로그램 진행방법
   - 1회 2시간, 주 1~3회 운영
   - 비용은 무료
   - 첫 회기 또는 마지막 회기에 공단직원이 방문하여 요양·보상·재활서비스제도에 대한 소개 진행
   - 운영 장소 : 산재보험 의료기관 및 공단 소속기관 회의실
   - 진행 일정 : 매년 3월~10월 말
   ※ 세부일정은 공단 소속기관, 위탁운영기관, 의료기관과 협의 후 진행
4. 지원대상 : 요양 중인 산재근로자(가족 및 간병인 참여 가능)
   ※ 소속지사별 프로그램 운영일정에 따라 참여여부 결정

◎ **집단(사회적응)프로그램**

1. 프로그램 개요 : 산재근로자의 사회복귀 및 직업복귀 촉진을 위해 자기관리능력, 지역사회적응능력 및 직업적응능력 향상을 위한 집단활동프로그램
2. 프로그램 내용 : 심리기능, 사회기능 및 직업기능 향상 등의 프로그램으로 구성
3. 프로그램 진행방법
   - 1회 2시간, 주 1~3회 운영
   - 비용은 무료
   - 첫 회기 또는 마지막 회기에 공단직원이 방문하여 요양·보상·재활서비스제도에 대한 소개 진행
   - 운영 장소 : 산재보험 의료기관 및 공단 소속기관 회의실
   - 진행 일정 : 매년 3월~10월 말
   ※ 세부일정은 공단 소속기관, 위탁운영기관, 의료기관과 협의 후 진행
4. 운영기관 : 산재보험 의료기관 또는 전문기관
5. 지원대상
   - 장해등급 판정일로부터 5년 이내인 자
   - 통원요양 중인 자로 요양기간이 2년 이상인 자

◎ **취미활동반**

1. **지원대상** : 진폐 등 진행성 질병으로 입원요양 중인 산재근로자(특수직업병 이환자)
2. **프로그램 내용** : 진폐 등 진행성 질병으로 입원요양 중인 산재근로자(특수직업병 이환자)의 정서적 안정과 재활 의욕 고취를 위하여 취미활동반 운영에 소요되는 재료비, 강사료, 다과비, 그밖의 운영비 등을 지원
3. **지원 방법**
   월평균 10명 이상 특수직업병 이환자 입원환자를 수용하는 의료기관이 취미활동반을 개설하고자 할 때 관할 지사에 신고서 제출
   - **재료비** : 1인당 월 8만 원 이내 실제 소요된 재료비(동일 환자가 여러 취미활동반에 참가할 수 있으나, 해당자 1인당 월 8만 원을 초과할 수 없음)
   - **강사료** : 1회당 5만 원, 1개월간 총 25만 원을 강사료로 지급할 수 있음
   - **특별지원금** : 1인당 3만 원 이내 실비용 지급(작품전시회, 병원별 취미활동반 합동 행사 등)

11 위 자료의 내용과 일치하지 않는 것은?

① 심리상담 서비스를 받기 위해서는 우선 다차원심리검사를 받아야 한다.

② 집단 심리프로그램 및 집단 사회적응프로그램 모두 비용은 무료이며, 프로그램 운영 장소도 산재보험 의료기관 및 공단 소속기관 회의실로 같다.

③ 집단 심리프로그램에는 산재근로자의 가족도 참여가 가능하나, 집단 사회적응프로그램에는 산재근로자 본인만 참여할 수 있다.

④ 취미활동반은 특수직업병 이환자만 받을 수 있으며, 산재근로자가 입원한 의료기관에서 취미활동반을 개설해주어 서비스를 받게 한다.

⑤ 진폐로 입원요양을 받다가 퇴원하여 통원치료를 받는 중인 산재근로자는 취미활동반 지원을 받을 수 있다.

12 〈보기〉의 갑, 을, 병, 정은 산재근로자 심리회복 프로그램과 관련된 대화를 하고 있다. 이때, 위 자료를 잘못 이해한 사람을 모두 고르면?

> **보기**
>
> 갑 : 남편이 산업 재해로 병원에서 입원치료를 받은 지 1년이 넘었어. 남편과 함께 심리상담을 받으려고 얼마 전에 다차원심리검사를 받았고, 검사 결과 두 명 모두 임상척도 총점이 60점 이상이 나와서 심리상담을 받기로 했어.
>
> 을 : 진폐로 병원에 입원 중인데, 입원 중인 병원이 월평균 5~6명의 특수직업병 이환자들을 입원수용하고 있어서 취미활동반을 개설해 줄 것을 병원에 요청했어.
>
> 병 : 나도 2개의 취미활동반 프로그램에 참여 중인데, 각 프로그램당 월 8만 원의 재료비를 지원받고 있어.
>
> 정 : 병원에 1년간 입원한 뒤 퇴원하여 현재는 통원치료를 받으면서 3년째 요양 중이야. 사회활동이 너무 부족한 것 같아 집단 사회적응프로그램에 참여하게 되었어.

① 갑, 정
② 갑, 병
③ 을, 병
④ 을, 정
⑤ 병, 정

13 〈보기〉의 문장이 들어갈 위치로 가장 적절한 것은?

> **보기**
>
> 즉, 처음에 생각한 바를 음성 언어로만 표현하다가 차차 그것을 일정한 의미로 어느 정도 분명하게 설명할 수 있게 되자 다시 그것을 문자로도 표현할 수 있게 되었다는 것이다. 이미 언급한 설형 문자의 예로 문자의 발전을 추측해 볼 수 있다.

메소포타미아 유적지를 발굴하던 중에 설형 문자가 새겨진 점토판 몇 천 개가 발견되었다. 그 점토판에 쓰인 설형 문자를 해독해 본 결과 여러 가지 맥주 조제법, 곡식을 배달한 뒤 주고받은 영수증, 가축의 종류와 마릿수, 건물 축조를 위한 규정 등이 새겨져 있음을 알게 되었다. 물론 그 밖에도 종교적, 역사적 사실이 적힌 문자판도 발견되었다. (가) 이러한 일련의 점토판들은 우리에게 성서가 쓰이기 전, 그리고 예수가 탄생하기 이전의 고대 사회의 모습을 전해 주고 있다. 어떤 것들은 그 문자판을 읽는 독자에 대한 정보도 알게 한다. 그는 분명히 사제 계급의 교육 혜택을 누린 자였을 것이며 행정과 거래에서도 여러 기능을 담당한 사람이었을 것이다. (나) 이집트 문자의 발생에서도 역시 그림 문자가 큰 역할을 담당했다. 학자들은 항아리나 다른 생활용품들에 새겨 넣었던 그림 장식에서 이집트 문자가 발전했을 것이라고 추측한다. 이 장식된 그림 문자들은 그림을 보는 독자에게 영상적인 의미를 제시했다. 그러나 우리가 어떤 것을 엄격한 의미에서의 문자라고 부르려면 그 사용된 표식이 말소리로도 옮겨질 수 있어야만 한다. (다) 이집트, 메소포타미아, 인더스 중에 어느 지역에서 문자가 최초로 만들어졌는지에 대해서는 학자들 사이에 아직도 의견이 분분하다. 거론된 세 고문화에서 기원전 약 5,500년~4,800년경에 최초로 문자가 만들어졌다. 언어학자들은 처음에는 한정적이던 문자의 체계가 시간이 지나감에 따라 완전한 형태로 발전했을 것이라고 가정한다. (라) 수메르인들의 사원 학교에서 발견된 점토판을 연구함으로써 설형 문자가 발전된 여러 단계의 과정을 따라가 볼 수 있다. 점토판의 한쪽 면에는 교사의 모범 글씨가 새겨져 있고 다른 한쪽에는 학생들이 그것을 따라 연습한 글씨가 새겨져 있다. 전문가의 의견에 따르면, 이러한 최초의 문자 표본은 무엇인가를 기억하기 위한 목적으로 사용된 것이며 실제의 물체를 단순화하여 표식으로 만든 것이었다. 예를 들면 소의 표식으로 소의 머리를 그렸고 단순화된 삼각형 모양으로 여성의 성기 모양을 나타내어 '여자'에 해당하는 그림 문자를 만들었다. 그것들은 일종의 픽토그램과 같은 것으로서 하나의 그림 표식마다 그에 해당하는 사물이나 생물을 나타내었다. (마)

① (가) ② (나)
③ (다) ④ (라)
⑤ (마)

14 〈보기〉의 문장이 들어갈 위치로 가장 적절한 것은?

┌ 보기 ┌
하지만 한편으로 독일의 늦은 사회시스템 발전은 새로운 사회 변화의 부작용을 보다 잘 목격할 수 있는 근거가 되었다.

독일의 낭만주의는 일반적으로 18세기 후반에서 19세기 초반까지 나타난 독일의 문학 및 철학 사조를 이른다. 보다 구체적으로 말하자면 1780년경 개화하여 1830년경까지 지속되었고 동시대 영국과 프랑스의 낭만주의에 큰 영향을 미쳤다. 독일에서는 고전주의나 바로크 문학과 같은 다른 문학·철학 사조에 비해 낭만주의가 세계 정신 사조를 선도하는 위상을 갖고 있는데 그 이유는 독일의 특수한 사회사적 경험에서 찾을 수 있다. (가) 프랑스와 영국과 달리 18세기에 이르러서도 독일은 하나의 통일된 국가를 건설하지 못하고 체계적인 사회시스템을 발전시키지 못한 상태였다. 영국과 프랑스는 산업혁명, 시민혁명 등 파격적인 사회의 변혁을 경험하고 이성적인 사회시스템을 건설 중에 있었고 이는 데카르트의 합리주의, 영국의 경험론자들의 철학으로 발전하였다. (나) 반면 당시 아직도 봉건적 후진국이었던 독일의 입장에서는 귀납적인 진리 인식의 경험적 토대가 부족했고 마찬가지의 이유에서 데카르트식 연역적 방법을 담을 역량이 부족했다. (다) 영국과 프랑스의 사회 변화 과정에서는 물질주의적 경향이 나타나고 인간의 이성에 대한 맹신이 또 다른 문제를 가져왔다. 산업혁명으로 인한 부의 증진에도 불구하고 대부분의 일반인들은 그 혜택을 보지 못하였으며, 단순히 빈부의 격차만이 아니라 절대적인 수준에서 소수의 부르주아지를 제외한 어린이, 여성 등 약자의 위치에 있는 노동자들의 삶은 불확실성에 맡겨져 있었다. (라) 독일의 지식인들은 이러한 변화에 직면하여 현실과 이성이 아닌 삶의 의미, 정신적 윤리성 등을 강조하여 '중세적 총체성'을 회복해야 한다고 인식하게 되었다. (마) 결국 낭만주의적 사조의 발생은 유럽의 계몽주의, 이성주의에 대한 반발에서 발생하게 된 것이고, 사회사적 상황과 맞물려 독일이 낭만주의를 선도할 수 있는 역할을 하게 되었다.

① (가)
② (나)
③ (다)
④ (라)
⑤ (마)

15 다음 중 상황에 따른 의사표현법이 적절하지 않은 것은?

① 잘못 지적 - 칭찬을 먼저한 뒤 질책의 말을 하고 끝에 격려의 말을 하는 '샌드위치 화법'을 사용한다.

② 요구 거절 - 요구를 거절하는 데 대한 사과를 먼저 한 뒤 거절의 이유를 설명한다.

③ 칭찬 - 대화 서두에 분위기 전환의 용도로 간단한 칭찬을 한다.

④ 충고 - 가급적 최후의 수단으로 사용하되, 직접적으로 충고할 내용을 말한다.

⑤ 명령 - '~해라' 식의 강압적 표현보다는 '~해주는 것이 어떤가요?'와 같은 청유식 표현을 사용한다.

16 다음 사례에서 나타나는 경청에 방해되는 요인으로 적절한 것은?

> 김 대리는 동료인 박 대리가 오전에 상사인 최 부장에게 크게 질책당한 것을 알고 탕비실에서 기분은 좀 괜찮냐고 말을 걸었다. 박 대리가 "내가 하지 않은 일까지도 싸잡아서 혼냈다."며 속상함을 토로했다. 김 대리는 박 대리의 하소연을 듣자마자 "그래, 부장님은 혼낼 때 상대방 생각을 너무 안 해. 정말 고생 많았다."라며 그를 위로했다.

① 짐작하기 ② 판단하기
③ 다른 생각하기 ④ 조언하기
⑤ 비위 맞추기

17 다음 중 회사의 업무에 대한 협조를 구하거나 의견을 전달할 때 작성하는 문서는 무엇인가?

① 공문서 ② 기획서
③ 기안서 ④ 보고서
⑤ 비즈니스 메모

18 다음 글을 읽고 추론할 수 있는 내용으로 적절하지 않은 것은?

> 한국 사회는 자녀 양육과 관련하여 부모·친족 특히 어머니에게 그 부담이 압도적으로 집중되어 있다. 하지만 한국 사회보다 더 빨리 가족관계의 변화가 나타났던 서구 복지국가에서는 가족 외부의 다양한 자원과 연결되어 돌봄의 방식이 다양화되고 있다. 즉 자녀 양육이 가족에 집중된 것이 아니라 시장과 가족, 국가가 분담함으로써 '탈가족화' 성격을 띠고 있다. 이때 탈가족화의 양상은 실제로는 여성이 사회적 고립을 감수하면서까지 전담해야 했던 자녀 양육 방식을 대신하여 새로운 형태의 '돌봄 네트워크'를 형성하는 것으로 나타난다. '돌봄 네트워크'는 돌봄을 제공하는 사람과 돌봄 자원을 필요로 하는 사람을 연결하고 조직하는 형태에 따라 구분된다. 돌봄 제공 주체가 개인이냐 집합이냐의 수준과 돌봄의 구체적 방식을 자유롭게 선택할 수 있느냐 없느냐의 정도에 따라 다음과 같은 유형으로 나눌 수 있다.
>
> 첫째, '전통적 유형'은 오랜 역사적 흐름 속에서 지속되어 온 자녀 돌봄의 형태로, 네트워크라기보다 고립된 실체에 가까우며 개별 가족 내에서 주로 어머니에 의해 자녀 양육이 이루어지는 경우이다.
>
> 둘째, '위계 유형'은 가정 밖의 시설에서 공공기관에 의해 선발된 전문가와 준전문가가 중심이 되어 아동을 돌보는 형태이다. 이 유형에서는 아이를 돌보는 방식과 시간이 비교적 통일되어 있고, 표준적인 서비스를 기대할 수 있다. 역사적으로 탁아소와 보육원은 빈곤층을 대상으로 한 아동위탁적 성격을 띠고 있었다. 그러나 스웨덴을 비롯한 북유럽 국가의 공보육제도로 대표되는 현대의 공보육은 상대적으로 높은 질의 서비스를 제공하고 중간층 자녀까지를 포괄하는 형태로 확장되었다.
>
> 이에 비해 셋째 유형인 '민간 유형'은 시장을 통한 사보육의 구조에 가까운 것으로, 부모는 자녀의 보육에 대해 필요에 맞게 적절한 돌봄의 스케줄을 작성하고 돌봄 포트폴리오의 스케줄 매니저 역할을 하게 된다.
>
> 넷째, '앙클레이브 유형'은 특정 목적과 목표를 공유하는 집단이 공동체를 구성하여 그 공동체에 속한 구성원들만을 대상으로 하여 나름의 방식대로 돌봄을 조직화하는 것이다. 공동육아 협동조합이나 종교단체가 신도들을 대상으로 하는 비교적 폐쇄적 형태의 보육이 대표적이다.

① 자녀 양육이나 보육 방법에 대한 선택의 폭이 극도로 제한되고 폐쇄적인 돌봄 네트워크 유형은 앙클레이브 유형이다.

② 과거의 보육 시설이 주로 빈곤층을 대상으로 하였다면 오늘날에는 보다 상위 계층의 자녀까지 돌봄의 대상으로 심고 있다.

③ 한국 사회는 자녀 양육이나 돌봄 문제에 있어서 가족에의 의존도가 서구사회에 비해 상대적으로 높은 편이다.

④ 탈가족화에는 자녀 양육 부담이 가족에 집중되지 않고 사회적으로 분산되는 것도 포함된다.

⑤ 돌봄 네트워크가 다양화되었지만 여전히 어머니를 중심으로 자녀 양육과 돌봄의 조정 및 운영이 이루어지고 있다.

[19~20] 다음은 공황장애에 관한 자료이다. 이를 보고 이어지는 물음에 답하시오.

공황장애는 반복적이고 예기치 못한 공황발작이 일어나는 경우로 공황발작은 극심한 공포와 고통이 갑작스럽게 발생하여 수분 이내 그 증상이 최고조에 이르며, 그 시간 동안 13가지 생리적·인지적 증상 중 4가지 이상의 증상이 나타난다. 공황발작을 일으키는 원인은 매우 다양하다. 공황발작이나 그에 따른 결과가 생명을 위협하는 질병일 수도 있다는 공포일 수 있고 공황증상을 보았을 때 다른 사람들에게 부정적으로 평가받거나 당황하는 것에 대한 사회적인 우려일 수도 있고 미치거나 통제를 잃을 것 같다는 정신기능에 대한 우려일 수도 있다. 공황발작과 그 결과에 대한 공포에 더해서 많은 공황장애 환자는 그들의 신체적·정신적 건강에 관련된 불안감을 호소한다. 게다가 매일 해야 할 일을 완수하지 못하고 일상의 스트레스들을 잘 견디지 못하는 것에 대해 걱정하거나 공황발작을 조절하기 위해 먹는 약물들을 지나치게 많이 섭취하는 것에 대해 걱정하며, 나아가 다른 여러 가지 신체 증상에 대한 걱정으로 공황발작을 조절하고자 극단적인 행동을 한다. 미국과 몇몇 국가의 일반 인구 집단에서의 12개월 유병률은 성인과 청소년에서 약 2~3%로 추정된다. 공황장애의 유병률은 청소년기, 특히 사춘기가 시작된 이후에 가장 높고 여성의 경우 성인기에 가장 높다. 발생 평균 연령은 20~24세이다. 공황장애는 치료받지 않는다면 대개 만성인 경과를 밟지만 정도에 따라 심할 때도 있고 저절로 나아지는 경우도 있다. 소수의 사람에게서만 수년간 재발이 없는 증상이 나타나기도 한다. 공황장애의 경과는 다른 장애가 동반되는가에 따라 복잡해지는데, 특히 다른 특정 불안장애나 우울장애, 물질사용장애가 동반되는 경우가 그렇다. 위험인자로는 신경증 경향성, 부정적 정서, 불안에 관한 민감도, 공포스러운 발작경험 등이 있으며 아동기의 성적·신체적 학대경험은 다른 불안장애보다 공황장애에서 더욱 흔하게 보고된다. 흡연도 공황장애의 위험요인이다. 대부분의 사람들은 첫 번째 공황발작이 일어나기 몇 달 전에 선행하는 스트레스 요인을 보고한다. 특히 불안, 우울, 양극성장애 환자들의 자녀들에게서 공황장애의 발생률이 높다. 공황장애 환자들은 병원에 가거나 응급실을 찾기 위해 일이나 학교를 빈번하게 빠지게 되는 경우가 많으며 이로 인해 해고당하거나 학교를 그만둘 수도 있다. 전형적인 공황발작 환자들은 제한된 공황발작 환자들에 비해 의료시설 사용률이 높고 장애의 정도가 더욱 심각하며, 삶의 질이 더 낮다.

공황장애의 진단기준

- 공황발작은 극심한 공포와 고통이 갑작스럽게 발생하며, 다음 13가지 생리적·인지적 증상 중 4가지 이상의 증상이 나타난다.
  1. 심계항진, 가슴이 심하게 두근거림, 빈맥
  2. 발한
  3. 몸이 떨리거나 후들거림
  4. 숨이 가쁘거나 답답한 느낌
  5. 질식할 것 같은 느낌
  6. 흉통 또는 가슴의 불쾌감
  7. 메스꺼움 또는 복부 불편감
  8. 어지럽고 멍한 느낌이 들거나 쓰러질 것 같음
  9. 춥거나 화끈거리는 느낌
  10. 감각과민(감각이 둔해지거나 따끔거리는 느낌)
  11. 이인증 또는 비현실감
  12. 스스로 통제를 할 수 없거나 미칠 것 같은 두려움
  13. 죽을 것 같은 공포감
  ※ 문화 특이적 증상(이명, 목의 따끔거림, 두통, 통제할 수 없는 소리 지름이나 울음)도 보일 수 있다. 이러한 증상들은 공황장애를 진단하기 위해 필요한 4가지 증상에는 포함되지 않는다.

- 적어도 1회 이상의 발작 이후에 1개월 이상 다음 한 가지 이상의 증상이 나타나야 한다.
  1. 추가적인 공황발작이나 그에 대한 결과(예: 통제를 잃음, 심장발작을 일으킴, 미치는 것)에 대한 지속적인 걱정
  2. 발작과 관련해 현저하게 부적응적인 행동 변화가 일어남
     (예: 공황장애를 회피하기 위한 행동으로 운동이나 익숙하지 않은 환경을 피하는 것 등)

- 현재 증상이 물질(습성 물질의 남용이나 약물투여 등)의 생리적 효과나 다른 의학적 상태(갑상선 기능항진증, 심폐질환)로 인한 것이 아니며, 증상이 다른 정신질환으로 설명되지 않는다.

19 위 자료에 대한 설명으로 옳은 것은?

① 공황장애는 만성 질환으로 반드시 병원의 치료를 받아야 한다.

② 공황장애의 유병률은 사춘기가 시작된 이후에 가장 높으며 여성의 경우 청소년기에 가장 높다.

③ 양극성장애 환자들의 자녀들에게서 공황장애 발생률이 더 높다.

④ 전형적인 공황발작 환자들은 제한된 공황발작 환자들에 비해 의료시설 사용률은 높지만, 삶의 질은 더 높다.

⑤ 아동기의 성적·신체적 학대 경험을 가진 환자는 공황장애보다 다른 불안장애에서 더 자주 보고된다.

20 공황장애의 진단기준에 포함되는 증상으로 보기 어려운 것은?

① 통제할 수 없는 소리 지름이나 울음

② 몸이 떨리고 후들거리거나, 숨이 가쁘고 답답한 느낌

③ 가슴의 통증 또는 불쾌감

④ 스스로 통제할 수 없거나 미칠 것 같은 두려움과 죽을 것 같은 공포감

⑤ 멍한 느낌이 들거나 쓰러질 것 같은 느낌

21 라이벌 관계인 사격선수 a, b가 있는데, 두 선수의 10점 명중률은 각각 $\dfrac{5}{7}$, $\dfrac{7}{9}$ 이라고 한다. 두 선수가 동시에 총을 쐈을 때, 두 선수 중 한 선수만 10점 과녁을 쏠 확률은?

① $\dfrac{13}{21}$ 　　　　　② $\dfrac{14}{63}$

③ $\dfrac{8}{21}$ 　　　　　④ $\dfrac{35}{63}$

⑤ $\dfrac{11}{21}$

22 어느 과수원에서 사과와 배를 수확하는데, 작년 수확량은 두 과일을 합쳐서 500상자였다. 올해 수확량은 작년에 비해 사과가 15% 증가하였고, 배는 10% 감소하여 총 8%가 증가하였다고 할 때, 올해 사과의 수확량은 몇 상자인가?

① 383상자 　　　　　② 395상자
③ 408상자 　　　　　④ 414상자
⑤ 423상자

23 둘레의 길이가 200cm인 사각형에서 가로의 길이를 10% 늘이고, 세로의 길이를 5% 줄였더니 전체 둘레가 5.5% 늘어났다. 처음 사각형의 넓이는?

① 1800cm^2 　　　　　② 2100cm^2
③ 1200cm^2 　　　　　④ 1500cm^2
⑤ 2400cm^2

24 다음은 2019~2023년 지역별 공단 어린이집 정원에 관한 자료이다. 이에 대한 설명으로 옳은 것은?

2019 ~ 2023년 지역별 공단 어린이집 정원

(단위 : 명)

지역 \ 연도	2019	2020	2021	2022	2023
충청도	781	837	853	880	812
경인	1,292	1,314	1,317	1,293	1,277
서울	1,076	1,093	1,096	1,115	1,121
전라도	570	587	576	582	565
경상도	802	920	898	882	678
전체	4,521	4,751	4,740	4,752	4,453

※ 공단 어린이집이 있는 지역은 '충청', '경인', '서울', '전라', '경상'뿐임

① '충청도' 지역의 공단 어린이집 정원은 매년 증가한다.
② '경인' 지역과 '서울' 지역의 공단 어린이집 정원 합은 매년 전체의 50% 이상이다.
③ '전라도' 지역 공단 어린이집 정원의 전년 대비 증가율은 2020년이 2022년보다 낮다.
④ '경상도' 지역 공단 어린이집 정원은 2023년이 2020년보다 많다.
⑤ 2023년에 공단 어린이집 정원이 전년 대비 증가한 지역은 2곳이다.

25 다음은 2025년 ○○공단의 내국인 및 외국인 대상 직종별 훈련 지원비용에 관한 자료이다. 이에 대한 설명으로 옳은 것은?

내국인 및 외국인 대상 직종별 훈련 지원비용

(단위 : 만 원)

훈련직종 \ 구분	내국인 대상	외국인 대상
인테리어 리모델링	1,101,480	32,879
전기시스템제어	101,230	11,472
스마트경영	1,095,585	9,115
스마트출판인쇄	92,459	1,233
서비스산업	958	2,000
지능형시스템	31,114	141

※ 훈련직종은 인테리어 리모델링, 전기시스템제어, 스마트경영, 스마트출판인쇄, 서비스산업, 지능형시스템으로만 구성됨

① 내국인 대상 훈련 지원비용과 외국인 대상 훈련 지원비용의 차이가 가장 큰 직종은 인테리어 리모델링이다.
② 내국인 대상 훈련 지원비용에서 차지하는 비중이 큰 직종일수록 외국인 대상 훈련 지원비용에서 차지하는 비중도 크다.
③ 외국인 대상 전체 훈련 지원비용은 내국인 대상 전체 훈련 지원비용의 5% 이상이다.
④ 외국인 대상 훈련 지원비용 중 인테리어 리모델링이 차지하는 비중은 50% 이상이다.
⑤ 내국인 대상 훈련 지원비용 중 스마트경영이 차지하는 비중은 40% 이하이다.

26 다음은 2025년 ○○공단이 운영하는 저소득 근로자 휴양시설 현황에 관한 자료이다. 이에 대한 설명으로 옳은 것은?

2025년 저소득 근로자 휴양시설 현황

시설명	설립연도	규모			이용 현황		직원(명)
		부지(m^2)	건물(m^2)	객실(개)	이용건수(건)	이용객(명)	
설악	2006	18,082	10,553	1,528	50,863	170,304	110
금강	1989	5,048	3,461	812	71,675	210,937	230
백운	1973	2,306	1,306	263	16,475	40,182	110
한라	2019	8,211	4,600	901	61,144	360,450	220
금오	1995	10,260	9,181	1,798	115,908	390,499	490
천마	1991	3,840	2,140	520	14,451	40,356	100

① 건물 규모가 부지 규모의 60% 이상인 시설은 3개이다.
② 객실이 두 번째로 많은 시설은 직원 수가 두 번째로 많다.
③ 이용건수 대비 이용객 수의 비율이 가장 낮은 시설은 '백운'이다.
④ 2000년 이전에 설립된 휴양시설은 설립년도가 이를수록 이용건수가 적다.
⑤ 1990년대에 설립된 휴양시설 이용건수의 합은 2000년 이후 설립된 휴양시설 이용건수의 합보다 작다.

[27~28] 다음은 A, B 지역의 2025년 6~10월 취업자 · 실업자 현황을 나타낸 자료이다. 이를 보고 이어지는 물음에 답하시오.

A지역의 취업자 · 실업자 현황

(단위 : 명, %)

구분 \ 월	6월	7월	8월	9월	10월	전체
취업자 수	( )	( )	1,600	2,400	3,000	( )
실업자 수	100	200	600	800	1,800	3,500
해당월 취업률	10.9	13.0	17.4	26.1	32.6	100.0
해당월 실업률	2.9	( )	( )	( )	( )	100.0

B지역의 취업자 · 실업자 현황

(단위 : 명, %)

구분 \ 월	6월	7월	8월	9월	10월	전체
취업자 수	500	800	2,400	1,400	700	5,800
실업자 수	( )	50	( )	20	300	( )
해당월 취업률	8.6	13.8	41.4	24.1	12.1	100.0
해당월 실업률	34.7	( )	( )	1.3	( )	100.0

※ 1) (해당월) 취업률(%) $= \dfrac{\text{(해당월) 취업자 수}}{\text{2025년 6~10월 전체 취업자 수}} \times 100$

   2) (해당월) 실업률(%) $= \dfrac{\text{(해당월) 실업자 수}}{\text{2025년 6~10월 전체 실업자 수}} \times 100$

27 위 자료에 대한 설명으로 옳지 않은 것은? (단, 전체 취업자 수와 실업자 수를 계산할 경우 십의 자리에서 반올림한다.)

① 2025년 6~10월 전체 취업자 수는 A지역이 B지역보다 많다.
② 2025년 6~10월 전체 실업자 수는 B지역이 A지역의 3배 이상이다.
③ 10월의 실업률은 A지역이 B지역보다 높다.
④ B지역의 실업자 수가 가장 적은 달에 A지역의 실업자 수는 전월 대비 30% 이상 증가했다.
⑤ 전월 대비 11월 실업자 수가 A지역은 100%, B지역은 400% 증가한다면, A지역 11월 실업자 수는 B지역의 2배 이상이다.

28 위 자료에 대한 설명으로 옳은 것을 〈보기〉에서 모두 고르면?

> **보기**
> ㉠ A지역의 취업자 수는 꾸준히 증가하고 있다.
> ㉡ 2025년 6~10월 A지역의 전체 취업자 수와 실업자 수의 차이는 B지역의 차이보다 작다.
> ㉢ B지역의 실업자 수는 증감을 반복하고 있다.
> ㉣ A지역의 10월 취업자 수는 전월 대비 30% 이상 증가하였다.

① ㉠, ㉢   ② ㉠, ㉣   ③ ㉡, ㉢
④ ㉡, ㉣   ⑤ ㉢, ㉣

[29~30] 다음은 연령대별·성별·지역별 비타민 D 결핍증 진단율에 대한 자료이다. 이를 보고 이어지는 물음에 답하시오.

연령대별·성별 비타민 D 결핍증 의사 진단율

구분		분석 대상자 수(명)	진단율(%)
전체	소계	60,040	24.0
연령대별	20대 이하	10,398	20.0
	30대	16,092	23.8
	40대	16,290	24.9
	50대 이상	17,260	25.9
성별	여성	30,229	23.0
	남성	29,811	25.1

주요 지역 비타민 D 결핍증 진단율

구분	분석 대상자 수(명)	진단율(%)
서울	8,771	25.6
부산	2,441	24.7
㉠	3,818	22.0
인천	3,066	23.7
㉡	3,398	23.4
울산	1,943	23.1
세종	944	26.8
경기	12,798	25.7
㉢	2,273	23.9
대전	2,367	24.3
전북	2,485	25.3
㉣	2,262	23.5

29 위 자료에 대한 설명으로 옳지 않은 것은?

① 비타민 D 결핍증 분석 대상자 수가 가장 많은 지역과 가장 적은 지역의 진단율의 차이는 1%p 이상이다.

② 대전과 전북 지역에서 비타민 D 결핍증으로 진단을 받은 인원수의 차이는 60명 미만이다.

③ 40대 이하에서 비타민 D 결핍증으로 진단을 받은 인원수가 가장 많은 연령대는 30대이다.

④ 비타민 D 결핍증으로 진단을 받은 남성은 여성보다 500명 이상 많다.

⑤ 부산 지역보다 비타민 D 결핍증 진단율이 높은 지역은 총 4개이다.

30 다음 〈조건〉으로 보아 위 자료의 ㉠~㉣에 해당하는 지역이 바르게 짝지어진 것은?

조건

- 비타민 D 결핍증 분석 대상자 수가 경기 지역의 25% 미만인 지역은 부산, 대전, 전북, 인천, 울산, 충북, 강원, 세종이다.
- 비타민 D 결핍증으로 진단을 받은 인원수가 전북 지역보다 많은 지역은 서울, 인천, 광주, 경기, 대구이다.
- 비타민 D 결핍증 진단율이 울산 지역과 0.5%p 이하로 차이가 나는 지역은 강원, 대구이다.

	㉠	㉡	㉢	㉣
①	대구	광주	충북	강원
②	대구	광주	강원	충북
③	대구	강원	광주	충북
④	광주	강원	충북	대구
⑤	광주	대구	충북	강원

[31~32] 다음은 근로복지공단 ○○요양병원 부설 케어센터인 ○○케어센터의 입소 관련 자료이다. 이를 보고 이어지는 물음에 답하시오.

◎ **입소 대상 및 기간**
- 60세 이상의 산재장해등급 1~3급 종결 산재장해인
- 60세 미만의 산재장해등급 1~3급 종결 산재장해인으로 별도 심사 절차를 거쳐 선정
- 요양종결 후 장해등급 결정 전 간병서비스가 필요한 자 중 산업재해보상보험급 시행령 제65조에 따른 중증요양 상태등급 제1급부터 제3급까지의 어느 하나에 해당하는 이력이 있는 자

◎ **입소 대상 및 기간**
- 장기: 2년 (매년 연장 가능)
- 단기: 45일 (연 3개월 범위 내)

◎ **이용료**

기한	구분		이용료	보증금
고용노동부 장관이 고시하는 간병급여액과 동일금액	1급 상시	53,060원(일)	31일: 1,644,860원	200만 원 (가족관계증명서 또는 제적등본상의 가족이 신원인수인으로서 보호자의 역할을 수행할 수 있을 경우 제외)
			30일: 1,591,800원	
			28일: 1,185,680원	
	1급 수시·2급	35,370원(일)	31일: 1,096,470원	
			30일: 1,061,100원	
			28일: 990,360원	
	조정 2급	29,290원(일)	31일: 907,990원	
			30일: 878,700원	
			28일: 820,120원	
	3급	월정액	706,110원	

※ 이용료는 2026년 1월 1일 기준임

◎ **입소절차**
① 입소상담: 유선상으로 가능
② 입소신청: 제반서류 제출
③ 대상자 심의선정: 10~15일 소요
④ 선정통보: 유선상으로 통보
⑤ 입소
⑥ 계약서 작성: 입소비용 수납

◎ **제출서류**
입소신청서 1부, 가족관계증명서 및 주민등록등본, 건강진단서 1부(검사결과지 첨부), 보험급여결정통지서 1부, 장해급여 청구서 1부(요양종결 후 장해등급 결정한 간병서비스가 필요한 자에 한함), 산업재해보상보험연금증서 1부

31 위 자료의 내용과 부합하는 것을 〈보기〉에서 모두 고르면?

┌ 보기 ┌
ㄱ 60세 미만의 산재장해인은 입소를 위해 별도의 심사절차를 거쳐야 한다.
ㄴ 보증금은 모든 환자에게 필수이며, 1급 수시와 2급의 경우 하루 이용료가 3만 원대이다.
ㄷ 입소 시 입소신청서 및 건강진단서, 주민등록등본 등을 제출해야 하며, 대상자로 선정되는 데는 10일 이상이 걸린다.
ㄹ 입소가 결정되면 신청자에게 유선상으로 통보하며, 입소 후 계약서를 작성하고 비용을 수납하게 된다.

① ㄱ, ㄴ, ㄷ   ② ㄴ, ㄷ, ㄹ
③ ㄱ, ㄷ, ㄹ   ④ ㄱ, ㄹ
⑤ ㄴ, ㄷ

32 〈보기〉와 같이 ○○케어센터에 갑과 을이 입소했다 퇴소했을 때, 지급해야 할 이용료의 합을 구하면?

┌ 보기 ┌
• 갑은 산재장해등급 1급 수시에 해당하며, 2026년 3월 5일 입소해 4월 25일 퇴소하였다.
• 을은 산재장해등급 3급에 해당하며, 2026년 3월 1일 입소해 4월 15일 퇴소하였다.

① 3,186,580원   ② 3,251,460원
③ 3,850,300원   ④ 4,102,050원
⑤ 4,501,720원

[33~35] 다음은 보험사무대행기관제도에 관한 자료이다. 이를 보고 이어지는 물음에 답하시오.

◎ **보험사무대행 서비스**

사업주의 보험사무 행정처리 부담을 덜어주고, 고용·산재보험의 가입촉진 및 보험료의 정확한 부과·징수 등을 위하여 공단의 인가를 받은 보험사무대행기관이 사업주의 위임을 받아 보험사무 대행 서비스 제공('71년~)
- 노무·세무 전문가, 각종 협회 등 전국 약 7,100여 개의 보험사무대행기관이 사무대행 서비스 제공. 특히, 상시근로자수 30명 미만 사업장의 사업주에게는 무료로 대행

◎ **보험사무를 위임할 수 있는 사업주의 범위**

고용·산재보험에 가입되어 있거나, 가입 신청을 원하는 모든 사업주
- '19. 1. 1.부터 보험사무 대행 가능 사업주의 범위가 상시근로자수 300명 미만 사업장의 사업주에서 모든 사업주로 확대

◎ **보험사무대행기관이 대행할 수 있는 보험사무**

• 보험관계의 성립·변경·소멸 신고에 관한 사무
• 보수총액 및 보험료 신고에 관한 사무
• 근로자 고용정보 및 피보험자격 신고에 관한 사무
• 일용근로자의 근로내용확인신고에 관한 사무
• 그 밖에 관계법령 및 규정 등에 따라 사업주가 근로복지공단이나 지방고용노동관서에 신고 또는 보고하여야 할 보험사무

> ※ **보험사무대행기관이 대행할 수 없는 보험사무**
> - 산재보험법의 산재보험급여의 청구 및 수령
> - 보험료의 임의수령 및 대행납부 등 수납대행 사무
> - 고용보험법의 실업급여 신청, 각종 지원금 신청 및 수령(실업자 취직훈련, 교육훈련 수강 신청 등 포함)
> - 고용보험 피보험자격 확인청구, 심사, 재심사 청구 등
>
> * 다만, 보험사무대행기관은 보험사무를 위임한 사업장의 사업주 또는 근로자가 보험사무에 대한 처리절차 및 서류작성 방법 등을 문의하는 경우 이에 적극 협조하여야 함

◎ **보험사무대행 인가대상**

• 사업주 등을 구성원으로 하는 단체로서 특별법에 따라 설립된 단체: 대한상공회의소, 대한건설협회 등
• 민법 제32조에 따라 고용노동부장관의 허가를 받아 설립된 법인: 한국경영자총협회, 근우회, 산재재해자단체 등
• 관계 법률에 따라 주무관청의 인가 또는 허가를 받거나 등록 등을 한 법인: 노무·세무·회계법인, 법무사회, 대한주택관리사협회 등
• 공인노무사법 제5조에 따라 등록한 사람으로서 같은 법 제2조에 따른 직무를 2년 이상 하고 있는 사람: 공인노무사
• 세무사법 제6조에 따라 등록을 하고 같은 법 제2조에 따른 직무를 2년 이상 하고 있는 사람으로서 고용노동부장관이 정하는 교육을 이수한 사람: 개인세무사

◎ **보험사무대행지원금 지급 기준**

보험사무대행기관이 상시근로자수 30명 미만인 사업주로부터 보험사무를 위임받아 고용·산재정보통신망(토탈서비스)을 이용하여 보험사무를 대행한 경우 지원금 지급

지원금 종류		대상 지원기준	지급주기	금액
보험료납부지원금		자진신고사업장(건설업·벌목업)에 대하여 보험료신고를 하고 보험료 및 그 밖의 징수금을 80% 이상 납부하도록 한 경우	반기	위임사업주당 16,000원
피보험자 관리 지원금	피보험자 관리대행	근로자, 예술인 또는 노무제공자의 피보험자격신고, 근로자 또는 예술인의 월평균보수변경신고, 노무제공자의 월평균보수통보, 일용근로자의 근로내용확인신고, 단기예술인 또는 단기노무제공자의 노무제공확인신고 등을 한 경우	분기	위임사업주당 12,000원 (상시근로자수가 10명 미만인 경우 15,000원) * 근로자, 예술인, 노무제공자 신고실적을 합산하여 지원
	보수총액 신고대행	법정 신고기한 내에 근로자 보수총액 신고한 경우	연간	위임사업주당 18,000원(5명 미만), 24,000원(5명 이상)
		법정 신고기한 내에 예술인 보수총액 신고한 경우	연간	위임사업주당 5,000원 (10명 이상 신고 시 10,000원)
		보험관계 소멸 시 법정 신고기한 내 보수총액 신고한 경우	소멸 시	위임사업주당 10,000원
사업장가입지원금		고용·산재보험 미가입 사업장의 고용·산재보험 성립신고 대행한 경우(고용보험 및 산재보험 중 어느 하나의 보험만 성립신고 대상이 되는 예술인 또는 노무제공자만 사용하는 사업장은 성립신고 대상에 해당되는 보험구분의 성립신고만 대행한 경우도 포함)	성립 시	위임사업주당 40,000원 (상시근로자수가 10명 미만인 경우 50,000원)
		중소기업사업주 등을 산재보험에 가입신청 한 경우	분기	위임사업주당 40,000원 (분기별 10,000원씩 총 4회)
지급 제외		지원금 산정 기준년도의 전전년도 위임사업주 과세소득(법인 : 법인세법 제4조에 따른 당기순이익, 개인 : 소득세법 제3조 및 제4조에 따른 사업소득금액)이 3억 원 이상인 경우 지급 제외		

33   위 자료의 내용과 부합하지 않는 것은?

① 1971년부터 공단 인가를 받은 보험사무대행기관이 사업주의 위임을 받아 보험사부대행서비스를 제공해 왔다.

② 상시근로자수 30명 미만인 사업장의 사업주는 보험사무대행 서비스를 무료로 이용할 수 있으며, 보험사무대행기관은 지원금을 받을 수 있다.

③ 2019년 이전에는 상시근로자수가 300명 이상인 사업주의 경우 보험사무를 보험사무대행기관에 위임하지 못하였다.

④ 법인이 아닌 공인노무사나 개인세무사는 보험사무대행 서비스를 할 수 없다.

⑤ 보험사무대행기관은 보험료의 임의수령이나 대행납부 등은 할 수 없다.

34 〈보기〉와 같이 사업주로부터 보험사무를 대행한 경우에 보험사무대행기관이 받을 수 있는 지원금에 관한 설명으로 옳은 것을 모두 고르면?

> **보기**
>
> ㉠ 상시근로자수가 15명이며 자진신고사업장인 갑 회사의 사업주는 보험료신고를 하고 보험료를 납부할 것을 위임하였다. 이때 받을 수 있는 지원금은 반기당 16,000원이다.
>
> ㉡ 상시근로자수가 6명이며, 고용보험 및 산재보험 미가입 사업장인 을 회사의 사업주는 고용보험 및 산재보험 성립신고를 위임하였다. 이때 받을 수 있는 지원금은 성립 시 50,000원이다.
>
> ㉢ 상시근로자수가 10명인 병 회사의 사업주는 법정 신고기한 내에 근로자 보수총액 신고를 위임하였다. 이때 받을 수 있는 지원금은 연간 24,000원이다.
>
> ㉣ 상시근로자수가 17명인 정 회사의 사업주는 단기노무제공자의 노무제공확인신고를 위임하였다. 이때 받을 수 있는 지원금은 분기에 15,000원이다.

① ㉠, ㉡, ㉢
② ㉠, ㉢, ㉣
③ ㉠, ㉢
④ ㉡, ㉢
⑤ ㉢, ㉣

35 위 자료의 내용을 잘못 이해한 사람을 〈보기〉에서 모두 고르면?

> **보기**
>
> A : 보험사무대행 서비스는 사업주 입장에서는 행정처리 부담을 덜고, 근로복지공단 입장에서는 고용보험과 산재보험의 가입을 촉진하는 효과를 낼 수 있네.
>
> B : 고용·산재보험에 미가입되어 있더라도 가입 신청을 하는 사업주라면 보험사무대행 서비스를 이용할 수 있어서, 사업주가 근로복지공단이나 지방고용노동관서에 신고하거나 보고해야 할 보험사무를 위임할 수가 있네.
>
> C : 사업주가 보험사무를 위임하지 않고 단순히 처리절차 등을 문의하는 경우에도 보험사무대행기관은 이에 협조해야 하네.
>
> D : 고용·산재보험 미가입 사업장의 사업주가 고용·산재보험 성립신고를 보험사무대행기관에 위임하는 경우, 보험이 성립되면 기관은 최대 4만 원의 지원금을 받을 수 있겠네.
>
> E : 2025년 위임사업주 개인의 사업소득금액이 3억 원인 경우에 2026년 지원금을 산정하려 한다면 지원금이 지급될 수 없겠네.

① A, B, E
② A, C, D
③ B, C, E
④ C, D
⑤ D, E

36 다음은 산재근로자에 대한 일상복귀지원사업 중 재활스포츠지원에 관한 자료이다. 자료의 내용을 통해 추론할 수 없는 사항을 〈보기〉에서 모두 고르면?

□ 프로그램 개요

재활스포츠 활동을 통해 재해로 인해 손상된 부위의 회복과 기능강화를 위한 프로그램이다.

□ 지원대상

재해일로부터 요양승인 만료일까지 기간이 6개월 이상 2년 이내인 통원요양자. 단, 일상복귀지원규정 개정 시행 전('24. 7. 30.) '장해등급 결정을 받은 사람'은 요양종결 후 1년 이내

□ 특수재활스포츠 지원종목

• 협정된 산재보험 의료기간에 한해 이용 가능
• 수중재활, 척추재활, 재활운동 중 1개 이상(특수재활스포츠 지원 종목 내 교차 이용가능)

□ 지원내용

구분	일반재활스포츠	특수재활스포츠
종목	수영, 헬스, 에어로빅, 아쿠아로빅, 탁구, 요가, 필라테스, 댄스스포츠(생활발레, 라인댄스, 줌바댄스), 게이트볼, 그라운드골프, 배드민턴, 스크린야구·골프, 실내양궁 및 Package	수중재활, 척추재활, 재활운동
지원범위	요양승인기간 내에 시작하여야 하며, 지원기간 시작일로부터 6개월까지 30만원 내에서 지원	요양승인기간 내에 시작하여야 하며, 지원기간 시작일로부터 6개월까지 60만원 내에서 지원

※ 지원금에는 라커룸과 운동복 대여료가 포함되고, 지원금을 초과하는 경우 본인 부담입니다.

□ 신청방법 등 기타문의

근로복지공단 대표전화 1588-0075로 문의

보기

㉠ 2026년 2월 1일에 재해를 입고 요양승인 만료일이 2026년 8월 31일인 갑은 2025년 3월 1일에 수중재활을 시작해 두 달간 재활스포츠활동을 할 수 있다.
㉡ 2024년 7월 15일에 재해에 대한 장해등급 결정을 받은 을은 2025년 9월 10일에 요양이 종결되었다. 을은 2027년 9월 9일까지 재활스포츠지원을 받을 수 있다.
㉢ 재활스포츠지원 사업으로 아쿠아로빅을 하는 병은 6개월간 최대 180만 원을 지원받을 수 있다.
㉣ 재활운동을 하는 정은 1년간 수중재활과 척추재활을 받았는데, 재활을 시작한 처음 6개월간 50만 원을 지원받고 나머지는 본인부담으로 진행했다.

① ㉠, ㉡, ㉢ 　　　　② ㉡, ㉢, ㉣
③ ㉠, ㉢ 　　　　④ ㉠, ㉣
⑤ ㉡, ㉢

37 다음은 가족종사자 산재보험과 관련된 자료이다. 이와 관련된 설명으로 잘못된 것을 〈보기〉에서 모두 고르면?

☐ **가입대상**

중·소기업 사업주의 배우자(사실혼 관계 포함) 또는 4촌 이내의 친족으로, 특례가입대상 사업장 사업주가 행하는 사업(장)에서 노무 제공을 대가로 보수를 받지 않고 해당 사업에 노무를 제공하는 사람
- 배우자(사실혼 포함) 또는 4촌 이내의 친족 : 법률상 배우자 및 사실상 혼인관계에 있는 사람, 4촌 이내의 혈족 및 인척(민법 제767조, 제777조)
- 특례가입대상 사업장 : 300인 미만의 근로자를 사용하는 사업주 또는 근로자를 사용하지 않는 사업주
- 노무 제공을 대가로 보수를 받지 않을 것 : 계약의 형식에 관계없이 해당 사업(장)에서 근로자로 인정되지 아니하는 사람

☐ **가입신청**
- 가입을 희망하는 중·소기업 사업주의 가족종사자 본인이 공단에 [중·소기업 사업주 등 산재보험 가입신청서] 및 [가입신청 확인서] 제출
  - 사업장 및 중·소기업 사업주 성립 여부와 관계없이 보험가입 가능
  - 성립일은 산재보험 가입신청서를 신청(접수)한 날의 다음 날
- 가입방법 : 고용산재보험 토탈서비스(https://total.comwel.or.kr) → 사업장 → 중소기업 가족종사자로 로그인 → 민원접수/신고 → 보험가입신고 → 중소기업사업주 및 가족종사자 산재보험 가입신청

☐ **보험관계 해지 및 소멸**
- 재보험에 가입한 가족종사자가 보험계약을 해지하고자 할 때에는 공단의 승인을 받아야 함. 다만, 근로복지공단이 보험관계를 계속해서 유지할 수 없다고 인정하는 경우에는 해당 보험관계를 소멸시킬 수 있음
- 보험관계 소멸 : 중소기업 사업주 보험관계 소멸사유 발생 시 가족종사자 보험관계 자동 소멸(사업이 폐지 또는 종료, 중소기업 사업장의 대표자 변경)

☐ **보험료 부과방식**
- 월별 부과고지
- 납부기한 : 매월 부과된 보험료를 다음 달 10일까지 납부
- 공단이 매월 부과하고, 건강보험공단이 징수

☐ **보험료 산정**

월별 보험료＝기준보수액 × 사업장의 산재보험요율

- 기준보수액 : 가족종사자에 대한 산재보험료 산정의 기초가 되고, 보험급여 산정 기준이 되는 보수액은 고용노동부 고시로 정하여 적용
- 산재보험요율 : 중·소기업 사업주가 행하는 사업의 보험료율 적용(출퇴근 재해 요율 포함)

┌ 보기 ┐
㉠ 근로자를 사용하지 않는 사업주도 가입대상이 된다.
㉡ 300인 미만의 근로자를 사용하는 사업주의 조카이며, 사업장에서 보수를 받으며 해당 사업에 노무를 제공하는 사람은 가입자가 될 수 없다.
㉢ 보험료는 월별 부과되며, 해당 월의 보험료는 다음 달 말일까지 납부하여야 한다.,
㉣ 가입 신청은 고용산재보험 토탈서비스를 통해 가족종사자 본인이 해야 하며, 가입신청서를 접수한 당일에 보험 가입이 성립되지는 않는다.
㉤ 보험에 가입한 가족종사자가 속한 사업장 대표자가 변경될 경우, 가족종사자는 공단에 보험관계 소멸을 요청해야 한다.

① ㉠, ㉢, ㉣　　　　② ㉡, ㉣, ㉤
③ ㉠, ㉤　　　　④ ㉡, ㉣
⑤ ㉢, ㉤

[38~39] H사에서는 추석을 앞두고 직원들에게 선물로 나눠 줄 물품을 결정하기 위해 직원들을 대상으로 받고 싶은 선물에 대한 투표를 진행했다. 후보별 물품의 가격과 사옥별 직원들의 투표결과가 다음과 같을 때, 이어지는 물음에 답하시오.

물품후보별 가격

구분	가격	배송비
참치·햄 세트	45,000원	2,500원
샴푸 및 세안제 세트	40,000원	3,000원
한과 세트	55,000원	3,500원
LA갈비 세트	60,000원	3,000원
견과류 세트	48,000원	–

투표결과

구분	서울 사옥	인천 사옥	울산 사옥	제주 사옥
참치·햄 세트	46	14	10	4
샴푸 및 세안제 세트	16	–	22	3
한과 세트	15	17	6	2
LA갈비 세트	35	12	28	9
견과류 세트	40	10	33	5

※ 서울과 인천 사옥의 경우, 투표 결과 1위와 2위인 물품을 선택한 직원들에게는 선택한 물품을 지급하고, 나머지 직원들에게는 득표율이 가장 높은 물품을 일괄 지급한다.
※ 울산과 제주 사옥의 경우, 샴푸 및 세안제 세트는 선택한 사람에게 지급하고, 나머지 직원들에게는 사옥별로 득표율이 가장 높은 물품을 일괄 지급한다.

38 인천 사옥에서 한과 세트를 지급받게 될 직원과, 울산 사옥에서 견과류 세트를 지급받게 될 직원의 수는 합해서 모두 몇 명인가?

① 116명　　　　　　　　　　② 112명
③ 103명　　　　　　　　　　④ 99명
⑤ 95명

39 H사가 서울 사옥에 근무하는 직원들의 선물 지급을 위해 사용하게 될 금액은?

① 5,055,000원　　　　　　　② 5,702,000원
③ 6,545,000원　　　　　　　④ 7,240,000원
⑤ 7,415,000원

40 다음은 ○○볼링장 시간대별 이용요금에 관한 정보와 볼링 모임별 ○○볼링장 예약 현황을 나타낸 표이다. A~D의 볼링 모임 중 가장 많은 이용요금을 내야 하는 모임과 가장 적은 이용요금을 내야 하는 모임을 순서대로 바르게 나열한 것은? (단, 모든 볼링 모임은 레일 사용을 최소화한다고 가정한다.)

○○볼링장 시간대별 이용요금(레일당 1경기 요금)

구분		일반	학생	회원	비고
평일	13시 이전	• 프리타임[월, 화] 8,000원(정액제_경기요금 추가 없음) • 골드타임[수, 목, 금] 1,400원			볼링화 대여료 별도 주중−2,000원 주말−3,000원
	18시 이전	해피타임 2,400원			
	18시 이후	4,700원	3,800원	3,700원	
	23시 이후	해피타임[월~목] 2,900원			
주말 및 휴일	14시 이전	해피타임 2,700원			
	14시 이후	5,100원	4,600원	4,300원	

※ 볼링장 이용요금은 볼링 모임 구성원 전체의 볼링요금과 볼링화 대여료의 합이다.
※ 레일별로 4명까지 배정된다.

볼링 모임별 ○○볼링장 예약 현황

볼링 모임	구성원 수(명)	이용 요일	볼링 시간	레일당 게임 경기 수	비고
A	6	일	14시~16시	6	회원
B	8	토	9시~11시	6	학생
C	4	화	19시~21시	6	일반
D	7	월	9시~13시	10	일반
E	12	목	23시~24시	4	회원

① A, C 　　　　　　② A, D
③ D, C 　　　　　　④ E, C
⑤ E, D

[41~42] 다음은 근로복지공단이 근로복지넷을 통해 제공하는 EAP 서비스 관련 자료이다. 이를 보고 이어지는 물음에 답하시오.

□ **EAP(Employee Assistance Program)란?**

미국 등 선진국에서 보편화된 제도로, 기업이 소속 근로자의 직무 만족이나 생산성에 부정적인 영향을 미치는 다양한 문제들을 근로자가 해결할 수 있도록 도와주기 위해 자체적으로 도입하는 복지제도이다. 우리나라에서는 근로복지기본법 제83조에서 모든 기업이 도입, 실시하도록 권장하고 있다.

□ **지원대상**

상시근로자수 300인 미만 중소기업 및 소속 근로자

□ **지원내용**

(1) **개인회원**: 300인 미만 중소기업 소속 근로자로 근로복지넷에 '개인회원'으로 가입한 근로자

구분	상담유형	이용횟수(연간)	제공시간	비고
온라인	게시판 상담	제한 없음	24시간 이내 답변	–
	희망드림 톡(채팅/톡 상담)	1인당 7회	1회당 50분	일정은 상담사와 협의
	전화 상담			
	비디오 상담(화상상담)			
오프라인	개인 상담(1:1 대면상담)	1인당 7회	1회당 50분	일정 및 장소는 상담사와 협의

※ 이용 횟수 안내: 온/오프라인 상담을 합하여 1인당 연 최대 7회 이용 가능(단, 게시판 상담은 횟수제한 없음)

(2) **기업회원**: 300인 미만 중소기업으로 근로복지넷에 '기업회원'으로 가입한 기업 담당자

구분	상담유형	이용횟수(연간)	제공시간	상담인원	장소
오프라인	집단 프로그램(특강/교육)	기업별 3회	1회당 60분	1회당 5~20명 규모	사내

※ 이용 횟수 안내: 기업 신청 시, EAP 이용 연차 3년까지 무상 지원

□ **상담 분야**

직장 영역	개인 영역	가정 영역
• 직무스트레스 • 조직 내 소통능력(동료, 상·하 간 갈등) • 업무역량(리더십) 강화 • 불만고객 등 응대 • Work – Life Balance(장시간, 육아 휴직 등) • 직장 내 괴롭힘	• 성격진단 • 스트레스 관리 • 정서문제(우울, 불안, 장애, 분노, 강박 등) • 생활습관관리(금연, 절주, 비만 등) • 대인관계 • 자살	• 부부(관계갈등, 성문제, 맞벌이, 주말부부) • 자녀(학습코칭, 또래 관계, 발달, ADHD 등) • 기타(가족 내 정신질환, 부모봉양 등)

□ **상담 이용 절차**

(1) **회원가입**: 근로복지넷 접속 후 기업 또는 개인회원 가입
(2) **상담신청**: 근로복지넷 근로자지원프로그램(EAP) → 온라인 상담 또는 오프라인 상담 선택 → 상담유형 선택 → 상담분야 선택 → 상담사 선택 → 고용보험조회(최대 5분 소요) → 상담사 재클릭, 신청
    (상담 신청 확인은 로그인 후 '이용현황'에서 가능)
(3) **상담 일정 및 장소 협의**: 상담사가 신청자에게 직접 전화 연락하여 상담 일정 및 장소 협의
(4) **상담 진행**: 게시판상담 24시간 내 답변, 카카오톡·전화·화상·근로자 상담 1회당 50분 진행
(5) **만족도 평가**: 상담 후 상담이용에 대한 만족도 평가(시스템에서 자동 문자발송 또는 전화 설문)

41 위 자료의 내용과 부합하지 않는 것을 〈보기〉에서 모두 고르면?

> 보기
>
> ㉠ 근로복지기본법에서 모든 기업이 EAP서비스를 도입하여 실시하도록 권장하고 있으며, 이에 따라 근로복지공단은 모든 규모의 기업 및 소속 근로자에게 EAP 서비스를 제공한다.
> ㉡ 기업 회원으로 근로복지넷에 가입한 경우, 3년까지 서비스가 무상 지원되며 최대 9회 무상으로 집단 프로그램을 이용할 수 있다.
> ㉢ 부부갈등 및 육아휴직 문제로 상담을 받기 위해서는 상담 신청 시 '가정 영역'을 선택하고 상담사를 선택하면 된다
> ㉣ 개인회원의 경우 한 해에 전화 상담 2회, 오프라인 대면 상담 4회, 화상 상담 2회, 게시판 상담 20회를 이용하는 것이 가능하다.

① ㉠, ㉡, ㉢ ② ㉠, ㉢, ㉣
③ ㉡, ㉢, ㉣ ④ ㉠, ㉢
⑤ ㉡, ㉣

42 근로복지넷 EAP 서비스의 이용방법이 적절한 경우를 〈보기〉에서 모두 고르면?

> 보기
>
> • 갑은 온라인 상담을 신청하고 직장 영역 분야의 상담을 선택한 후, 직무스트레스와 조직 내 소통문제를 상담하려고 한다.
> • 을은 상시근로자수가 350명인 기업의 인사팀 담당자로, 회사 직원들에게 상담 프로그램을 제공할 목적으로 근로복지넷에 '기업 회원'으로 가입했다.
> • 병은 근로복지넷 개인회원으로 가입하여 6개월간 2번의 전화 상담을 받았고, 남은 기간에는 오프라인 대면상담 2회를 더 받으려고 한다.
> • 정은 근로복지넷에 접속해 개인회원 가입을 하여 상담신청을 한 후, 지정된 상담사에게 직접 전화 연락하여 상담 일정 및 장소를 잡으려고 한다.

① 갑, 병, 정 ② 을, 병, 정
③ 갑, 을 ④ 갑, 병
⑤ 을, 정

[43~44] ○○공사 인사팀 홍 주임은 신입사원 교육에 쓰일 교육자료를 인쇄하려고 한다. 홍 주임은 견적을 낸 후 상사에게 피드백을 받기로 했다. 다음에 제시된 인쇄업체별 비용 정보를 보고 이어지는 물음에 답하시오.

1페이지당 인쇄 비용

(단위 : 원)

구분	A사	B사	C사	D사
흑백(단면)	42	41	44	43
컬러(단면)	230	235	210	220
흑백(양면)	40	39	39	41
컬러(양면)	200	210	180	205

1부 추가 가공 비용

(단위 : 원)

구분	A사	B사	C사	D사
표지코팅	2,600	3,200	3,500	2,800
무선제본	1,400	1,300	1,600	1,400
스프링제본	5,500	4,500	4,300	4,800

추가 혜택사항

구분	혜택 내용
A사	• 흑백 300페이지 이상 인쇄 시 인쇄 비용 500원 할인 • 컬러 200페이지 이상 인쇄 시 인쇄 비용 1,500원 할인 • 흑백 컬러 혼합페이지 250페이지 이상 인쇄 시 인쇄 비용 1,000원 할인
B사	100부 이상 제작 시 추가 가공 비용 10% 할인
C사	1부 제작 비용 50,000원 초과 시 1부당 2,000원 할인
D사	300페이지 이상 인쇄 시 스프링제본 무료

43 컬러 양면 300페이지를 스프링제본하여 150부를 제작하려 할 때, 가장 저렴하게 제작할 수 있는 인쇄업체 및 비용이 바르게 연결된 것은?

	인쇄업체	비용
①	A사	8,240,000원
②	B사	10,057,500원
③	C사	8,445,000원
④	D사	8,225,000원
⑤	A사	9,600,000원

44 홍 주임은 상사의 지시에 따라 교육자료 제작 견적을 다시 내려고 한다. 상사의 지시가 〈보기〉와 같을 때, 총 견적을 구하면?

> **보기**
>
> 홍 주임, 이번에 입사하게 될 신입사원이 150명이라고 하니, 교육자료는 넉넉하게 200부를 제작하도록 하세요. 그림자료가 없으니 흑백 양면으로 인쇄하고, 표지 코팅과 무선제본도 해주세요. 자료는 250페이지이고, 가장 저렴한 곳을 엄선하여 견적을 내도록 하세요.

① 2,656,000원

② 2,671,600원

③ 2,680,000원

④ 2,760,000원

⑤ 2,800,000원

45 다음의 문제해결 절차 중 필요하지 않은 것은?

① 가변상황 도출　　　　　　　　② 문제 도출
③ 원인 분석　　　　　　　　　　④ 해결안 개발
⑤ 실행 및 평가

46 SWOT 분석은 기업 내부의 강점과 약점, 외부 환경의 기회, 위협요인을 분석 평가하고 이들을 서로 연관 지어 전략과 문제해결 방안을 개발하는 방법이다. 가~나의 SWOT 분석과 ㉠~㉣의 전략을 바르게 짝지은 것은?

| 가. SO전략 | 나. ST전략 | 다. WO전략 | 라. WT전략 |

보기
㉠ 내부 약점과 외부 위협을 최소화하는 전략
㉡ 외부 기회를 이용하여 내부 약점을 강점으로 전환하는 전략
㉢ 외부 위협을 최소화하기 위해 내부 강점을 극대화하는 전략
㉣ 내부 강점과 외부기회 요인을 극대화하는 전략

① 가 – ㉢　　　　　　　　　　② 나 – ㉣
③ 나 – ㉡　　　　　　　　　　④ 다 – ㉣
⑤ 라 – ㉠

47 문제해결을 위한 방법과 관련된 설명으로 옳지 않은 것은?

① 소프트 어프로치, 하드 어프로치, 퍼실리테이션으로 구분할 수 있다.
② 소프트 어프로치에 의한 문제해결방법은 대부분의 기업에서 볼 수 있는 전형적인 스타일로, 권위나 공감에 의지한다.
③ 하드 어프로치에서는 서로의 생각을 직설적으로 주장하고 논쟁이나 협상을 통해 의견을 조정한다.
④ 퍼실리테이션에서는 초기에 생각하지 못했던 창조적인 해결 방법을 도출하며, 구성원의 동기와 팀워크가 약화된다.
⑤ 소프트 어프로치에서는 문제해결을 위해서 직접 표현하는 것이 바람직하지 않다고 여긴다.

48 1번부터 6번까지 번호가 붙은 서류 파일들이 A부터 D까지 명명된 캐비닛에 들어있다. 그리고 갑 사원은 서류와 관련한 다음과 같은 사실을 알고 있다. 이를 보고 갑 사원이 2번 서류와 4번 서류를 찾으려 할 때, 2번 서류와 4번 서류가 들어 있는 캐비닛으로 옳은 것은?

- 1번, 6번 서류는 C캐비닛에서 나왔다.
- 2번, 3번, 4번 서류는 A, B, D 캐비닛에서 나왔다.
- 2번, 5번, 6번 서류는 C와 D 캐비닛에서 나왔다.
- 1번, 5번, 3번 서류는 A와 C 캐비닛에서 나왔다.
- 캐비닛에는 최대 3개의 서류까지 들어갈 수 있다.
- 번호가 붙은 서류는 각각 한 개이다.

	2번 서류	4번 서류
①	C	B
②	C	A
③	D	B
④	D	A
⑤	B	D

49 ○○공사에서 등산대회가 열렸다. A팀장, B대리, C대리, D사원, E사원이 등산을 한다고 했을 때 다음 조건을 따른다면 도착점에 도달한 순서는?

- 대리는 사원보다 늦게 도착한다
- C가 B보다 늦으면, A는 마지막에 도착한다.
- E사원은 3등으로 도착한다.
- C가 B보다 먼저 도착하면, 팀장은 1등일 수 없다.

① D − A − C − E − B
② C − A − E − B − D
③ D − E − B − C − A
④ D − A − E − C − B
⑤ A − D − E − C − B

50 경영학개론을 수강하는 학생 A, B, C, D, E, F 여섯 명이 조별 과제를 수행하기 위해 두 개의 조를 만들고자 한다. 과제 수행의 효율성을 극대화하기 위해 다음의 조건을 충족해야 할 때, 같은 조에 속할 수 있는 경우는?

> • 각 조는 세 명으로 구성된다.
> • 여섯 명은 두 조 중 반드시 한 조에 속해야 한다.
> • E와 F는 같은 조가 될 수 없다.
> • C가 있는 조에는 A 혹은 B가 반드시 있어야 한다.

① A, B, C   ② A, B, E
③ A, B, F   ④ B, C, F
⑤ B, E, F

51 다음 글을 근거로 판단할 때, 〈보기〉에서 옳은 것만을 모두 고르면?

> ○○공단은 업무효율을 높이기 위해 새로운 업무 절차를 적용하기로 했다. 이때 ○○공단이 기존 절차의 업무처리율과 새로운 절차의 업무처리율을 비교하여 작성한 자료가 아래와 같다.
>
> **작업 시간대별 업무처리율**
>
> | 구분 | 새로운 절차(%) | 기존 절차(%) |
> |---|---|---|
> | 0~2시간 | A | A ′ |
> | 2~4시간 | B | B ′ |
> | 4~6시간 | C | C ′ |
> | 6~8시간 | D | D ′ |
> | 계 | 100 | 100 |
>
> • 기존 절차는 0~2시간대의 업무처리율이 가장 높고, 4~6시간대에서는 2~4시간대와 업무처리율이 동일하며, 6~8시간대에서는 4~6시간대의 업무처리율보다 10%p 줄어든다.
> • 기존 절차의 하루 업무처리량은 300개다.
> • 새로운 절차는 기존 절차의 각 시간대별 업무처리량보다 25개를 더 처리한다.
> • A는 32.5%이다.

> **보기**
> ㉠ 기존 절차의 6~8시간대의 업무처리량은 45개다.
> ㉡ 새로운 절차의 4~8시간대의 업무처리율의 합은 42.5%이다.
> ㉢ A가 30%로 변경된다면, A ′ 는 30% 이상이다.

① ㉠   ② ㉠, ㉡
③ ㉠, ㉢   ④ ㉡, ㉢
⑤ ㉠, ㉡, ㉢

[52~53] 해린이는 이번 달에 ○○ 인터넷 면세점에서 가방, 와인, 트리트먼트를 각각 1개씩 구매했다. 각 물품의 정가와 이번 달 개별 물품의 할인율을 보고 이어지는 물음에 답하시오.

구분	정가(달러)	이번 달 할인율(%)
가방	150	10
와인	100	30
트리트먼트	50	10

52 다음 〈조건〉을 보고 판단할 때, 해린이가 결제할 최소 금액은?

조건
- 이번 달 개별 물품의 할인율은 자동 적용된다.
- 이번 달 구매하는 모든 물품의 결제 금액에 대해 20%를 일괄적으로 할인받는 '이달의 할인 쿠폰'을 사용할 수 있다.
- 이번 달은 쇼핑 행사가 열려, 결제해야 할 금액이 200달러를 초과할 때 '20,000원 추가 할인 쿠폰'을 사용할 수 있다.
- 할인은 '개별 물품 할인 → 이달의 할인 쿠폰 → 20,000원 추가 할인 쿠폰' 순서로 적용된다.
- 환율은 1달러당 1,000원이다.

① 180,000원
② 189,000원
③ 196,000원
④ 200,000원
⑤ 210,000원

53 면세점에서 구매할 물품이 다음과 같이 바뀌었다고 할 때, 해린이가 결제할 최소 금액은? (단, 〈조건〉은 위 52번 문제와 같다.)

구분	정가(달러)	이번 달 할인율(%)
향수	200	20
위스키	450	40
스킨	100	10

① 396,000원
② 400,000원
③ 416,000원
④ 420,000원
⑤ 436,000원

54 ○○공단은 A~E 직원의 승진 여부를 심사하고자 한다. 다음의 승진심의 대상 관련 자료와 〈조건〉을 근거로 판단할 때, 옳지 않은 것은?

○○공단 승진심의 대상 직원

구분	근무성적	근무태도	외국어 성적	근속기간	징계
A			830	74개월	
B	나		860	81개월	3개월 정직
C		가	910	62개월	2개월 감봉
D	다	나	880	68개월	
E	다		940	59개월	

※ A는 C보다 근무성적 점수가 높고, B보다 근무태도 점수가 50점 높다.
※ 각 분야에서 최저등급을 받은 직원은 A, B, D, E이다.

조건

- 근무성적은 가, 나, 다 등급순이며, 가 등급이 가장 높은 등급이고, 각 등급별 점수는 100점 만점을 기준으로 20점씩 차이가 난다.
- 근무태도 역시 가, 나, 다 등급순이며, 가 등급이 가장 높지만, 각 등급별 점수는 100점 만점을 기준으로 25점씩 차이가 난다.
- 외국어 성적은 910점 이상이 가 등급, 910점 미만 850점 이상이 나 등급, 850점 미만이 다 등급에 해당하며, 각 등급별 점수는 50점 만점 기준으로 5점씩 차이가 난다. 여기에 각 지원자의 실제 외국어 성적의 5%를 외국어 성적 등급별 점수에 추가로 가산한다.
  ※ 910점을 받은 경우 '가 등급 점수 + (910 × 0.05)'로 계산한다.
- 근무성적, 근무태도 부문에서 가, 나, 다 등급을 받은 사람의 비율은 각각 1:2:2, 2:2:1이다.
- 가 등급을 두 개 부문 이상에서 받은 경우 가산점 0.5점을 부여한다.
- 근속기간이 5년 이상인 직원만 승진 대상이 된다.
- 2개월 이상의 정직 처분을 받은 직원은 승진 대상에서 제외된다.

① A의 총점은 282점이다.
② B의 총점과 E의 총점의 합은 450점이다.
③ C는 B와 근무성적 점수가, E는 D와 근무태도 점수가 같다.
④ 가산점을 부여받은 사람은 A, C이고, 승진 대상 제외자는 B, E이다.
⑤ 총점이 두 번째로 높은 직원은 D이다.

[55~56] 다음은 K항공사에서 제공하는 항공료 관련 규정 및 A~B도시 항공편의 인천 기준 거리 정보이다. 이를 참고하여 이어지는 물음에 답하시오.

- 항공료를 책정하는 기본적인 거리당 요금은 구간에 따라서 책정되며, 동일한 항공편이라도 구간별로 요금이 다르게 적용된다.

기본 운임료(이코노미 클래스 기준)

구간	400km 이하	400km 초과 1,000km 이하	1,000km 초과 2,500km 이하	2,500km 초과
거리당 요금(원/km)	210	300	420	500

- 기본 운임료에 500km마다 7,000원의 추가 운임료가 적용된다.
- 총 운임료는 기본 운임료와 추가 운임료를 합산해서 산정된다.
- 5인 이상이 예약하는 경우 총 운임료의 15% 할인이 적용된다.
- 65세 이상의 노인, 7세 이하의 어린이가 탑승할 경우 총 운임료에 대해 50% 할인이 적용된다.
- 두 개 이상의 할인이 동시에 적용될 경우, 가장 할인 폭이 큰 할인만 적용된다.
- 비즈니스 클래스는 이코노미 클래스보다 기본 운임료가 2.5배 비싸다.(단, 추가 운임료는 동일하게 적용된다.)

항공편	거리(인천 기준)
A도시 항공편	1,500km
B도시 항공편	2,300km
C도시 항공편	900km
D도시 항공편	3,200km

55 67세 할머니, 40대 부모, 10세와 8세의 자녀가 구성원인 5인 가족이 인천을 출발하는 A도시 항공편의 이코노미 클래스 항공권을 구입할 경우 총 운임료는 얼마인가?

① 1,760,000원
② 1,870,000원
③ 1,890,000원
④ 1,900,500원
⑤ 1,930,500원

56 위 항공료 규정을 따를 때, 〈보기〉의 설명 중 옳지 않은 것을 모두 고르면?

> **보기**
> ㉠ 유치원 선생님 한 명과 7세 어린이 5명이 C도시 항공편의 이코노미 클래스를 이용할 경우 총 운임료는 80만 원 이하이다.
> ㉡ B도시 항공편의 비즈니스 클래스 총 운임료는 2,095,000원이다.
> ㉢ D도시 항공편에서 기본 운임이 가장 많이 나오는 구간은 '1,000km 초과 2,500km 이하' 구간이다.

① ㉠
② ㉡
③ ㉠, ㉡
④ ㉠, ㉢
⑤ ㉡, ㉢

[57~59] L팀장은 미국에서 열리는 세미나에 참석하기 위하여 두 달 전부터 준비를 하였다. 다음 상황을 고려하여 이어지는 물음에 답하시오.

항공사	총 운임(TAX 포함)	출발 요일	예상 소요시간	한국 출발시각
유나이티드(101A)	1,010,000원	매일	12시간	PM 01:30
중국동방(8S1)	980,000원	매일	14시간	PM 02:00
유나이티드(101B)	1,070,000원	매일	14시간 30분	PM 02:30
케세이퍼시픽(50S2)	1,010,000원	매일	12시간 30분	PM 02:50
아시아나(WH031)	1,000,000원	매일	10시간 30분	PM 03:20
대한(DH801)	980,000원	매일	11시간	PM 03:30
아시아나(WH032)	990,000원	매일	11시간 30분	PM 04:00

◎ **상황**

1. 목적: 세미나 참석
2. 세미나 장소: LA △△호텔
3. 세미나 시작 시간: 현지시각 오후 2시(화요일)(미국 LA 시간은 한국에서 −15시간)
   • LA 공항에 도착하여 입국 절차를 마치고 △△호텔에 도착하는 데 총 2시간 30분이 소요될 것으로 예상
   • 출국 공항: 인천 국제공항
   • 입국 공항: LA 공항

◎ **참고사항**

1. 수속된 수하물 내의 고가품, 귀중품, 파손/부패되기 쉬운 물품에 대해서는 항공사의 보상이 불가함. 승객은 중요한 사업서류, 휴대폰, 현금, 보석류 등 고가 혹은 귀중한 물품은 직접 소지해야 함
2. 수하물 분실 시, 보상한도는 kg당 기본 $5로 제한되어 있음. 이코노미석 승객이 1인당 수속가능한 수하물 무게는 20kg이며 이를 초과하여 수속하는 추가 수하물에 대한 추가요금을 지불하지 않을 시 20kg 이상 수속했다 하더라도 보상금액은 최대 $500을 넘지 못함. 추가요금을 지불한 경우는 최대 $600을 넘지 못함
3. 수하물에는 잠금장치가 있어야 하며, 잠금장치가 없는 물품에 대해서는 항공사에서 보상이 불가함
4. 분실 수하물에 대한 정보가 있을 경우 kg당 최고 $30까지 보상 가능(최대 20kg까지 $600)

57 세미나에 늦지 않게 참석하려 할 때 이용할 수 있는 항공편을 〈보기〉에서 모두 고르면?

┌ 보기 ┌
　㉠ 유나이티드(101A)　　　　　㉡ 중국동방(8S1)
　㉢ 유나이티드(101B)　　　　　㉣ 케세이퍼시픽(50S2)
　㉤ 아시아나(WH031)　　　　　㉥ 대한(DH801)
　㉦ 아시아나(WH032)

① ㉠, ㉣, ㉥　　　　　　　　② ㉡, ㉤, ㉦
③ ㉠, ㉤, ㉥　　　　　　　　④ ㉡, ㉢, ㉦
⑤ ㉠, ㉢, ㉣

58 각 항공사의 항공권 가격 조건이 〈보기〉와 같을 때, 한 항공사에서 왕복 비행기를 예매한다면 가격이 가장 저렴한 항공사는 어디인가?

┌ 보기 ┐
- **유나이티드항공** : 왕복 항공권을 예약한다면 항공권 가격의 10%를 할인해 준다.
- **중국동방항공** : △△호텔과의 제휴로 숙박 후 비행기를 타면 편도 항공권 가격의 20%를 할인해 준다.
- **케세이퍼시픽항공** : 화·수요일에 출국하는 항공권 가격의 25%를 할인해 준다.
- **아시아나항공** : 한 달 전 예약을 했다면 국내에서 출국하는 항공권 가격의 20%를 할인해 준다.
- **대한항공** : 왕복 항공권 예약 후 비행기를 탔다면 20만 원을 되돌려 준다.

① 유나이티드항공   ② 중국동방항공
③ 케세이퍼시픽항공   ④ 아시아나항공
⑤ 대한항공

59 다음 중 참고사항을 잘못 이해한 것은?

① 수하물 분실로 받을 수 있는 최대 보상액은 $600이다.
② L팀장은 세미나에 필요한 자료를 기내에 가지고 타야 한다.
③ 잠금장치가 없는 수하물은 항공사에서 보상이 안 된다.
④ 이코노미석 승객이 1인당 수속가능한 수하물은 20kg이다.
⑤ 수하물의 추가요금을 낸 상황이라면 무게에 따라 전액보상이 가능하다.

60 기획예산부에는 S씨를 포함하여 10명의 직원이 있다. S씨는 비품 재고를 파악하고 팀장 결재 후 행정실에 필요 물품을 신청하라는 지시를 받았다. 팀장은 S씨가 작성한 물품요청서를 보고 업무지도 차원에서 몇 가지 사항을 지적하였다. 다음 중 S씨가 받아들이기에 가장 적절하지 않은 것은?

물품요청서(우선순위별)

구분	품목	필요 수량(개)	현재 재고(개)	요청 수량(개)
1	볼펜	1인 2개	11	9
2	마우스	2	2	0
3	휴지	20	13	9
4	수정테이프	5	3	2
5	검정색 토너	1	2	0
6	A4 용지	15	10	8
7	간식	1인 3개	26	4

① 볼펜 같은 것은 쉽게 잃어버릴 수 있는 것이니 조금 더 여유 있게 신청하도록 해.
② 마우스는 고장 나면 당장 업무에 문제가 생기니 1~2개 정도는 더 마련하는 게 좋겠어.
③ 예산이 부족하니 간식은 1인 2개로 줄이면 추가 요청하지 않아도 될 거야.
④ A4 용지는 8개나 주문했네? 우리는 보통 15개 쓰니까 5개만 주문 넣도록 해.
⑤ 수정테이프도 필요한 만큼만 있으면 추후에 사용 못할 수도 있으니까 2개만 더 주문하는 게 좋겠어.

61 현재 A시에 위치한 쓰레기 소각장으로 주변 3개 도시의 쓰레기가 운반되고 있다. 다음 C시, R시, T시 세 곳의 도시 중 쓰레기 수거와 운송에 가장 많은 비용이 드는 곳은 어디인가?

도시별 소각장과의 거리 및 운송비용

구분	C시	R시	T시
기본운송료(원)	85,000	75,000	90,000
km당 추가운송료(원)	500	400	300
거리(km)	76	85	43

월평균 쓰레기 수거량

(단위 : 톤)

구분	C시	R시	T시
비닐	143	106	124
플라스틱	154	166	132
캔, 고철	136	127	152

1톤당 쓰레기 종류별 수거비용

구분	비닐	플라스틱	캔, 고철
비용(원)	35,000	36,000	37,000

① C시
② R시
③ T시
④ R시, T시
⑤ C시, T시

[62~63] 다음은 T여행사의 A에서 E까지 각 여행 상품의 특성들을 정리한 표이다. 주어진 표를 참고하여 이어지는 물음에 답하시오.

여행 상품별 특징

구분	거리	비용	기간	휴양	관광지	위험도
A	★☆☆☆☆	★★☆☆☆	★☆☆☆☆	★★☆☆☆	★★★☆☆	★☆☆☆☆
B	★★★★☆	★★★★★	★★★★☆	★☆☆☆☆	★★★★★	★★☆☆☆
C	★★★★★	★★★★☆	★★★☆☆	★★★★★	★★★☆☆	★☆☆☆☆
D	★★★☆☆	★★☆☆☆	★★★☆☆	★★☆☆☆	★☆☆☆☆	★★★★☆
E	★★★☆☆	★★★☆☆	★★☆☆☆	★★★★☆	★★☆☆☆	★★☆☆☆
★ 多	멀수록	비쌀수록	길수록	적합할수록	많을수록	높을수록
★ 少	가까울수록	쌀수록	짧을수록	부적합할수록	적을수록	낮을수록

62 T여행사가 〈보기〉의 갑에게 가장 추천할 만한 상품은 어느 것인가?

> 갑 : 안녕하세요. 저는 오랜 회사생활에 지쳐서 여행을 떠나고 싶어요. 연차가 며칠 남지 않았지만 지친
> 심신에 휴식이 필요해요. 저만의 시간과 자유를 느끼고 싶어요.

① A
② B
③ C
④ D
⑤ E

63 위의 여행 상품들을 보고 보인 반응 중 가장 적절하지 않은 것은?

① 우진 : 주말에 기분전환 겸 여행을 다녀오고 싶어. 시간이 많지 않으니 거리가 가깝고 기간이 짧은 A상품이 좋겠어.
② 민호 : 여행은 볼거리가 많아야 제 맛이지. 난 B상품이 좋은 것 같아.
③ 호준 : 나는 모아놓은 돈은 별로 없지만 푹 쉬고 싶으니 C상품으로 하겠어.
④ 규태 : D상품은 치안이 불안정해 보이니까 더 안전한 다른 곳을 가야겠다.
⑤ 기태 : 돈이 조금 들더라도 혼자만의 시간을 가질 수 있는 C상품으로 하겠어.

[64~66] H병원의 의사 K씨는 매월 하루 의료봉사를 다닌다. K씨가 의료봉사를 다니는 곳은 A~E 총 다섯 군데이고, 지역 간 거리, 도로별 연비, 진료 소요시간 등에 대한 정보는 다음 자료에 제시되어 있다. 이를 보고 이어지는 물음에 답하시오.

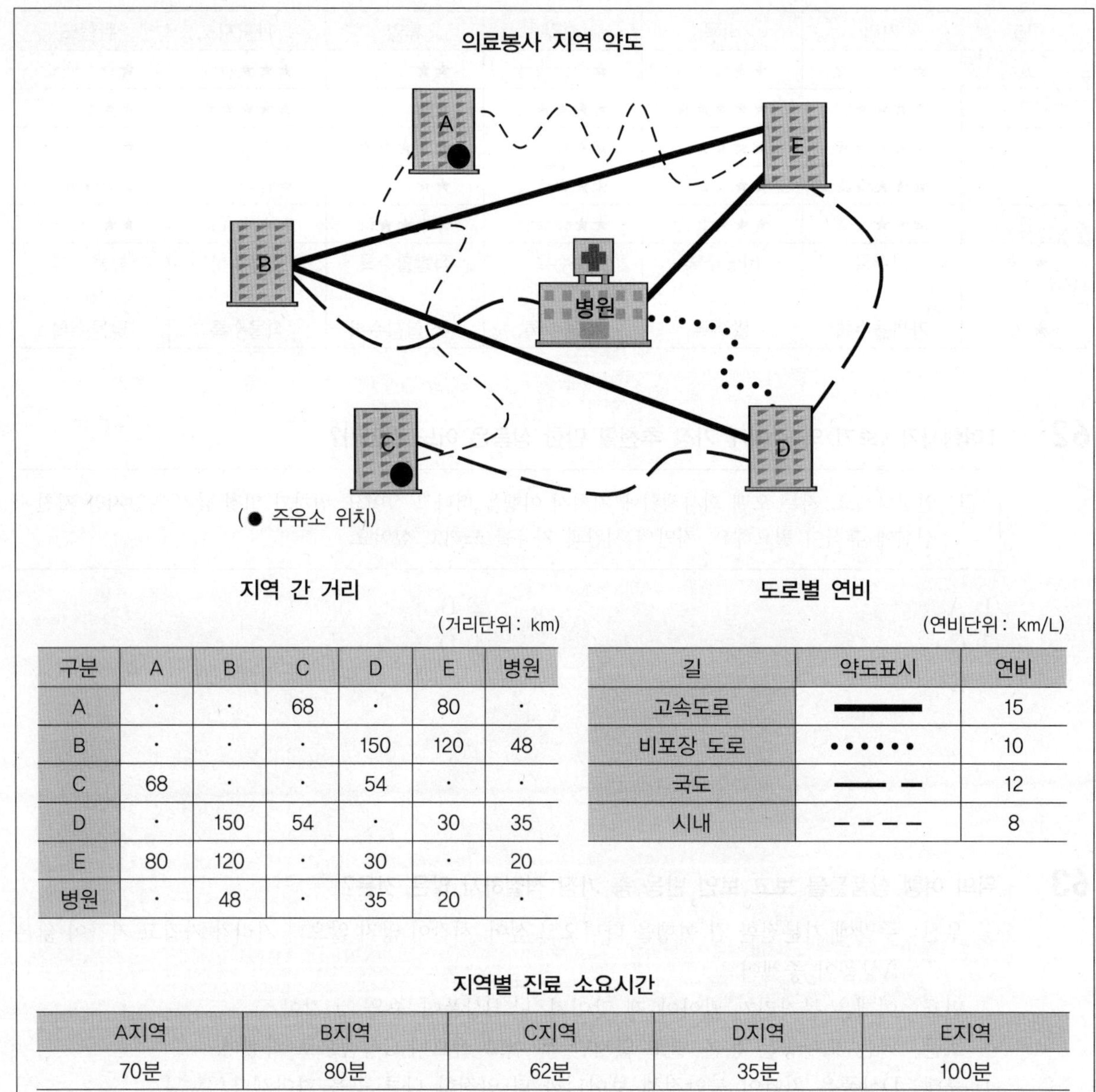

지역 간 거리

(거리단위 : km)

구분	A	B	C	D	E	병원
A	·	·	68	·	80	·
B	·	·	·	150	120	48
C	68	·	·	54	·	·
D	·	150	54	·	30	35
E	80	120	·	30	·	20
병원	·	48	·	35	20	·

도로별 연비

(연비단위 : km/L)

길	약도표시	연비
고속도로	——	15
비포장 도로	••••••	10
국도	— —	12
시내	― ― ― ―	8

지역별 진료 소요시간

A지역	B지역	C지역	D지역	E지역
70분	80분	62분	35분	100분

64 K씨는 병원에서 의료봉사를 가기 위해 차를 타고 국도를 달리기 시작했다. K씨가 모든 지역의 의료봉사를 최단거리로 이동해서 끝냈다면 그 거리는 얼마인가?

① 405km ② 410km

③ 415km ④ 420km

⑤ 425km

65 K씨 차의 연료통은 60L이고, 병원에서 출발할 때 남아있는 기름의 양은 26L였다. K씨가 최단거리로 의료봉사를 다닌다고 할 때, 적어도 어느 주유소에서 기름을 넣어야 문제가 발생하지 않겠는가? 또한 그 주유소에서 비어 있는 연료통의 절반만큼 기름을 채운다면, 의료봉사가 끝난 후 다시 병원에 도착했을 때 남아 있는 기름의 양은 얼마나 되겠는가?

① A지역 주유소 - 17.5L
② A지역 주유소 - 15.5L
③ C지역 주유소 - 16.5L
④ C지역 주유소 - 18.5L
⑤ C지역 주유소 - 19.5L

66 K씨는 의료봉사를 가기 위해서 필요한 의료 기구를 챙겨 아침 8시에 출발하였다. E지역 의료봉사를 하고 있을 때, 친구에게서 저녁에 만나자는 연락을 받았다. K씨는 "현재 의료봉사 중이니 모든 진료를 마친 후 병원에서 보도록 하자."고 대답하였다. K씨와 친구는 병원에서 몇 시에 만날 수 있겠는가? (단, K씨는 최단거리로 이동하며, 고속도로는 120km/h, 비포장도로는 35km/h, 국도는 96km/h, 시내는 40km/h로 주행한다. 언급되지 않는 소요 시간은 생각하지 않으며, 시간 계산 시 분 미만 단위는 버림 한다.)

① 저녁 7시 55분
② 저녁 8시 16분
③ 저녁 8시 20분
④ 저녁 8시 32분
⑤ 저녁 8시 52분

67 다음은 기업에서 제품을 개발할 때 개발 책정 비용과 실제 비용 간 관계를 나타낸 도표이다. ㉠~㉢에 들어갈 내용을 알맞게 짝지은 것은?

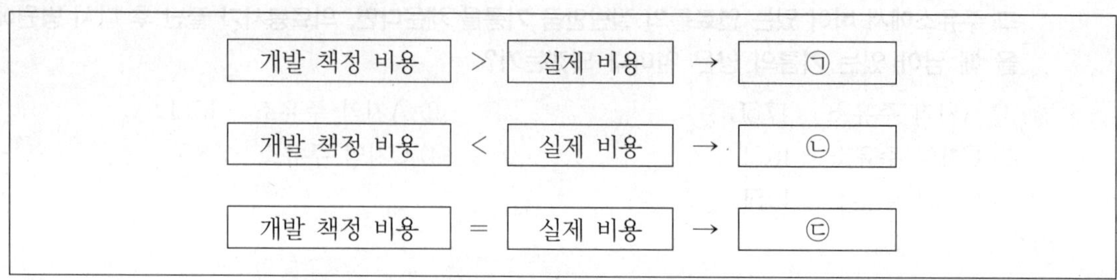

	㉠	㉡	㉢
①	적자 발생	경쟁력 손실	이상적
②	이상적	경쟁력 손실	적자 발생
③	경쟁력 손실	적자 발생	이상적
④	경쟁력 손실	이상적	적자 발생
⑤	이상적	적자 발생	경쟁력 손실

68 다음은 스티븐 코비의 시간관리 매트릭스이다. 시간관리 매트릭스는 긴급함과 중요함을 기준으로 4단계로 구분되어 있는데 이 매트릭스의 핵심은 '중요도'로 일을 처리해야 한다는 것이다. 우선순위는 [㉠ 긴급하면서 중요한 일 / ㉡ 긴급하지 않지만 중요한 일 / ㉢ 긴급하지만 중요하지 않은 일 / ㉣ 긴급하지 않고 중요하지 않은 일]이라고 설명하고 있다. 이때, ㉡에 해당하는 일로 적절한 것은?

구분	긴급함	긴급하지 않음
중요함	㉠ 긴급하면서 중요한 일	㉡ 긴급하지 않지만 중요한 일
중요하지 않음	㉢ 긴급하지만 중요하지 않은 일	㉣ 긴급하지 않고 중요하지 않은 일

① 마감시한이 임박한 거액의 프로젝트
② 중장기계획과 전략과제의 수립
③ 내일 있을 업무 회식 장소 예약
④ 우편물 수령 및 관련 행정처리
⑤ 발표된 신제품 출시일 전에 실시하는 최종 검사

[69~70] 근로복지공단에서는 공단 내 내부문서 관리를 철저히 하기 위하여 모든 사무실에 파쇄기를 구매하여 설치하려고 한다. 다음 A사, B사, C사 관련 자료를 보고 구입 여부를 결정하려고 할 때, 이어지는 물음에 답하시오.

구분	A사 제품	B사 제품	C사 제품
가격	500,000원	420,000원	570,000원
파쇄속도	30장/분	25장/분	35장/분
주요특징	• A3 파쇄 가능 • 전력 절약모드 지원 • a/s 1년 보장	• 전력 절약모드 지원 • a/s 2년 보장 • 안전성 인증 획득	• A3 파쇄 가능 • a/s 1년 보장 • 안전성 인증 획득
단점	• 타사 제품에 비해 부피가 큼	• 타사 제품에 비해 오류가 자주 남	• 타사 제품에 비해 전력 소모가 많음

69 기자재 구매 담당인 이 사원은 〈보기〉와 같은 기준으로 파쇄기를 구매하려고 한다. 중요도에 따라 점수를 매겼을 때, A~C사 제품을 점수가 높은 순서대로 나열한 것은?

┌ 보기 ┌

기준을 충족하는 파쇄기에는 중요도 점수에 해당하는 점수를 매기며, 기준을 충족하지 않을 경우 해당 기준의 점수는 0점이다.

기준	중요도 점수
A3 파쇄 가능	2
안전성 인증 획득	1
a/s 2년 보장	3
1분에 30장 이상 파쇄	4

① A사 제품 − B사 제품 − C사 제품
② A사 제품 − C사 제품 − B사 제품
③ B사 제품 − A사 제품 − C사 제품
④ C사 제품 − A사 제품 − B사 제품
⑤ C사 제품 − B사 제품 − A사 제품

70 위 69번 문제의 과정을 통해 점수가 가장 높은 파쇄기를 구입하였다. 파쇄해야 할 종이가 7,000장일 때 파쇄하는 데 걸리는 시간은?

① 3시간
② 3시간 10분
③ 3시간 20분
④ 3시간 30분
⑤ 3시간 40분

근로복지공단

직업기초능력평가

근로복지공단

직업기초능력평가

봉투모의고사

정답 및 해설

박문각

제1회 직업기초능력평가

01. ⑤	**02.** ③	**03.** ②	**04.** ①	**05.** ④
06. ①	**07.** ③	**08.** ③	**09.** ③	**10.** ③
11. ④	**12.** ⑤	**13.** ⑤	**14.** ⑤	**15.** ④
16. ②	**17.** ①	**18.** ④	**19.** ①	**20.** ⑤
21. ⑤	**22.** ③	**23.** ⑤	**24.** ③	**25.** ②
26. ①	**27.** ⑤	**28.** ③	**29.** ③	**30.** ③
31. ③	**32.** ②	**33.** ①	**34.** ②	**35.** ⑤
36. ③	**37.** ③	**38.** ①	**39.** ⑤	**40.** ①
41. ④	**42.** ①	**43.** ③	**44.** ②	**45.** ②
46. ①	**47.** ②	**48.** ④	**49.** ④	**50.** ③
51. ①	**52.** ④	**53.** ①	**54.** ⑤	**55.** ④
56. ⑤	**57.** ④	**58.** ②	**59.** ④	**60.** ②
61. ④	**62.** ⑤	**63.** ④	**64.** ①	**65.** ⑤
66. ②	**67.** ④	**68.** ①	**69.** ④	**70.** ③

01 ▶ ⑤

⑤ 운용 수수료는 전면 면제된다.

02 ▶ ③

③ 가까운 근로복지공단 복지사업부 또는 경영복지부 방문을 통한 방문 신청도 가능하다.

① 2026년 3월 6일까지 '체불근로자 생계비 융자'를 신청한 근로자에게는 연 1.5%의 금리를 한시적으로 0.5%p 인하하여 1.0%의 이자율을 적용한다.

② 체불 근로자들이 대지급금을 신속히 지급받을 수 있도록 간이대지급금 지급 처리 기간을 한시적으로 14일에서 7일로 단축한다.

④ 고용위기지역·특별고용지원업종의 1인당 체불근로자 생계비 융자 한도는 2천만 원이다.

⑤ 근로복지공단은 2025년 임금체불을 겪은 115,374명의 근로자에게 6,845억 원의 대지급금을 지급하여 지원한 바 있다.

03 ▶ ②

ⓒ 담보대출의 경우 기존 2.2%에서 1.2%까지 인하된 금리가 적용된다.

ⓔ 융자금 지급사유 확인 신청 및 확인은 지방 고용노동관서에서 이루어지며, 융자금 지급은 IBK기업은행에서 이루어진다.

04 ▶ ①

ⓒ 두 부문에서 상을 받은 참가자는 모두 89명이다.

ⓔ 신청일 현재 국내사업장에서 재직 중인 근로자는 참가할 수 있다. 여기에 6개월 이내 퇴직자도 포함되므로, 신청일 기준 3개월 전에 퇴사한 퇴직자는 근로자 문화예술제에 참가할 수 있다.

05 ▶ ④

④ 플랫폼 노동자 및 특수형태근로종사자 2025년 근로자 문화예술제 참가 자격 해당자인 것은 맞으나, 2025년 문화예술제부터 참가할 수 있게 되었는지, 그 이전부터 가능했는지는 자료만으로는 알 수 없다.

① 2025년 근로자 문화예술제에는 총 5,476건의 작품이 출품됐다.

② 역대 수상자들이 모여 다시 경연하는 '왕중왕전'으로 열렸다고 하였다.

③ 근로자 문화예술제에 영화제가 도입된 것은 2018년 2월이다.

⑤ 2025년 근로자 문화예술제에서 가장 큰 상금을 받은 참가자는 가요 부문의 대통령상 수상자로, 상금은 700만 원이다.

06 ▶ ①

㉠ 변호사 자격을 최득한 후 2년 이상 관련 업무에 종사한 경력이 있어야 한다. 갑은 지원할 수 없다.

ⓒ 공단 퇴직자의 경우 두 가지 조건을 모두 만족해야 한다. 제시된 내용은 한 가지만 만족한 것이다. 어느 부서에서 2급 이상으로 일했는지 알 수 없기 때문이다. 공단 재직 시 산재보상국, 업무상질병판정위원회, 산재심사위원회, 산재심사실, 재해조사를 담당하는 부서에서 2급 이상으로 1년 이상 근무 경력이 있어야 지원할 수 있다.

07 ▶ ③

③ '심의수당'에 따르면, 회의에 참석한 경우 공단 기준에 따라 수당을 지급한다고 하였다. 수당을 지급하지 않는다는 말은 잘못되었다.

① '모집인원'을 보면, 판정위원회별 모집인원을 참조하라고만 되어 있고, 이 내용은 제시되어 있지 않다.

② '선정방법'에 따르면, 위원 위촉 기준에 따라 서면심사를 한다고 하였다.

④ '위촉기간'에 제시되어 있는 내용이다.

⑤ '일정 및 주요 내용' 표를 보면, 이메일로 지원서를 접수한다.

08 ▸ ③

플랫폼을 통해 일하는 배달라이더는 2023년 7월부터 산재보험에 가입할 수 있게 되었다고 하였다. 2025년 7월 10일 진행된 거리캠페인에서는 이륜자동차 모빌리티 종사자 사회보험 가입 촉진 활동을 하였다고 하였으므로, 2025년 7월 10일 이전에 이미 산재보험 가입이 가능함을 알 수 있다.

09 ▸ ③

③ 근로복지공단는 임차비와 보육교사 인건비·운영비를 추가 지원할 예정이라고 하였으나, 부산시의 지원 계획 여부는 제시되어 있지 않다.

10 ▸ ③

③ 휴가시간 중 '사업주의 지배관리하에 있다고 볼 수 있는 행위'로 발생한 사고가 산업재해로 인정된다. 사업주의 지배관리하에 있다고 보기 어려운 경우이므로 산업재해로 인정될 수 없다.

11 ▸ ④

을의 경우 출퇴근재해 인정 기준의 '경로의 일탈 또는 중단이 없어야 한다'는 조건을 충족하지 못한다. 고교 동창과의 식사라는 개인적인 이유로 경로를 벗어난 경우이므로 출퇴근재해로 인정받기 어렵다.
병의 경우는 출퇴근 과정에서 일어날 수 있는 일상생활에서 필요한 행위(병원에 들러 약을 처방받은 행위)에 해당하므로 출퇴근재해 인정 기준에 포함된다고 볼 수 있다.

12 ▸ ⑤

⑤ 마지막 문장을 보면, 카페인은 수면을 유도하는 아데노신의 생성을 억제하여 잠이 드는 것을 방해할 수 있다고 하였다. 각성 유도 물질 생성을 촉진하는 것이 아니다.
① 벤조다이아제핀계 수면제는 중추신경계의 억제성 신경 전달물질인 가바 수용체에 직접 작용해 불안한 마음을 안정시키는 신경안정제의 역할을 한다고 하였다.
② 벤조다이아제핀계 수면제를 먹으면 멜라토닌 분비가 이루어져 자연스럽게 수면의 상태로 접어들게 된다고 하였다. 이를 통해 멜라토닌의 분비는 수면 상태를 유도하는 데 도움을 준다는 것을 알 수 있다.
③ 벤조다이아제핀계 수면제는 '억지로 뇌를 졸리게 만드는 것이기 때문에 기억력의 저하와 같은 부작용이 발생할 수 있다.'고 하였고, 졸피뎀은 '심리적 의존이 일어날 수 있으며, 장기간 복용 시 내성이 생길 수 있다.'고 하였다. 따라서 과다복용을 하지 않는 경우에도 부작용이 발생할 수 있음을 알 수 있다.
④ 졸피뎀이 수면을 유도하는 데 가장 효과적이라고 하였다.

13 ▸ ⑤

⑤ 보험 가입자가 고지 의무를 위반하게 되면 보험사도 피해를 받게 되지만, 대다수의 선량한 다른 보험 가입자들도 피해를 입는다. 사고 발생 확률이 더 높은 사람이 고지 의무를 위반하고 진입하게 되면, 보험사가 지급하는 보험금의 총액이 증가해 구성원이 납부해야 할 보험료가 인상되기 때문이다. 따라서 고지 의무와 계약 해지권은 보험사의 권리뿐만 아니라 다른 보험 가입자들을 보호하기 위한 법률이다.

14 ▸ ⑤

제시문은 뇌의 신경 세포가 분열할 능력이 있는데도 불구하고 교세포가 방해 물질을 내어 분열과 재생을 가로막는 시스템으로 진화해 온 이유를 설명하고 있다. 기존의 기억을 제대로 보관하기 위해서는 신경, 전달 회로가 엉망이 되어서는 안 되고, 이를 위해서는 신경 세포가 분열하지 않아야 하기 때문이라는 것이다. 신경 세포가 마구 분열한다면 기억의 내용이 뒤죽박죽되어버릴 것이라고 설명하고 있다. 따라서 중심내용으로 가장 적절한 것은 ⑤이다.

15 ▸ ④

④ 공문서는 한 장에 담아내는 것이 원칙이므로 목차를 구성할 필요가 없다.
기획서 작성 시 체계적으로 목차를 구성하여 내용이 한눈에 파악되도록 한다.

16 ▸ ②

김 주임은 처음에는 자료 검토, 이후에는 전체적인 프레젠테이션 준비를 도와줄 것을 양 주임에게 요청했다. 이는 '문 안에 한 발 들여놓기 기법(foot-in-the-door technique)'에 해당하는데, 말하는 이가 요청하고 싶은 도움이 100이라면 처음에는 상대방이 'Yes'라고 할 수 있도록 50, 60 정도로 부탁을 하고 점차 도움의 내용을 늘려서 상대방의 허락을 유도하는 방법이다.
① 얼굴 부딪히기 기법(door-in-the-face technique) : '문 안에 한 발 들여놓기 기법'과 반대로, 말하는 이가 원하는 도움의 크기가 50이라면 처음에 100을 상대방에게 요청하고 거절을 유도하는 것이다. 이후 이미 한 번 도움을 거절한 듣는 이는 말하는 이에게 미안한 마음을 가지게 되고, 좀 더 작은 도움을 요청받으면 미안한 마음을 보상하기 위해 100보다 작은 요청을 들어줄 수 있다.
③ 호혜성 원리 : 받은 호의를 되돌려주려는 경향을 이용하는 것으로, 먼저 호의를 제공하여 되갚으려는 심리를 이용해 보답을 받는 것
④ 미끼 기법 : 매력적인 조건으로 유인하나 실제로는 다른 제안을 하는 것
⑤ 낮은 공 던지기 : 매력적인 조건으로 동의를 얻은 후 그 조건을 나중에는 불리하게 변경하는 것

17 ▸ ①

상대를 정면으로 마주하는 자세는 그와 함께 의논할 준비가 되었음을 알리는 자세이다. 따라서 눈을 마주치고 정면으로 마주하는 자세를 취하는 것이 경청을 위한 올바른 자세이다.

18 ▸ ④

④ 공모사업의 심사 시 단체역량(30점)보다는 사업내용(70점)에 더 큰 비중을 두고 심사한다는 기술은 맞다. 하지만 사업의 효과성은 배점 30점으로 가장 큰 심사비중을 차지하는 것은 아니다. 사업수행능력, 사업계획의 적정성도 배점 30점의 항목들이다.
① 신청기간은 8월 29일에서 9월 5일 1주일간이며 신청방법으로 방문 또는 등기우편 방법만 제시되었으므로 온라인 신청은 불가함을 알 수 있다.
② 사업운영계획서는 원본 1부, 사본 4부를 제출해야 하며, 이 내용이 수록된 파일도 USB나 CD-ROM 등의 매체를 통해 제출해야 한다.
③ 제안서평가위원회는 위원장을 포함해 5명의 위원으로 구성되어 심사하며, 심사는 서면심사로 진행한다.
⑤ 사업수행자로 최종 선정되면 선정단체는 근로복지공단의 제안내용을 반영한 최종 사업계획서를 제출해야 하고, 지원금 관리 및 이자 발생현황 등 파악이 가능하도록 단체 명의로 별도의 공모사업 전용 통장을 개설하여 사본을 제출해야 한다.

19 ▸ ①

ⓒ 지방자치단체에서 인가받은 비영리 기관은 신청이 가능하다. 하지만 '사업프로그램 없이 인건비나 운영비만 요청하는 경우'는 선정 제외 대상이 되므로, 적절한 답변이 아니다.

20 ▸ ⑤

⑤ 간병이나 간호 지식이 부족한 비전문적 간병인에 의해 야기될 수 있는 문제는 가족 간병인도 예외일 수 없음을 언급하는 것이 자연스럽다.

21 ▸ ⑤

t분 후에 두 사람의 거리가 450m 이상 떨어졌다고 하면
$$70t - 55t \geq 450$$
$$15t \geq 450$$
$$t \geq 30$$
따라서 30분 이상 지나야 두 사람의 간격이 450m 이상 떨어지게 된다.

22 ▸ ③

동전을 7번 던진 결과 처음 위치보다 한 계단 뒤에 있는 확률을 구한다.
이를 위해서는 (2×2번)+(−1×5번)=−1이 되므로 앞면이 2번, 뒷면이 5번 나와야 한다.
$$_7C_2\left(\frac{1}{2}\right)^2\left(\frac{1}{2}\right)^5 = \frac{21}{128}$$

23 ▸ ⑤

두 도시 A와 B 사이의 거리를 $x$km라 하면, 두 도시를 왕복하는 데 걸리는 총 시간이 13시간 30분이므로
$$\frac{x}{80} + \frac{x}{100} = 13.5$$
$$\therefore \ x = 600(km)$$

24 ▸ ③

ⓒ 같은 해에 중부 지방과 남부 지방의 황사 기간이 각각 40일 이상이었던 해는 2013년 한 번뿐이다.
ⓒ 2015년 황사 종료일은 중부 지방의 시작일이 3월 25일이고, 기간이 36일이므로 4월 29일이고, 남부 지방의 시작일이 3월 24일이고, 기간이 37일이므로 4월 29일이다. 따라서 2015년 중부 지방과 남부 지방의 황사 종료일은 4월 29일로 같다.
㉠ 2014년 중부 지방의 황사 종료일은 시작일이 4월 2일이고, 기간이 28일이므로 4월 29일이다. 2017년 중부 지방의 황사 종료일이 2014년과 같다고 했으므로 2017년 중부 지방의 황사 종료일은 4월 29일이고 기간이 30일이므로 3월 31일에 시작되었다.
㉣ 중부 지방은 2020년이 54일로 가장 길지만, 남부 지방은 2013년이 가장 길기 때문에 옳지 않은 설명이다.

25 ▸ ③

㉠ 각 환승역에서 환승유출 승객수는 13,677천 명, 11,935천 명, 9,663천 명, 15,165천 명, 7,068천 명, 14,488천 명으로 순하차 승객수인 3,869천 명, 6,625천 명, 9,216천 명, 8,923천 명, 595천 명, 7,482천 명보다 항상 많다.
ⓒ 일반역의 승차 승객수와 하차 승객수의 차이는 화곡 310천 명, 신정 70천 명, 목동 52천 명, 오목교 187첨 명, 양평 161천 명, 영등포시장 159천 명, 여의나루 283천 명, 마포 59천 명, 애오개 13천 명, 서대문 46천 명이다. 애오개역이 승객수 차이가 가장 적다.
ⓒ 환승유입이 가장 많은 역은 충정로역이고, 환승유출이 많은 역은 여의도역이므로 옳지 않다.

26 ▸ ①

빈칸의 순승차와 순하차 승객수를 구하면 다음과 같다.
까치산 : 17,388 − 14,717＝2,671(천 명)
영등포구청 : 18,560 − 11,935＝6,625(천 명)
신길 : 18,544 − 8,920＝9,624(천 명)
여의도 : 23,563 − 14,455＝9,108(천 명),
　　　　24,088 − 15,165(천 명)＝8,923(천 명)
공덕 : 7,663 − 7,068＝595(천 명)
충정로 : 21,236 − 15,814＝5,422(천 명)
순승차 승객수의 합은 2,671＋9,624＋9,108＋5,422＝26,825
(천 명)이고, 순하차 승객수의 합은 6,625＋8,923＋595＝16,143
(천 명)이다.
따라서 순승차 승객수와 순하차 승객수의 차이는
26,825 − 16,143＝10,682(천 명)이다.

27 ▸ ⑤

2024년과 2025년을 제외하고는 멕시코가 한국보다 책 판매
액이 더 적다.

28 ▸ ③

1,000원은 12.6멕시코페소이므로 1,350원(＝1달러)은
$\frac{12.6}{1,000}$×1,350=17.01(멕시코페소)이다.
즉, 1달러가 17.01멕시코페소이다.
따라서 2024년과 2025년 멕시코의 책 판매액의 평균을 구
하면,
$\frac{17,734＋19,650}{2}$＝18,692(백만 달러)이므로
18,692(백만 달러)×17.01≒317,951(백만 멕시코페소)이다.

29 ▸ ③

㉠ 경기도 지역에 위치한 공단 병원의 여성 의료인 대비 남
성 의료인비율은
안산병원 : $\frac{4,445}{4,138}$×100 ≒ 107.4(%),
경기요양병원 : $\frac{1,707}{1,605}$×100 ≒ 106.4(%),
경기케어센터 : $\frac{1,082}{1,111}$×100 ≒ 97.4(%)로
의료인 수가 많을수록 여성 의료인 대비 남성 의료인 비율
이 높다.
㉢ 근로복지공단 병원 여성 의료인 중 서울, 인천 지역 의료인
비중은 $\frac{6,323}{13,177}$×100 ≒ 48.0(%),
근로복지공단 병원 남성 의료인 중 경기 지역 의료인 비중은
$\frac{7,234}{13,839}$×100 ≒ 52.3(%)이다.
52.3−48.0=4.3(%p)로 비중 차이는 10%p 이하이다.

㉡ 여성 의료인 수가 남성 의료인 수보다 많은 공단 병원은
인천병원, 경기케어센터 두 곳이다.

30 ▸ ③

㉠ 전체 강의 수는 15＋11＋12＋13＋31＋12＋36 = 130(개)
이고, 영어강의는 다음 계산에 따라 73개이므로 50% 이상
이다.

A	B	C	D
15 × 0.467＝7	11 × 0.909＝10	12 × 0.917＝11	13 × 0.615＝8
E	F	G	
31 × 0.806＝25	12 × 0.667＝8	36 × 0.111＝4	총계 : 73

㉢ B 전공분야의 영어강의는 10개이고, G 전공분야 영어강
의는 4개이므로 옳다.
㉡ 영어강의가 두 번째로 많은 전공분야는 C이므로 옳지 않다.
㉣ E 전공분야의 영어강의는 25개이고, 이 대학 전체 강의
수의 20%는 26개이므로 옳지 않다.

31 ▸ ③

㉢ 노무를 제공한 달의 다음 달 말일까지 월 보수액을 신고
해야 한다.
㉣ 플랫폼 운영자는 의무 이행을 한 날이 속하는 분기의 다
음 분기의 첫째 달 말일까지 지원금 지급을 신청할 수 있다.

32 ▸ ②

퀵서비스기사의 산재보험료율의 직종별 요율은 17‰이므로
1.7%로 나타낼 수 있다.
출퇴근 재해요율은 0.06%이므로, 산재보험료율은 1.7＋
0.06=1.76%이다.
350만 원×$\frac{0.0176}{2}$＝30,800(원)
화물차주의 산재보험료율은 직종별 요율은 1.7%이고 출퇴
근 재해요율은 0.06%이므로, 산재보험료율은 1.7＋0.06＝
1.76%이다.
420만 원×$\frac{0.0176}{2}$＝36,960(원)
30,800원＋36,960원＝67,760원

33 ▸ ①

갑 : 권고기준 표를 보면, 배설 관리는 필요한 경우에 시행
하는 것이 기준이다. 3일에 최소 1회가 아니다.
을 : '간호인력 확보수준에 따른 간병등급별 간병료' 표를
보면, 병원의 규모(상급종합병원인지, 종합병원인지, 병원급
인지, 의원급인지가 해당)에 따라 간병료가 달라지지는 않
는다. 다만 같은 병원급이라도 간호인력 확보수준이 높은
경우 간병료가 높고, 수준이 낮은 경우 간병료가 낮아짐을
확인할 수 있다.

병 : 병상수 6개를 간병인 4명이 맡는 것이므로, 병상수 대비 간병인 수는 1.5:1이다. 따라서, 간병료의 100분의 65가 지급된다.

정 : 입원과 퇴원이 같은 날에 이루어진 경우에는 전체 입원시간이 6시간 이상인 경우에 한하여 1일의 입원료를 산정한다고 하였다. 오후 2시에 입원하여 오후 10시에 퇴원하는 경우 8시간 입원하는 것이므로 1일 입원료가 산정된다.

34 ▸ ②

간병3등급이며 요양병원에 입원하였으므로 간병료는 일 69,090원이다.

병상수 대 간병인 수 비율을 구하면, 투입된 간병인 수는 30일간 3명, 10일간 2명이므로

$$\frac{4병상 \times 40일}{(3명 \times 30일) + (2명 \times 10일)} = \frac{160}{110} ≒ 1.45이 되어$$

1.45 : 1이 된다.

이는 병상수 대비 간병인의 수가 1 : 1 초과 1.5 : 1 미만인 경우에 해당돼 간병료의 100분의 85가 지급된다.

따라서 간병료를 계산하면

69,090원 × 40일 × 0.85 = 2,349,060원이다.

35 ▸ ⑤

⑤ '6. 이용우선순위'를 보면, 근로자 신혼여행의 경우 최우선 선정된다고 하였다.

① 근로자를 사용하지 않는 중소기업사업주도 근로자 휴양콘도를 이용할 수 없다.

② 1박 요금은 '조식 포함'이 아닌 '조식 불포함' 최저 65,000원이다.

③ 근로복지넷을 통해 이용 신청을 할 수 있으며, 신청 시 근로자 고용정보의 임금과 기업규모가 확인되지 않을 경우 자료요청 문서가 전송되고 자료를 팩스로 전송해야 한다. 신청이 즉시 반려되는 것은 아니다.

④ 주말에 이용하고자 할 경우 이용하기 5일 전이 아닌 이용일 전월 5일까지 신청해야 한다.

36 ▸ ③

㉠ 주말의 경우 이용일 전월인 5월 10일에 이용자를 선정한다. 하지만 6월이 성수기인지 아닌지 알 수 없고, 성수기는 이용자 선정에 대해 별도로 공지한다고 하였으므로 옳은 사례라 하기 어렵다.

㉡ 취소한 경우 차후 이용우선순위에 영향을 미친다는 내용은 있으나, 일정기간 이용신청을 할 수 없다는 내용은 제시되어 있지 않다.

37 ▸ ①

① 구직등록이 되어 있지 않은 자는 지원대상에서 제외되나, 구직신청서 제출 시 구직등록이 된것으로 인정된다. 따라서 신청 하루 전에 구직등록을 한 갑은 지원대상이 된다.

② 장해상태에 비추어 직업훈련이 곤란한 자는 지원에서 제외된다. 을은 손을 움직이기 불편해 교육을 받거나 훈련에 어려움이 있다고 하였으므로 이에 해당된다.

③ 고용노동부 등 다른 직업훈련을 받고 있는 자는 지원에서 제외된다.

④ 한국어(말하기, 듣기, 쓰기, 읽기 등)로 훈련수강이 가능하지 않은 외국인의 경우 지원에서 제외된다.

⑤ 제1회차 훈련과정과 동일한 훈련과정을 신청한 경우 지원에서 제외된다.

38 ▸ ①

① 직업훈련 신청일 기준 장해판정일로부터 3년 이내 산재장해등급 제1급~제12급에 해당해야 한다. 신청일 기준 장해판정일로부터 3년이 지난 시점이므로 신청이 불가능하다.

② 요양종결 전이라도 직업훈련지원이 가능하다고 하였으며, 지원 횟수 기준에는 '요양 중 참여 포함'이라고 하였으므로 요양 중이라도 훈련이 가능함을 알 수 있다.

③ 한국장애인고용공단 훈련과정은 국가장애등록자(복지카드 소지자)에 한하여 참여가 가능하다.

④ 훈련비용은 훈련기관에 지급하는 비용이며, 비용은 600만 원 이내에서 지급된다.

⑤ 출석률이 80% 이상인 경우에 지급된다고 하였으며, 제시된 표에 따르면 1일 2시간 미만의 경우 지급되지 않는다.

39 ▸ ⑤

⑤ 스터디실(대) 2개를 2시간 대관했다가 당일 취소할 경우의 위약금은 129,000 × 2 × 0.5 = 129,000(원)이고, 스터디실(대) 1개를 4시간 대관했다가 당일 취소할 경우의 위약금은 (129,000 + 130,000) × 0.5 = 129,500(원)이다. 따라서 두 경우의 위약금은 동일하지 않다.

① 스터디실 이용 규정 제8조 제4호 및 제9조에 따라 시설물을 훼손하거나 훼손할 우려가 있을 때는 납부한 사용료는 반환하지 않는다.

② 스터디실 이용 규정 제8조 제1호 '우리 시설에 문제가 생긴 때'에 해당하여, 사용료를 전액 반환한다.

③ (110,000원 + 55,000원) × 1.1 = 181,500원이다.

④ 4명 각자가 일일 주차권을 이용할 경우 주차요금은 4 × 8,000원 = 32,000원이다.

2시간 동안의 주차요금을 계산하면, 최초 30분만 무료이므로 90분 초과하여 이용한 것이므로 (18 × 150원) × 4명 = 10,800원이 된다. 따라서 일일 주차권을 이용하는 것이 이용자에게 더 불리하다.

40 ▸ ①

이 동아리에서는 총 3번의 회의를 진행하는데, 월요일에는 대형 스터디실, 화요일에는 중형 스터디실, 토요일에는 소형 스터디실에서 한다. 월요일은 기본대관에 1시간의 추가대관, 화요일은 기본대관에 2시간의 추가대관, 토요일은 기본대관만을 진행하지만 주말이기 때문에 10%가 할증된다. 이 금액을 계산하면,
월요일: 129,000 + 65,000 = 194,000(원)
화요일: 65,000 + 32,500 × 2 = 130,000(원)
토요일: 44,000 + 4,400 = 48,400(원)
이를 모두 합산하면 총금액은 372,400원이다.

41 ▸ ④

④ 대부신청 180일 이내 30일 이상의 고용보험 피보험 일용근로내역이 있는 건설일용근로자가 12월부터 2월 사이 훈련을 수강하는 경우에 한하여 2주 이상의 훈련에 대해 대부할 수 있으며, 이 경우에는 교육일수가 8일 이상인 경우에 한하여 대부요건을 인정한다고 하였다.
① 3인 가구 기준 중위소득 80%인 4,287,229원 이하여야 신청할 수 있다. 400만 원 이상이고 4,287,229원 이하이면 융자를 신청할 수 있다.
② 실업급여 수급 중인 자는 대상에서 제외되며, 특수형태근로자도 대상이 아니라고 하였다.
③ 대부대상월의 훈련기간에 대하여 대부대상월의 익월 10일까지 대부 신청을 할 수 있다. 훈련기간 중 대부대상월의 교육일수가 15일 이상이면 신청할 수 있다.
⑤ 차상위계층은 소득 기준에서 제외되므로, 대부 신청을 할 수 있다.

42 ▸ ①

훈련 월에 따른 대부 신청기한을 살펴보면 다음과 같다.

훈련 월	신청기한	비고
3월	4월 1일~10일	3월 23일~31일은 총 9일로 15일 미만이다. 따라서 대부대상월에서 제외된다.
4월	5월 1일~10일	신규 신청
5월	6월 1일~10일	추가 신청
6월	7월 1일~10일	6월 1일~12일 총 12일로 15일 미만이다. 3월과 6월의 훈련일수 합은 15일 이상이 된다. 이때 훈련종료월을 대부대상월로 포함해 추가 신청이 가능하다.

① 종료월의 신청기간인 7월 10일까지 대부신청을 할 수 있다.
② 4월 1일부터 신청할 수 있다.
③ 4월 1일부터 신청할 수 있으므로 4월은 신규 신청, 그 다음 월인 5월은 추가 신청이다.
④ 5월 1일부터 10일까지 신청할 수 있다.
⑤ 월별 대부 한도액은 200만 원 이내이므로, 4, 5, 6월에 최대 한도액을 신청하였을 때 한도액은 600만 원 이내이다.

43 ▸ ③

예약인원은 320명에서 30% 줄이라고 했으므로 320 × 0.7 = 224명으로 줄어든다. 이렇게 되면 뷔페 견적가는 224 × 80,000원 = 17,920,000원이다.
와인 수량을 10병으로 변경하면 70만 원이 되어 식음료 부문 예산이 18,620,000원이 된다. 식음료 부문 예산인 2천만 원을 초과하지 않으므로, 와인의 등급을 한 단계 높여 A등급으로 조정하면 식음료 부문 견적은 17,920,000원 + 800,000원 = 18,720,000원이 된다.
얼음 장식은 크기를 변경하여 210만 원이 되고, 현수막 예산은 36만 원 + 22만 원 = 58(만 원)이 된다. 이렇게 하면 장식 부문의 예산은 468만 원으로 500만 원을 초과하지 않기 때문에, 꽃 장식의 크기를 조정할 필요는 없다.

44 ▸ ②

식음료 부문 18,720,000원 + 장식 부문 4,680,000원 = 2,340(만 원)이다.

45 ▸ ②

갑의 팀은 지난해 기초연구 성공을 거두어 A급성과를 기록하였고, 올해 응용연구 성공을 거두어 S급성과를 기록하였다. 따라서 올해 기본 보너스의 기준액은 4억 2,000만 원이며, 지난해보다 한 단계 높은 등급의 성과를 기록하였으므로 110%에 해당하는 4억 6,200만 원의 보너스를 지급받게 된다. 한편 팀원 중 갑이 지난해 근무태도평가에서 '하'를 받았으므로 추가보너스는 받지 못한다.
팀의 보너스는 팀원들이 균등하게 나눈다고 하였으므로 최종적으로 갑이 받을 수 있는 금액은 4억 6,200만 원을 팀원 수인 8로 나눈 5,775만 원이 된다.

46 ▸ ①

① 마인드 맵핑(Mind mapping)에 대한 설명이다. 이는 사실 관계, 상황 등을 재설정하여 창의적 발상을 돕는 방법이다.
② 체크리스트 : 어떤 개선점을 찾고자 할 때 이에 대한 질문 항목을 만들어 표로 정리하고, 그에 따라 하나씩 점검하면서 아이디어를 도출하는 방법
③ 시네틱스 : 서로 관련이 없어 보이는 요소들을 결합하여 새로운 것을 유추하는 방법

47 ▸ ②

② Logic Tree는 문제의 원인을 깊이 파고들거나 해결책을 구체화할 때 제한된 시간 내에서 넓이와 깊이를 추구하는 데 도움이 되는 기술이다. 주요 과제를 나무 모양으로 분해, 정리하는 기술이다.
① SWOT 분석 : 기업 내부의 강점과 약점, 외부환경의 기회와 위협 요인을 분석 및 평가하고 이들을 서로 연관 지어 전략을 개발하고 문제해결 방안을 개발하는 방법

③ 3C 분석 : 전략 수립과정에서 고객(Customer), 경쟁사(Competitor), 자사(Company) 즉, 경영상 중요한 이해관계가 있는 3자의 관점에서 분석하여 균형 잡힌 경영 전략을 수립하는 것
④ 피라미드 구조화 : 하위의 사실이나 현상부터 사고함으로써 상위의 주장을 만들어가는 방법
⑤ 목표분석 : 목표를 세부적 단계로 구분하고, 각 단계별로 하위기능을 확인하는 분석 방법

48 ▸ ④

D와 G는 월, 수, 금 중 이틀을 같은 날 근무해야 하는데, 수요일 오전에 E가 근무하므로, D와 G가 근무하는 요일은 월, 금이다. A와 B는 오전에만 근무하고, 같이 근무하는 날은 없으므로, 남은 화, 목, 토, 일 오전에 A 또는 B가 근무하게 된다. 이러한 일정을 표로 나타내면 다음과 같다. 따라서 F는 토, 일요일 오후에 근무하게 된다.

	월	화	수	목	금	토	일
오전	D, G	A 또는 B	E	A 또는 B	D, G	A 또는 B	A 또는 B
오후						F	F

49 ▸ ③

주어진 조건을 정리하면 다음과 같다.

대구	부산	대전(을) or 강릉(병)	강릉(병) or 대전(을)
갑 or 정	정 or 갑		

대구가 첫 번째, 부산이 두 번째 출장지로 제시되어 있기 때문에 위와 같은 순서만 가능하다.
강릉으로 출장을 가는 병은 세 번째 또는 네 번째 순서에만 출장을 갈 수 있으므로 ③은 반드시 거짓이다.

50 ▸ ③

C는 4분 지각했다고 생각했으나 실제로 6분 지각했으므로, C의 시계는 실제보다 2분 느림을 알 수 있다.
A의 시계는 C의 시계보다 7분 빠르고 B의 시계는 A의 시계보다 3분 느리므로 다음과 같이 정리할 수 있다.

구분	A	B	C
시계의 시간	실제보다 5분 빠름	실제보다 2분 빠름	실제보다 2분 느림

A가 회사 정문 앞에 처음 도착했을 때 출근 시간까지 8분이 남았다고 했으므로 A의 시계는 8시 52분이나 실제로는 8시 47분이다. 편의점에서 커피를 구매하고 오는 데 5분이 소요되므로 A의 출근시간은 시계로는 8시 57분, 실제 시각으로는 8시 52분이다.
C는 6분 지각했으므로 9시 6분에 출근했고, B는 C보다 2분 늦은 9시 8분에 출근했다.

이를 다음과 같이 정리할 수 있다.

구분	A	B	C
시계의 시간	실제보다 5분 빠름(+5)	실제보다 2분 빠름(+2)	실제보다 2분 느림(−2)
출근시각	8:52	9:08	9:06

③ B의 시계와 C의 시계는 4분 차이가 난다.
① A가 회사 정문 앞에 처음 도착한 실제 시각은 8시 47분이 맞다.
② B는 9시 8분, A는 8시 52분에 출근했으므로 B는 A보다 16분 늦게 출근했다.
④ B가 출근한 시각은 9시 8분이고, C의 시계는 2분 느리므로 이때 C의 시계는 9시 6분을 가리킨다.
⑤ C는 9시 6분에 출근했고, B의 시계는 2분 빠르므로 이때 B의 시계는 9시 8분을 가리킨다.

51 ▸ ①

오전에는 동대문지사를 제외하고 모두 교육 일정이 있다. 가장 처음 수강해야 할 교육을 먼저 찾는다. 송파지사는 본사에서 이동시간이 50분이므로 9시 30분 교육은 수강하지 못하고, 11시 30분 교육을 수강하게 되면 점심시간과 겹치게 되므로 송파지사의 교육은 오후에 수강할 수밖에 없다. 중구지사 10시 30분 교육을 가장 처음 수강하게 되면 교육시간이 1시간 30분이므로 12시에 끝나게 되고, 그러면 오전에 교육을 한 가지만 수강하게 되므로 〈조건〉을 만족하지 않는다. 따라서 오전에 수강할 수 있는 교육은 용산지사와 은평지사 교육뿐이다.
두 가지의 경우를 살펴보자.
1) 여의도 본사 → 용산 → 은평
　(이동 15분 → 9시 30분 교육 수강 가능 → 이동 30분 →
　11시 30분 수강 가능)
그런데 은평지사에서 교육시간이 점심시간과 겹치므로 〈조건〉과 모순된다.
2) 여의도 본사 → 은평 → 용산
　(이동 30분 → 10시 교육 수강 가능 → 이동 30분 → 11시
　30분 수강 가능)
〈조건〉을 만족하고 12시에 수업이 끝난다.
점심시간 이후 1시부터 다시 이동한다.

구분	용산지사부터 이동시간	수강할 수 있는 교육시간
중구지사	15분	오후 2시 30분, 오후 4시 30분
동대문지사	25분	오후 1시 30분
송파지사	45분	오후 3시, 오후 5시

중구나 송파지사의 경우 교육시간까지 시간이 많이 남았으므로 오후의 첫 교육은 동대문지사로 가야 한다. 동대문지사에서 오후 1시 30분 교육을 수강하면 1시 50분에 끝나고 그 후 중구지사 또는 송파지사로 이동해야 하므로 그 두 가지 경우를 모두 살펴본다.

www.pmg.co.kr

ⅰ) 동대문→중구→송파→여의도
　　(이동 10분→2시 30분 교육 수강 가능→이동 40분→
　　5시 교육 수강 가능→이동 50분)
6시 30분 여의도 본사에 도착하므로 〈조건〉을 만족한다.
ⅱ) 동대문→송파→중구→여의도
　　(이동 35분→3시 교육 수강 가능→이동 40분→4시
　　30분 교육 수강 가능→이동 20분)
6시 20분에 여의도 본사에 도착하므로 〈조건〉을 만족한다.
두 가지 경우 모두 가능하므로 두 경우 중 이동 시간이 더
짧은 두 번째 방법이 정답이다.
즉, 여의도 본사→은평→용산→동대문→송파→중구
→여의도 본사이다.

52 ▶ ④

㉠ 점심식사와 저녁식사의 경우, 선발대가 총 18명이기 때
문에 할인이 적용되지 않고, 180,000×2＝360,000(원)이
적용된다. 반면 아침식사의 경우, 총 35명이 먹기 때문에 할
인이 적용되어 총 315,000원의 비용이 든다. 이를 모두 합
치면 총 675,000원이므로 옳은 내용이다.
㉡ 교통수단별로 이용요금은 버스를 타는 사람은 선발대와
후발대를 합쳐 28명으로 98,000원의 비용이 든다. 기차를
타는 사람은 총 7명으로 56,000원의 비용이 든다. 택시의
경우 타는 사람은 5명이지만, 불러야 하는 택시는 2대에 해
당하기 때문에 총 60,000원의 비용이 든다. 따라서 두 번째
로 비용이 높은 교통수단은 택시다.
㉢ 조건 중 총 참여자에 대한 내용을 제외한 다른 것이 미정
이라고 하더라도 숙박을 하는 인원 자체에는 변동이 존재하
지 않는다. 따라서 숙박비에 대해서는 다른 조건과 관계없
이 미리 결제할 수 있다.

53 ▶ ①

산재피해자 요양시설 운영비 보조금은 다음과 같다.

A(1등급)	B(1등급)	C(2등급)	D(3등급)
320백만 원	240백만 원	320×0.8 ＝256(백만 원)	400×0.6 ＝240(백만 원)

산재피해자 요양시설 사업비 보조금은 다음과 같다.

A	B	C	D
80백만 원	60백만 원	80백만 원	80백만 원

산재피해자 요양시설 종사자 장려수당 보조금은 다음과 같다.

A	B	C	D
200백만 원	100백만 원	200백만 원	200백만 원

산재피해자 요양시설 입소자 식비 보조금은 다음과 같다.

A	B	C	D
7백만 원	8백만 원	10백만 원	12백만 원

이때 A~D 요양시설이 받을 수 있는 총 보조금을 계산하면
다음과 같다.

A	B	C	D
320＋80＋200＋7＝607(백만 원)	240＋60＋100＋8＝408(백만 원)	256＋80＋200＋10＝546(백만 원)	240＋80＋200＋12＝532(백만 원)

따라서 지급받을 수 있는 보조금의 총액이 큰 시설부터 나
열하면 A － C － D － B이다.

54 ▶ ⑤

우선 규정사항의 마지막 부분을 보면, B지사에 파견근무할
수 있는 날짜는 첫 번째 주와 마지막 주이다. 또, A지사는
2주 연속해서 파견근무 받기를 요청했기 때문에 첫 번째 주
와 두 번째 주에 파견근무를 받게 된다. 이에 따라 C지사에
는 세 번째 주에 파견 근무를 나가게 된다. 파견 근무 일정
은 아래와 같다.

지사	일	월	화	수	목	금	토
A, B	2	3	4	5	6	7	8
A	9	10	11	12	13	14	15
C	16	17	18	19	20	21	22
B	23	24	25	26	27	28	29

55 ▶ ④

A지사에서는 파견 인사로 과장급 이상을 요청했기 때문에
김 부장이나 박 과장만 파견근무를 나갈 수 있다. 두 번째
주에는 부장 회의가 있기 때문에, A지사에 첫 번째 주에는
김 부장이, 두 번째 주에는 박 과장이 파견근무를 가게 된다.
첫 번째 주 B지사 파견근무는 대리 회의와 사원 적응 교육
때문에 윤 대리와 이 사원이 본사를 비울 수 없으므로 박 과
장이 가게 된다.
모든 사람이 파견근무를 한 번 이상은 다녀와야 하므로 세
번째, 네 번째 주에는 윤 대리와 이 사원이 파견근무를 나가
야 하는데, 윤 대리가 세 번째 주에 회의가 있기 때문에 세
번째 주에는 이 사원이 C지사로 파견근무를 나가고, 네 번
째 주에는 B지사에 윤 대리가 파견근무를 나가게 된다.

56 ▶ ⑤

11일에는 '산재보험 교육'을 진행한다고 하였고, 전 직원을
대상으로 하는 프로그램은 격주로 같은 요일에 진행한다고
하였으므로 매주 월요일 '산재보험 교육'과 '공단 모바일 서
비스 교육'이 번갈아 진행된다.
26일에는 '근로기준법 교육'을 진행한다고 하였고, 연속된
주 같은 요일에 진행한다고 하였으므로 셋째 주, 넷째 주 화
요일인 19일, 26일에 진행된다.

1주 차 수요일에는 교육을 진행하지 않고 '임금채권 보장사업 교육'은 화요일에 진행하지 않는다고 하였으므로 '임금채권 보장사업 교육'은 목, 금요일 중 진행된다. 이때, '고용보험료 교육'은 '임금채권 보장사업 교육'을 진행한 바로 다음 날에 진행한다고 하였으므로 1주 차 목요일인 7일에 '임금채권 보장사업 교육', 금요일인 8일에 '고용보험료 교육'이 진행된다.

2주 차 금요일에 교육을 진행하지 않는다고 하였으므로 '고용보험료 교육'은 화, 수, 목요일 중 하루 진행된다. 이때, 마찬가지로 '임금채권 보장사업 교육'이 진행된 바로 다음 날 수업이 진행되어야 하며 '임금채권 보장사업 교육'은 화요일에 진행하지 않는다고 하였으므로 2주 차 수요일인 13일에 '임금채권 보장사업 교육', 목요일인 14일에 '고용보험료 교육'이 진행된다.

달력으로 나타내면 다음과 같다.

일	월	화	수	목	금	토
					1	2
3	4 공단 모바일 서비스 교육	5	6 ✕	7 임금채권 보장사업 교육	8 고용보험 료 교육	9
10	11 산재보험 교육	12	13 임금채권 보장사업 교육	14 고용보험 료 교육	15 ✕	16
17	18 공단 모바일 서비스 교육	19 근로기준 법 교육	20	21	22	23
24	25 산재보험 교육	26 근로기준 법 교육	27	28	29	30
31						

따라서 정답은 ⑤이다.

57 ▶ ④

오전 교육인 '임금채권 보장사업 교육', '근로기준법 교육'은 1주 차 월요일, 화요일에 진행한다. 7월 4일, 5일이므로 20% 할인이 적용되고, '임금채권 보장사업 교육'의 수강인원은 21＋27＝48(명)이므로 최저금액으로 이용할 수 있는 것은 강의실 2이다. '근로기준법 교육'의 수강인원은 19＋26＝45(명)이므로 최저금액으로 이용할 수 있는 것은 강의실 1이다. 또한 '근로기준법 교육'은 프로젝터 이용 금액을 별도로 추가해야 한다.

오전 교육의 강의실 이용금액은 (160,000＋180,000)×2×0.8＋20,000＝564,000(원)이다.

오후 교육인 '산재보험 교육', '공단 모바일 서비스 교육', '고용보험료 교육'은 3주 차 목요일, 금요일에 진행된다. '산재보험 교육'은 전 직원이 수강해 수강인원은 21＋27＋19＋26＝93(명)이므로 최저금액으로 이용할 수 있는 것은 강의실 4이다. '공단 모바일 서비스 교육'의 수강인원 역시 93명이므로 강의실 4를 이용하고, 프로젝터 이용 금액을 별도로 추가한다. '고용보험료 교육'의 수강인원은 27＋26＝53(명)이므로 최저금액으로 이용할 수 있는 것은 강의실 3이다.

오후 교육의 강의실 이용금액은 (200,000＋360,000×2)＋(215,000＋385,000×2)＋20,000＝1,925,000(원)이다.

따라서 강의실 총 이용금액은 564,000＋1,925,000＝2,489,000(원)이므로 정답은 ④이다.

58 ▶ ②

주어진 자료에 의하면 각 나라들의 시차는 다음과 같다.(서울 기준)

서울	두바이	시드니	모스크바
－	－5시간	＋1시간	－6시간
오전 9시	오전 4시	오전 10시	오전 3시
오후 6시	오후 1시	오후 7시	오후 12시

서울 기준 근무시간 중 각 지사의 근무시간이 겹치는 시간은 서울 기준 오후 3시부터 오후 5시까지이다. 해당 시간은 두바이에서 오전 10시~정오, 시드니에서 오후 4시~오후 6시, 모스크바에서 오전 9시~오전 11시이므로 각 지사의 근무시간 내에 1시간 동안 회의를 진행할 수 있게 된다. 이때, F씨가 화상 회의에 참여할 수 있는 가장 빠른 시각은 오전 10시이다.

59 ▶ ④

2026년 3월 5일 기준 1유로를 사는 경우 환전 수수료는 1,748.70 － 1,713.93 ＝ 34.77(원)이다. 총 1,600유로를 환전하였으므로 50% 환전 수수료 할인을 받게 되면 총 27,816원의 환전 수수료를 할인받게 된다. 그러므로 A씨가 3월 5일 당시 환전을 위해 쓴 돈은 1,748.70 × 1,600 ＋ 27,816 ＝ 2,825,736(원)이다.

그리고 추가로 송금받은 500유로는 1,731.90 × 500 ＝ 855,950(원)이다.

따라서 두 금액을 합한 3,691,686원이 A씨가 유럽 여행을 위해 환전한 총금액이라고 할 수 있다.

60 ▶ ②

G씨가 환전할 당시(3월 5일) 1달러당 환전 수수료는 1,517.09－1,491.00＝26.09(원)이다. 그러므로 G씨의 환전 수수료는 26.09×2,000＝52,180(원)이다. 따라서 G씨는 환전하는 데 1,517.09×2,000＋52,180＝3,086,360(원)이 들었다.

D씨의 1달러당 환전 수수료는 1,524.84−1,495.50＝29.34 (원)인데 50%의 할인을 받았으므로 29.34×2,000×0.5＝ 29,340(원)이다. D씨는 환전하는 데 1,524.84×2,000＋ 29,340＝3,079,020(원)이 들었다.

따라서 두 사람 중 더 효율적으로 환전을 한 사람은 D씨이며 두 사람이 환전에 쓴 금액의 차는 7,340원이다.

61 ▸ ④

귀농귀촌 홍보관(09:00~11:00) → 이동시간 → 산나물 에코백 만들기(12:00~13:00) → 나물 핫도그 체험(13:00~15:00 − 점심식사 포함) → 이동시간 → 산양삼 홍보 및 전시 (16:00~17:00)

62 ▸ ⑤

각 직원별 상여금은 다음과 같다.
정 사원 : (500,000×0.06×3)＋(500,000×0.06×3)
＝180,000(원)
박 대리 : (500,000×0.03×7)＋(500,000×0.03×2)
＝135,000(원)
이 과장 : (500,000×0.06×3)＋(500,000×0.03×4)
＋(500,000×0.06×4)＝270,000(원)
최 차장 : (500,000×0.03×3)＋(500,000×0.03×3)
＋(500,000×0.03×4)＋(500,000×0.05)
＋(500,000×0.1)＝225,000(원)
김 부장 : (500,000×0.06×6)＋(500,000×0.03×4)
＝240,000(원)
즉, 상여금을 두 번째로 많이 받은 사람은 김 부장이다.

63 ▸ ④

종합점수를 계산하면 아래와 같다.
(5×0.6＋8×0.4)×0.3＋(5.5×0.3＋7×0.7)×0.2 ＋(9×0.3＋9.5×0.5＋8×0.2)×0.5＝7.695(점)

64 ▸ ①

223페이지의 번역 비용과 추천의 말 비용, 15%의 도구비를 추가한 표지 디자인 비용의 합계를 정리하면 다음과 같다.

구분	甲	乙	丙	丁
번역 비용	3,345,000	3,612,600	2,899,000	2,809,800
추천의 말 비용	200,000	100,000	150,000	180,000
표지 디자인 비용	253,000	345,000	402,500	345,000
합계	3,798,000	4,057,600	3,451,500	3,334,800

이때, 번역가 丙이 10일 이내에 작업을 끝내므로 丙의 총 비용은 3,451,500 × 1.15 ＝ 3,969,225(원)이 된다.

따라서 정 과장이 선택할 번역가는 甲, 丁이고, 양자의 차이는 463,200원이다.

65 ▸ ⑤

최종점수에 반영되는 각 부분별 점수의 비율을 적용한 점수는 다음과 같다.

구분	A팀	B팀	C팀	D팀	E팀
서류평가점수(점)	24	30	27	18	21
발표평가점수(점)	30	30	35	35	40
추가점수(점)	18	10	16	20	16
최종점수(점)	72	70	78	73	77

따라서 최종 2위를 차지한 팀은 E팀이다.

66 ▸ ②

중국어 능력 시험 결과 모두 5급, 6급으로 유사한 수준이라고 볼 때 근무 평가가 가장 높은 사람은 G사원이며 H사원은 근무 평가가 가장 낮은 직원이다.

67 ▸ ④

과장급 이상 중에서는 근무 평가 A등급 이상인 A부장과 B과장이 해당되며, 이 중 A부장은 중국어 2등급이기 때문에 B과장이 선정된다.

과장급 미만에서 근무 평가 A등급 이상 및 중국어 3등급 이상인 직원은 F, G사원이며 이 중 해외 거주 경험이 있는 자는 F사원이다.

따라서 B, F가 중국지사 파견자로 선정된다.

68 ▸ ①

직접비용은 제품 또는 서비스를 창출하기 위해 직접 소요되는 비용으로 재료비, 원료와 장비, 시설비, 여행(출장) 및 잡비, 인건비 등을 포함한다.

간접비용은 생산에 직접 관련되지 않는 비용으로 보험료, 건물관리비, 광고비, 통신비, 사무비품비, 공과금 등을 포함한다.

69 ▸ ④

④ 인적자원은 능동적이고 반응적인 성격을 지니고 있다.

70 ▸ ③

전체 업무 총량을 구할 필요 없이 개선안이 얼마나 시간을 단축할 수 있는지만 확인하면 된다.

ⅰ) 개선안 1

D－F를 D－J으로 바꾸면 F의 검토시간 13분이 줄어들고, 이중실선 전달과정 하나가 빠지므로 20분이 줄어든다.

G－J를 G－N으로 바꾸면 J의 검토시간 13분이 줄어들고, 실선 전달과정 하나가 빠지므로 10분이 줄어든 총 56분이 절약된다.

ⅱ) 개선안 2

C－H를 C－M으로 바꾸면 H의 검토시간 13분이 줄어들고, 점선 전달과정이 하나 빠지게 되어 15분이 줄어든다.

D－E를 D－M으로 바꾸면 E의 검토시간 13분이 줄어들고, 실선 전달과정이 하나 빠지게 되어 10분이 줄어든다.

총 51분이 절약된다.

따라서, 단축시간이 더 큰 개선안 1을 선택하고, 이때 단축되는 시간은 56분이다.

제2회 직업기초능력평가

01. ③	02. ⑤	03. ⑤	04. ⑤	05. ①
06. ③	07. ①	08. ③	09. ②	10. ②
11. ③	12. ③	13. ④	14. ③	15. ⑤
16. ②	17. ④	18. ③	19. ⑤	20. ③
21. ④	22. ②	23. ②	24. ①	25. ⑤
26. ②	27. ①	28. ②	29. ③	30. ③
31. ⑤	32. ④	33. ③	34. ②	35. ⑤
36. ⑤	37. ②	38. ①	39. ②	40. ②
41. ③	42. ①	43. ④	44. ③	45. ④
46. ①	47. ②	48. ③	49. ②	50. ⑤
51. ①	52. ①	53. ③	54. ⑤	55. ②
56. ③	57. ⑤	58. ③	59. ②	60. ④
61. ④	62. ④	63. ①	64. ③	65. ④
66. ②	67. ⑤	68. ③	69. ④	70. ①

01 ▸ ③

㉠ 전국 1,291개 직장어린이집 중 229곳이 참여했으므로, 전체의 절반이 되지 않는 직장어린이집이 참여했다.
㉣ 전문가 심사와 국민참여 투표를 거쳐 34개 우수 프로그램을 선정했다고 하였다. 하지만 두 심사 및 투표의 결과가 동일하게 반영되었는지 아닌지는 제시된 자료만으로는 알 수 없다.

02 ▸ ⑤

㉠ 총 상금 500만 원, 수상자 6명은 맞는 설명이나, 최우수상과 우수상 수상자에게 이사장 상장을 수여한다고 제시되어 있다. 장려상에게도 이사장 상장을 수여한다고 하지는 않았다.
㉣ '유의사항'을 보면, 심사 완료 시까지 제출한 URL 링크의 영상이 전체공개 상태로 게시되어 있어야 한다. 결과발표가 2026년 4월 20일이므로, 그때까지 영상이 전체공개 상태로 게시되어 있어야 한다.

03 ▸ ⑤

⑤ 심사기준은 창의성 30%, 홍보효과성 35%, 완성도 35%이며, 이 세 기준을 종합적으로 심사하여 결정한다고 하였다. 창의성을 가장 높은 비중으로 두고 심사하는 것이 아니다.

04 ▸ ⑤

⑤ 1차와 2차 심사위원회는 별도로 구성된다.

05 ▸ ①

㉠ 산재희생자 추모식은 '추모 및 기념식'에, 산재 권익 증진 토론회는 '학술 및 포럼'에 해당한다.
㉡ '3. 공모 분야 및 제출방법'에 따르면, 공모신청서와 공모제안서는 모두 반드시 제출해야 하는 서류들이다.
㉢ '5. 평가항목'에서 적합성과 구체성 및 독창성의 배점이 가장 큰 것으로 알 수 있다.
㉣ '4. 심사절차' 표를 통해 알 수 있는 내용이다.

06 ▸ ③

③ 외국인 및 재외동포(외국국적동포) 모두 융자 신청을 할 수 없다.
① 2026년 중위소득(3인가구 기준)인 5,359,036원 이하이므로, 취업안정자금 신청을 할 수 있다.
② 장해판정자(1급~9급) 중 직업에 복귀하여 3개월 이상 취업 중인 경우에 융자 신청이 가능하다.

07 ▸ ①

㉠ 융자한도 1,000만 원, 이율 연리 1.25%
㉢ 근로복지넷 서비스신청 메뉴에서 공인인증서 또는 간편인증 로그인 후 신청
㉤ 융자일정은 예산상황에 따라 달라질 수 있으며, 일정 변경 시 근로복지넷 공지사항을 통해 안내
㉡ 융자 신청 및 접수 시 구비서류에서 '(필요 시) 가족관계증명서'라고 되어 있으나, 언제 필요한지는 제시되어 있지 않아 알 수 없다.
㉣ 융자기간은 융자 실행 후 변경불가라고 하였다.

08 ▸ ③

③ 간이대지급금은 도산하지 않은 사업장에서 체불임금을 지급받지 못한 근로자를 도입하기 위해 도입되었다고 하였다. 이를 통해 간이대지급금 제도가 기존 대지급금제도보다 신청절차가 간단하고 지급 범위가 넓음을 추론할 수 있다. 또한, [참고]를 보면, 도산대지급금은 체불 사업주에 대한 법원의 회생절차개시결정 또는 파산선고 결정, 지방고용노동관서의 도산등사실인정의 사유가 있어야 지급할 수 있고

퇴직 근로자만 대상이다. 간이대지급금은 미지급 임금 등의 지급을 명하는 법원의 확정판결이 있는 경우 또는 지방고용노동관서의 체불 임금 등·사업주 확인서로 체불 임금 등이 확인된 경우에 지급할 수 있고 퇴직 근로자와 저소득 재직 근로자가 대상이다. 이 내용을 확인하면, 간이대지급금이 도산대지급금에 비해 신청절차가 간단하고 지급 범위가 넓음을 파악할 수 있다.

09 ▸ ②

ⓒ 퇴직자의 상한액이 1,000만 원이고, 재직자 상한액은 700만 원이다.
ⓔ 퇴직자는 최종 3개월분의 임금 중 체불액을 지급받을 수 있다. 5개월분을 다 받을 수 없다.

10 ▸ ②

㉠ 문화예술용역 계약의 월평균소득 50만 원 미만인 경우에 일반예술인은 예술인 고용보험을 적용받을 수 없다. 단기예술인은 소득과 상관없이 적용이 가능하다.
ⓔ 보험관계가 성립되어 있는 둘 이상의 사업에 동시에 고용되어 있는 경우 피보험자격 이중취득이 가능하다.
ⓒ 문화예술용역 계약을 체결하여야 예술인고용보험을 적용받을 수 있다.
ⓒ 65세 이후 문화예술용역 관련 계약을 새로 체결한 예술인은 예술인 고용보험을 적용받을 수 없다. 제시된 경우는 64세에 문화예술용역 계약을 새로 체결한 것이므로 예술인 고용보험을 적용받을 수 있다.

11 ▸ ③

ⓒ 각 계약건별 월평균소득 50만 원 미만이나 중복 계약기간 중 합산 월평균소득 50만 원 이상인 경우에 해당한다. 이때 피보험자격 신고는 예술인이 직접 해야 한다.
ⓒ 문화예술용역 관련 계약 개시일에 피보험자격을 취득(1월 3일)하며 계약 종료일 다음 날(4월 1일) 피보험자격을 상실한다.
㉠ 재외동포의 경우 신청을 통해 가입이 가능하다.(임의가입)
ⓔ 일반예술인에 해당하며 예술인 고용보험 적용이 가능하다.

12 ▸ ③

제시문에서는 공장식 축산으로 인해 동물이 생명체로서의 최소한의 권리도 보장받지 못하는 열악한 환경에서 고통받고 있으며, 이로 인한 환경 문제와 이러한 방식으로 얻은 육류 섭취로 인간도 부정적인 영향을 받을 수 있음을 강조하고 있다. 따라서 지금의 환경 파괴적이고 동물 복지에 반하는 공장식 축산을 중단하고, 동물의 고통을 최소화할 수 있으며 환경 친화적인 친환경 축산을 점진적으로 확대해야 한다는

내용이 뒤에 오는 것이 가장 적절하다.
② 자발적 채식이나 육류 섭취를 줄일 수 있는 사회적인 인식 개선을 통해 자연스럽게 육류 섭취를 줄이는 것은 권장되나, 육류 소비량을 법으로 강제한다는 것은 적절하지 못한 내용이다.

13 ▸ ④

제시문은 '복제인간은 체세포 제공자를 어느 정도나 닮게 될까'라는 질문으로 시작한다. 우선 일란성 쌍둥이를 예로 들어 그 답을 찾고 있는데, 복제인간의 경우 자라는 환경이 일란성 쌍둥이와는 다를 수 있어 비교할 수 없다고 하였다. 또한 복제돼지가 체세포를 제공한 돼지와 다른 외형을 보였음을 예로 들어, 체세포 제공자와 복제인간의 외모도 다를 수 있다고 말하고 있다. 마지막으로 어미로부터 받은 미토콘드리아 유전자가 체세포 복제 과정에서 영향을 주어, 체세포 제공자와 복제인간의 유전정보가 100% 같지 않을 수 있음을 설명하였다.
이 글은 전체적으로 복제인간이 체세포 제공자를 닮을지 닮지 않을지를 이야기하고 있다고 볼 수 있다. 결론적으로 복제인간은 체세포 제공자와 100% 같을 수 없고, 그 이유는 미토콘드리아 유전자가 다르기 때문이다. 이를 가장 잘 압축한 제목은 ④이다.
③의 경우 미토콘드리아 유전자가 미치는 영향이라는 내용은 글의 전체 내용을 보여준다기보다는 뒷부분의 내용만 나타낸 것이므로 제목으로 적절하지 않다.

14 ▸ ③

세 번째 문단에서 '희생제의를 통해 제물들에게 가해지는 '폭력적 방법'이 강조된다.'라고 설명하고 있다. 따라서 평화적 의례는 제시문을 통해 알 수 없는 내용이다.

15 ▸ ⑤

ⓔ 중요하지 않은 경우 한자 사용은 자제한다.
ⓜ 결론을 먼저 제시한다.

16 ▸ ②

의사표현에 영향을 미치는 비언어적 요소 4가지는 연단공포증, 말, 몸짓, 유머이다.
ⓒ 말의 속도는 '말'에, ⓔ 표정은 '몸짓'에 포함되어 답은 ㉠ 연단공포증, ⓒ 말의 속도, ⓔ 표정이 된다.

17 ▸ ④

다른 사람의 음성만 듣는 것이 아니라 목소리 톤, 강조, 빠르기, 얼굴 표정, 자세 등 비언어적 단서에까지 주의를 기울이는 것이 경청이다.

18 ▶ ③

③ '만족한다'고 응답한 환자는 외래환자 86.3%, 입원환자 76.5%로, 모두 80% 이상은 아니다.
① 조사 대상자인 일반 국민 5,160명과 한방의료 이용자 2,154명을 합하면 7,314명이다.
② 일반 국민 중 한방의료를 이용한 적 있다는 응답은 67.3%, 이 중 1년 이내에 한방의료를 이용한 적 있다는 응답은 33.6%이다. 따라서 일반 국민 중 1년 이내에 한방의료를 이용한 적 있다는 응답은 일반 국민 67.3%의 33.6%가 된다. $0.673 \times 0.336 ≒ 0.226$이므로, 일반 국민 중 약 22%이다.
④ 한방의료를 이용할 의향이 있다고 응답한 비율은 일반 국민 75.8%, 외래환자 94.5%, 입원환자 92.8%이다. 외래환자와 입원환자의 비율 모두 일반 국민보다 15%p 이상 높으며, 입원환자보다 외래환자의 응답비율이 더 높다.
⑤ '보통'이라는 응답이 일반 국민과 한방의료 이용자 모두에게서 50% 이상이고, '비싸다'는 응답은 일반 국민과 한방의료 이용자가 20~30%대이다. '비싸다'는 응답이 '보통'이라는 응답에 비해 낮다.

19 ▶ ⑤

ⓒ '한약 복용 생각 있다'고 응답한 비율은 절반 이상이고, 복용 의향이 없는 가장 큰 이유는 '한약값이 비싸서'이다. 따라서 한방의료에 건강보험이 전면 적용되어 금전적 부담이 줄어든다면 한약 복용 의향이 늘어날 것이고 이에 따라 한방의료 이용자가 늘어날 것이라는 추론이 가능하다.
ⓒ 병·의원을 찾고도 다시 한방의료 서비스를 이용한 환자가 2022년에 비해 늘어났으므로, 한방의료에 대한 신뢰도가 높아진 것으로 해석하는 것이 가능하다.
㉠ 한방의료 이용자와 일반 국민은 각각 5,160명과 2,154명으로 동일한 비율로 구성하지 않았으므로 적절하지 않은 반응이다.

20 ▶ ③

제시문은 유전자 특허가 용인될 수 있다고 말하고 있다. 유전자 특허 반대론자들의 주장을 반박하면서, 유전자가 자연으로부터 분리·정제되어 다른 용도로 가공된다면 특허권을 부여할 수 있다고 주장하고 있다.

21 ▶ ④

5% 농도 소금물의 양을 xg, 12% 농도 소금물의 양을 yg라 하면

$$\begin{cases} \dfrac{5}{100}x + \dfrac{12}{100}y = 350 \times \dfrac{10}{100} \\ x + y = 350 \end{cases}$$

$$\therefore \ x = 100, \ y = 250$$

따라서 12% 농도 소금물의 양은 250g이다.

22 ▶ ②

3개씩 세면 1개, 4개씩 세면 2개, 5개씩 세면 3개가 남는다는 뜻은 3개씩 세면 2개, 4개씩 세면 2개, 5개씩 세면 2개가 모자란다는 뜻과 같다.
따라서 원영이가 집에 돌아와서 세어 본 초콜릿의 개수는 3, 4, 5의 최소공배수(의 배수)에서 2가 모자란 수이다.
3, 4, 5의 최소공배수는 60이므로 원영이가 집에 왔을 때 남은 초콜릿의 개수는 58개이다.
즉, 100개의 초콜릿을 샀으므로 친구와 나눠 먹은 초콜릿의 개수는 100 − 58 = 42(개)이다.

23 ▶ ②

유진이가 300원을 가지려면 동전 30개를 한 번씩 던져 총 세 번의 앞면이 나와야 한다. 그 경우의 수 a는 동전 세 개를 순서에 상관없이 나열하는 경우의 수와 같다.

$$\therefore a = {}_{30}C_3 = \frac{30 \times 29 \times 28}{3 \times 2 \times 1}$$

지원이의 경우, 유진이가 동전 3개를 가져갔으므로 남은 동전 27개 중에 동전을 가져가거나, 한 개도 가져가지 않을 수 있다. 그러므로 지원이가 택할 수 있는 경우의 수는 28가지이다. 그중 200원 이하를 가지려면 동전 0개, 1개, 2개 중 한 가지 경우를 선택하면 되므로 $b = \dfrac{3}{28}$이다.

$$\therefore a \times b = \frac{30 \times 29 \times 28}{3 \times 2 \times 1} \times \frac{3}{28} = \frac{30 \times 29}{2} = 435$$

24 ▶ ①

① 2022년 전체 산재근로자수는
전년 대비 $\dfrac{27,299 - 26,582}{27,299} \times 100 ≒ 2.6(\%)$ 감소하였다.
② 남성 산재신청자수는 2022년이 15,422명이고, 2023년이 33,598 − 18,504 = 15,094(명)으로 2022년이 더 많다.
③ 여성 산재근로자수 대비 남성 산재근로자수 비율은
2022년 $\dfrac{12,273}{14,309} \times 100 ≒ 85.8(\%)$이고,
2023년 $\dfrac{12,222}{14,465} \times 100 ≒ 84.5(\%)$로
2022년이 더 높다.
④ 2023년 전체 인정률은 $\dfrac{26,687}{33,598} \times 100 ≒ 79.4(\%)$이다.
따라서 전체 인정률이 가장 높은 연도는 2020년이다.
⑤ 남성 산재신청자수 대비 여성 산재신청자수 비율을 구하면 다음과 같다.
2020년 : $\dfrac{16,300}{14,431} \times 100 ≒ 113.0(\%)$
2021년 : $\dfrac{18,282}{15,605} \times 100 ≒ 117.2(\%)$
2022년 : $\dfrac{18,562}{15,422} \times 100 ≒ 120.4(\%)$

2023년 : $\dfrac{18,504}{15,094} \times 100 ≒ 122.6(\%)$

따라서 남성 산재신청자수 대비 여성 산재신청자수 비율은 매년 증가한다.

25 ▸ ⑤

근로자 A~E의 월평균소득을 구하면 다음과 같다.

A : $\dfrac{3,000}{16} ≒ 187$(만 원)

B : $\dfrac{200}{31} \times 30 ≒ 193$(만 원)

C : $\dfrac{500}{62} \times 30 ≒ 241$(만 원)

D : $\dfrac{1,000}{6} ≒ 166$(만 원)

E : $\dfrac{2,000}{9} ≒ 222$(만 원)

따라서 월평균소득이 가장 높은 근로자는 'C'이고, 가장 낮은 근로자는 'D'이다.

26 ▸ ②

첫 번째 정보를 보면 '중소기업' 사내 근로복지기금 지출건수가 해당 업종 전체 기업 사내 근로복지기금 지출건수의 90% 이상인 업종은 $\dfrac{8,041}{8,590} \times 100 ≒ 93.6(\%)$인 '전기장비', $\dfrac{3,223}{3,356} \times 100 ≒ 96.0(\%)$인 B, $\dfrac{596}{632} \times 100 ≒ 94.3(\%)$인 C이다. 따라서 B와 C는 '화학제품' 또는 '전문서비스'이다.

두 번째 정보를 보면 '대기업' 사내 근로복지기금 지출건수가 '중견기업'과 '중소기업' 사내 근로복지기금 지출건수 합의 2배 이상인 업종은 $\dfrac{25,234}{6,305} ≒ 4.0$(배)인 A, $\dfrac{5,460}{2,722} ≒ 2.0$(배)인 '의료'이다. 따라서 A는 '자동차'이다.

세 번째 정보를 보면 사내 근로복지기금 운영 기업당 지출건수는 B가 $\dfrac{3,356}{1,154} ≒ 2.9$(건)이고, C가 $\dfrac{632}{370} ≒ 1.7$(건)으로 B가 더 많다. 따라서 B는 '화학제품', C는 '전문서비스'이다.

27 ▸ ①

① 2005년에는 멕시코 1개국이었는데 2025년에 멕시코, 아이슬란드, 일본 3개국으로 증가하였다.
② 우리나라 금융권 종사자의 남녀 평균 은퇴 연령의 차이가 가장 크게 나타났던 해는 2025년으로, 2025년 포르투갈 남성 금융권 종사자 평균 은퇴 연령은 68세로 66세를 넘었다.
③ 2010년 기준 OECD 주요국 중 남성 금융권 종사자의 평균 은퇴 연령이 가장 높은 국가는 71.1세인 멕시코이고, 가장 낮은 국가는 62.1세인 미국이므로 차이는 9세이다.
④ 우리나라 전체와 남성 금융권 종사자의 평균 은퇴 연령은 꾸준히 증가했으나, 여성 금융권 종사자의 평균 은퇴 연령은 2025년에 전년 대비 감소했다.
⑤ 2020년 미국 남성 금융권 종사자의 평균 은퇴 연령은 64세로 65세를 넘지 않았다.

28 ▸ ②

국가별 2005년 대비 2020년 남성 금융권 종사자 평균 은퇴 연령의 증가율을 구하면 다음과 같다.

미국 : $\dfrac{64.0 - 63.3}{63.3} \times 100 ≒ 1.1\%$

뉴질랜드 : $\dfrac{67.6 - 64.2}{64.2} \times 100 ≒ 5.3\%$

스웨덴 : $\dfrac{66.1 - 64.0}{64.0} \times 100 ≒ 3.3\%$

포르투갈 : $\dfrac{67.5 - 65.1}{65.1} \times 100 ≒ 3.7\%$

멕시코 : $\dfrac{72.4 - 70.7}{70.7} \times 100 ≒ 2.4\%$

스위스 : $\dfrac{65.2 - 63.2}{63.2} \times 100 ≒ 3.2\%$

아이슬란드 : $\dfrac{69.0 - 64.8}{64.8} \times 100 ≒ 6.5\%$

아일랜드 : $\dfrac{66.0 - 64.0}{64.0} \times 100 ≒ 3.1\%$

일본 : $\dfrac{69.0 - 65.5}{65.5} \times 100 ≒ 5.3\%$

따라서 2005년 대비 2020년 남성 금융권 종사자 평균 은퇴 연령의 증가율이 가장 큰 국가는 약 6.5%인 아이슬란드이고, 가장 작은 국가는 약 1.1%인 미국이다.

29 ▸ ③

㉠ 국어국문학과의 경우 버스를 이용하는 학생 수보다 택시를 이용하는 학생 수가 더 많다.
㉣ 2025년 일어일문학과에서 버스를 이용하는 학생 수는 택시를 이용하는 학생 수의 $\dfrac{37}{19} ≒ 1.9$(배)이다.
㉡ 2024년 대비 2025년 버스를 이용하는 뮤지컬학과 학생 수는 $\dfrac{28 - 16}{16} \times 100 = 75(\%)$ 증가하였다.
㉢ 2024년 대비 2025년 지하철을 이용하는 학생 수는 실용예술학과와 뮤지컬학과를 제외한 다른 학과에서는 모두 증가하였다.

30 ▸ ③

2025년 전체 학생 수는 218 + 181 + 137 = 536명의 2배이므로 1,072명이다. 2026년 학생 수는 전년 대비 25% 증가했으므로 1,072 × 1.25 = 1,340(명)이고, 이 중 셔틀버스를 이용하는 학생은 30%라 했으므로 1,340 × 0.3 = 402(명)이다.

31 ▶ ⑤

A~E의 총점을 계산하면 다음과 같다.

A : 8 + 9 + 10 + 8 + 9 + 8 + 10 + 7 + 8 + 7 = 84

B : 10 + 9 + 8 + 9 + 8 + 9 + 7 + 6 + 7 + 6 = 79

C : 9 + 7 + 7 + 8 + 10 + 7 + 6 + 8 + 6 + 9 = 77

D : 8 + 10 + 8 + 10 + 8 + 10 + 9 + 10 + 10 + 8 = 91

E : 7 + 8 + 9 + 7 + 7 + 6 + 8 + 9 + 9 + 10 = 80

근태 항목에서 A, D가 공동 3위이므로 둘 중 총점이 가장 높은 D에 0.5점을 추가, 가장 낮은 A에 0.5점을 차감한다. 의사전달 항목에서 A, B가 공동 2위이므로 둘 중 총점이 가장 높은 A에 0.5점을 추가, 가장 낮은 B에 0.5점을 차감한다. 책임 항목에서 B, D가 공동 3위이므로 둘 중 총점이 가장 높은 D에 0.5점을 추가, 가장 낮은 B에 0.5점을 차감한다. 적응 항목에서 A, C가 공동 3위이므로 둘 중 총점이 가장 높은 A에 0.5점을 추가, 가장 낮은 C에 0.5점을 차감한다. 발전가능성 항목에서 B, D가 공동 3위이므로 둘 중 총점이 가장 높은 D에 0.5점을 추가, 가장 낮은 B에 0.5점을 차감한다.

최종적으로 A는 84.5점, B는 77.5점, C는 76.5점, D는 92.5점, E는 80점이다. 최종점수 3위인 사람은 E이다.

32 ▶ ④

① 호적등본은 주민등록등본으로 수급권자 확인이 곤란한 경우 제출한다고 하였다.

② 유족일시금으로 지급 시 일시금은 '평균임금의 1,300일분 상당의 50%'를 지급한다.

③ 장애인복지법에 따른 장애인도 유족보상연금을 수급할 수 있다. 다만, 장애인복지법 제2조에 따른 장애인 중 고용노동부령으로 정한 장애등급 이상에 해당해야 한다고 하였다.

⑤ '유족보상일시금 수급권자 순위'를 보면, 근로자의 사망 당시 그에 의하여 부양되고 있던 형제자매는 2순위, 그렇지 않은 형제자매는 3순위에 해당되어 유족보상일시금을 수급할 수 있다.

33 ▶ ③

ⓒ 유족보상연금 수급자격자 순위를 살펴보면, 25세 미만인 자녀가 우선이 된다. 동순위가 아니므로 절반씩 받는 것이 아닌 자녀 혼자 유족급여를 받게 된다.

㉠ 25세 미만인 자녀가 유족보상연금 3순위, 60세 이상인 형제자매가 4순위이다. 갑의 자녀는 25세 이상으로 2순위에 해당하지 않으므로, 4순위에 해당하는 갑의 동생이 유족급여를 받게 된다.

ⓛ 을의 두 동생은 유족보상일시금 수급권자 3순위로 동순위이다. 같은 순위의 수급권자가 2인 이상이 되므로, 등분으로 지급하는 것이 맞다.

㉣ 대한민국 국민이었던 유족보상연금 수급자격자가 국적을 상실하고 외국에서 거주하기 위하여 출국하는 경우이므로, '유족보상연금 수급자격자의 실격 및 지급정지'에 해당한다.

34 ▶ ②

② 일용근로자의 경우 소득요건을 적용하지 않으므로 신청 대상이 될 수 있다.

① 자녀 1명당 500만 원 대출이 가능하다고 했으므로 자녀 3명이면 최대 1,500만 원 융자가 가능하다. 상환 후에는 추가 대출이 가능하다.

③ 1인 자영업자의 경우 신청일 기준 중소기업사업주 산재보험 가입기간이 3개월 이상이어야 신청 대상이 된다.

④ 조기상환 수수료는 없다고 하였다.

⑤ 특수형태근로종사자의 경우 직전년도 소득증빙자료를 제출하여야 하며, 사업자등록증은 필요 시 제출하여야 한다.

35 ▶ ⑤

갑 : 월평균소득은 재직 중인 사업장에 대하여 전년도 근로기간 동안의 총급여액을 근로기간으로 나눈 금액을 말하는 것이다. 갑은 전년도인 2025년 9개월 동안 총급여액이 2,250만 원이므로, 월평균소득은 $\frac{2,250만\ 원}{9월}$ =250(만 원)이다.

을 : 을은 올해 입사한 근로자에 해당하므로, 융자신청일 이전 3개월 동안 지급된 총급여액을 근로일수로 나눈 금액에 30을 곱한 금액이 월평균소득에 해당한다. 따라서, 융자신청일 이전 3개월인 2025년 10~12월 동안의 총급여액은 $\frac{3,540만\ 원}{12월}$ × 3월 = 885(만 원)이므로,

월평균소득은 $\frac{885만\ 원}{92일}$ × 30일 ≒ 288(만 원)이다.

36 ▶ ⑤

ⓛ 지원금 반환결정일로부터 3년간 지원이 제한된다고 하였다. 지원을 아예 받을 수 없는 것은 아니다.

ⓒ 지원신청 시 제출한 사업계획서의 목적사업과 다른 사업을 수행하려는 경우 변경된 사업계획서를 공단에 제출하여 적합성 여부를 확인받아야 한다. 바꿀 수 없는 것은 아니다.

㉣ 심사점수에 따라 차등지원되는데, 지원배제 또는 지원금액의 50%, 지원금액의 70%, 지원금액의 100%로 차등지원되는 것이다. 절반 또는 전액으로만 차등지원되는 것은 아니다.

㉠ 예산사정으로 조기마감되거나 하반기 사업이 미실시되는 경우가 있다고 하였다.

37 ▶ ②

② 대기업 또는 도급인으로부터 출연받은 금액이 30억 원 이상인 경우에는 20억 원을 한도로 지원할 수 있다고 하였다. 10억 원 기금 출연은 이에 해당하지 않는다.

① 2025년 1인당 한도는 96만 원으로 설정하였다.

③ '공동기금 지원대상 선정 우선순위'를 보면, 1순위는 중소기업 근로자수가 많은 기금법인, 3순위가 중소기업 수가 많은 기금법인이다.

④ 출연금이 출연약정(예정) 금액에 미달하는 경우에 해당
되어 지원결정 취소사유가 된다.
⑤ '개정 고시 적용'에 제시되어 있는 내용이다.

38 ▶ ①

ⓒ 고용보험 가입자인 자영업자는 근로자에 해당하여 1~2
순위에 해당할 수 있다. 공무원의 경우 비근로자에 해당하
여 그 자녀는 3~4순위에 해당되므로, 공무원 자녀의 어린
이집 입소순위가 더 높지 않다.
ⓓ 장애아전문보육을 하는 어린이집은 울산명촌어린이집
한 곳뿐이며, 장애아와 일반아를 통합하여 보육하는 장애아
통합보육 어린이집은 남동, 제주, 군산, 시흥, 임실군, 화성,
곰달래, 광주, 송도어린이집 9곳이다.

39 ▶ ②

1순위는 부모 모두 근로자인 가정 자녀인데, 이에 해당하는
어린이는 '갑'이다.
2순위는 부모 중 1인이 근로자인 가정 자녀인데, 이에 해당
하는 어린이는 을, 병, 정 세 명이다.(공무원은 고용보험 미
가입자로 비근로자에 해당되어 병은 부모 중 1인이 근로자
인 가정의 자녀가 된다.) 동순위 내에서는 우선지원대상기
업·비정규직근로자 가정의 자녀가 1순위가 되므로, 세 명 중
아버지가 우선지원대상기업 근로자인 정이 2순위이다.
남은 을과 병 중에서는 공단어린이집 교직원 자녀인 병이
3순위가 되고, 을이 4순위가 된다.
따라서, 입소 우선순위는 '갑 - 정 - 병 - 을' 순서가 된다.

40 ▶ ②

② 전문간병인이 될 수 있는 경우는 '산업재해보상보험법
시행규칙 제12조 제1항 제1호(의료법에 따른 간호사 또는
간호조무사) 및 제2호(노인복지법 제39조의2에 따른 요양
보호사 등 공단이 인정하는 간병교육을 받은 사람)에 따른
사람'이다. 요양보호사 등 공단이 인정하는 간병교육을 받
은 사람이 해당되는 것이므로, 요양보호사가 아니어도 공
단이 인정하는 간병교육을 받은 사람도 전문간병인이 될 수
있다.
④ 상시간병과 수시간병에서 기타간병인이 간병하는 경우
와 전문간병인이 간병하는 경우의 비용 차이는 각각 1일
6,810원, 4,540원이다. 2주 간병하는 경우 이 차이는 각각
1일 95,340원, 63,560원으로 10만 원 이상 차이가 나지는
않는다.
⑤ 지출한 간병비용이 간병급여액에 미달하는 경우에는 간
병급여를 지급하지 아니하거나 실제 지출된 간병비용만 지
급한다고 하였다. 간병급여액 중 가장 적은 금액은 1일
30,830원이므로, 지출한 간병비용이 이에 미달하는 3만 원
미만인 경우 지급하지 않거나, 실제 지출비용만 지급한다.

41 ▶ ③

갑은 흉복부 장기의 기능에 장해등급 제1급에 해당하는 장
해가 남아 일상생활에 필요한 동작을 하기 위하여 항상 다
른 사람의 간병이 필요한 상태이므로, 상시 간병급여 대상
에 해당한다. 전문간병인이 상시 간병을 하였으므로 급여비
용은 1일 53,060원이고 간병급여액은 53,060원×70일=
3,714,200(원)이다.
을은 흉복부 장기 기능에 장해등급 제2급에 해당하는 장해
가 남아 일상생활에 필요한 동작을 하기 위해서는 수시로
다른 사람의 간병이 필요한 상태이므로, 수시 간병급여 대
상에 해당한다. 기타간병인이 수시 간병을 하였으므로 급여
비용은 1일 30,830원이고 간병급여액은 30,830원×21일=
647,430(원)이다.
따라서, 두 비용의 합은 3,714,200+647,430=4,361,630
(원)이다.

42 ▶ ①

D, E공연의 Dress Circle 좌석 관람료와 F, G공연의 Upper
Circle 좌석 관람료를 구하면 아래와 같다.
D공연 : 160,000×3=480,000원
E공연 : 220,000×3×0.9=594,000원
F공연 : 165,000×3=495,000원
G공연 : 170,000×3×0.9=459,000원
가장 저렴한 두 개 공연은 D공연과 G공연이고, 이때의 관람
료는 480,000원+459,000원=939,000원이다.

43 ▶ ④

예산의 40%는 240만 원이다. 컨디션이 가장 좋은 호텔의
방은 가장 비싼 C호텔의 Royal룸이고, 숙박비는 4박 기준
560,000원×4=2,240,000원이다.
남은 금액인 16만 원의 범위 내에서 투어 상품을 선택해야
한다.
H, I, J여행사의 1일 투어 요금을 계산하면
H여행사 : (60,000×2)+30,000=150,000원
I여행사 : 70,000×3×0.8=168,000원
J여행사 : 55,000×3=165,000원
H여행사의 투어 상품을 선택하면 된다.
호텔 숙박비와 투어 요금의 합은
2,240,000원+150,000원=2,390,000원이다.

44 ▶ ③

③ 수강료가 40,000원인 경우 최소 수강생은 15명이므로
(4만 원×15명) - 15만 원 - 40만 원 + (3만 원×15명) =
50만 원
수강료가 50,000원인 경우 최소 수강생은 10명이므로 (5만 원
×10명) - 10만 원 - 20만 원 + (3만 원×10명) = 50만 원
따라서, 이윤은 동일하다.

① △△강좌에 대한 보조금이 지급되더라도 1명과 같이 수강생의 수가 적은 경우 A구 청소년수련관의 이윤은 0보다 작아지게 된다.
② 수강생이 많을수록 보조금이 많은 것은 아니다. 예를 들어 수강생 수가 19명인 경우에는 57만 원, 20명인 경우에는 30만 원의 보조금이 지급됨을 알 수 있다.
④ 최대 수강생이 강좌를 신청할 때 수입을 수강료별로 나타내면 다음과 같다.
30,000원 × 24명 = 720,000원
40,000원 × 19명 = 760,000원
50,000원 × 14명 = 700,000원
60,000원 × 9명 = 540,000원
따라서 수강료가 3만 원에서 4만 원으로 오를 때만 수입이 증가함을 알 수 있다.
⑤ 수강료가 6만 원인 경우 수입은 54만 원, 강사비는 20만 원, 재료비는 9만 원, 보조금은 18만 원으로 이윤은 43만 원이 된다. 따라서 45만 원을 초과하지 않는다.

45 ▶ ④

① 그랜드 컨벤션홀 − 뷔페 A 이용 시
장소 대관료 : (770,000 + 15,000 × 10) × 0.9 = 828,000(원)
식사 비용 : (52,000 × 80 + 32,000 × 16 × 0.8 + 55,000 × 80) × 0.8 = 7,175,680(원)
총 비용은 828,000 + 7,175,680 = 8,003,680(원)이다.
② 다이아 컨벤션홀 − 뷔페 A 이용 시
장소 대관료 : 930,000(원)
식사 비용 : (52,000 × 80 + 32,000 × 16 × 0.8 + 55,000 × 80) × 0.8 = 7,175,680(원)
총 비용은 930,000 + 7,175,680 = 8,105,680(원)이다.
③ 다이아 컨벤션홀 − 뷔페 B 이용 시
장소 대관료 : 930,000 × 0.9 = 837,000(원)
식사 비용 : 48,000 × 80 + 32,000 × 16 × 0.8 + 55,000 × 80 = 8,649,600(원)
총 비용은 837,000 + 8,649,600 = 9,486,600(원)이다.
④ 팰리스 컨벤션홀 − 뷔페 A 이용 시
장소 대관료 : 890,000(원)
식사 비용 : (52,000 × 80 + 32,000 × 16 × 0.8 + 55,000 × 80) × 0.8 = 7,175,680(원)
총 비용은 (890,000 + 7,175,680) × 0.9 = 7,259,112(원)이다.
⑤ 팰리스 컨벤션홀 − 뷔페 B 이용 시
장소 대관료 : 890,000(원)
식사 비용 : 48,000 × 80 + 32,000 × 16 × 0.8 + 55,000 × 80 = 8,649,600(원)
총 비용은 890,000 + 8,649,600 = 9,539,600(원)이다.
따라서 서 주임이 선택할 컨벤션홀과 뷔페 구성은 최저금액이 7,259,112원인 '팰리스 컨벤션홀 − 뷔페 A'이다.

46 ▶ ①

② 체크리스트 : 어떤 개선점을 찾고자 할 때 이에 대한 질문 항목을 만들어 표로 정리하고, 그에 따라 하나씩 점검하면서 아이디어를 도출하는 방법
③ 마인드 맵 : 중심 개념부터 관련된 아이디어를 시각적으로 표시해 나가는 활동을 통해 창의적 발상을 돕는 방법
④ 육색 사고 모자 : 영국의 에드워너 드 보노에 의해 창안된 기법으로, 의사결정 시 사고의 형태를 감정, 논리, 정보, 독창성 등으로 분리하고, 한 번에 한 가지만 사고하여 의사결정에 도움이 되도록 사고를 체계화하는 것
⑤ NM법 : 대상과 비슷한 것들을 찾아내 그것을 힌트로 새로운 아이디어를 도출하는 방법

47 ▶ ②

비판적인 사고란 지식 정보를 바탕으로 합당한 근거에 기초를 두고 현상을 분석하고 평가하는 사고를 말한다. 즉, 제기된 주장에 어떤 오류나 잘못이 있는지 찾아내기 위하여 지엽적인 부분을 확대하여 문제로 삼는 것이 아니다. 비판적 사고를 하기 위해서는 고정 관념을 파괴해야 하며, 지적 호기심, 객관성, 개방성, 융통성, 지적 정직성, 체계성, 지속성, 결단성, 다른 관점에 대한 존중이 필요하다.

48 ▶ ③

우선 확정된 조건에 따라 B는 1팀, C와 F는 2팀에 배치한다. A와 I가 같은 팀이므로 1팀 혹은 3팀이 될 수 있는데, A와 I가 1팀이면 H는 두 명의 대리와 같은 팀이 될 수 없으므로 A와 I는 3팀이다.
H가 두 명의 대리와 같은 팀이 되려면 D와 같이 1팀이어야 한다.
E는 F와 같은 팀이 아니므로 3팀이다.
1팀 : B, D, H
2팀 : C, F, G
3팀 : A, E, I

49 ▶ ②

정 사원의 언급과 윤 사원의 언급이 모순이기 때문에 두 사람의 진술 중 하나는 거짓이다. 그런데 나머지 사람들의 진술을 살펴보면 두 사람 중 누구의 진술이 확실히 진실인지 알 수 없으므로 정 사원이 거짓을 언급했을 경우와 윤 사원이 거짓을 언급했을 경우 두 가지로 나뉜다. 이에 따라 사원들의 등수를 보면 다음과 같다.

	1등	2등	3등	4등	5등
정 사원 거짓	최 사원	정 사원	박 사원	윤 사원	임 사원
윤 사원 거짓	윤 사원	최 사원	박 사원	정 사원	임 사원

이때, 최 사원과 박 사원 사원은 두 경우 모두 등수가 3등 이내이므로 항상 승진 대상자라는 것을 알 수 있다.

50 ▸ ⑤

조건을 정리하면 다음과 같다.

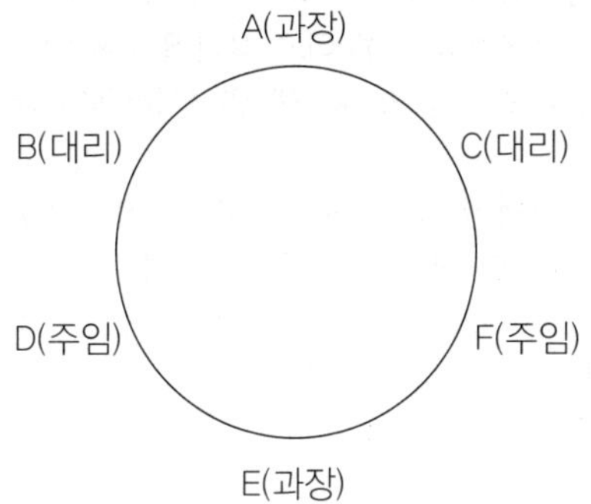

51 ▸ ①

부서별로 평가 결과 총점을 계산해 청렴지수를 반영한 최종 점수는 다음과 같다.

보험가입관리부: $(8 \times 0.3) + (6 \times 0.25) + (9 \times 0.35) + (5 \times 0.1) + (7 \times 0.3) = 7.55 + 2.1 = 9.65$

특례가입기획부: $(10 \times 0.3) + (9 \times 0.25) + (9 \times 0.35) + (7 \times 0.1) - (4 \times 0.3) = 9.1 - 1.2 = 7.9$

보험료부과부: $(7 \times 0.3) + (9 \times 0.25) + (8 \times 0.35) + (8 \times 0.1) - (5 \times 0.3) = 7.95 - 1.5 = 6.45$

복지계획부: $(9 \times 0.3) + (8 \times 0.25) + (8 \times 0.35) + (6 \times 0.1) - (6 \times 0.3) = 8.1 - 1.8 = 6.3$

임금채권부: $(6 \times 0.3) \times (7 \times 0.25) \times (6 \times 0.35) + (4 \times 0.1) + (8 \times 0.3) = 6.05 + 2.4 = 8.45$

따라서 최종점수순으로 예산을 가장 많이 지급받는 부서는 보험가입관리부이고, 가장 적게 지급받는 부서는 복시계획부이다.

52 ▸ ①

4월 19일이 화요일임을 바탕으로 4월 달력을 나타내면 다음과 같다.

일요일	월요일	화요일	수요일	목요일	금요일	토요일
					1일	2일
3일	4일	5일	6일	7일	8일	9일
10일	11일	12일	13일	14일	15일	16일
17일	18일	19일				

① A업체는 1일부터 19일까지 4일의 휴무가 있으므로 15일 동안 제작 가능하다. 일일 최대 제작 수량이 280개이므로 완료일까지 4,000개 제작이 가능하다. 이때 A업체의 공임비는 5% 할인을 적용하여 30,400원/개이고, 총비용은 1억 2,160만 원이다.

② B업체는 1일부터 19일까지 4일의 휴무가 있으므로 15일 동안 제작 가능하다. 일일 최대 제작 수량이 260개이므로 완료일까지 제작이 불가능하다.

③ C업체는 1일부터 19일까지 6일의 휴무가 있으므로 13일 동안 제작 가능하다. 일일 최대 제작 수량이 300개이므로 완료일까지 제작이 불가능하다.

④ D업체는 1일부터 19일까지 3일의 휴무가 있으므로 16일 동안 제작 가능하다. 일일 최대 제작 수량이 270개이므로 완료일까지 4,000개 제작이 가능하다. 이때 D업체의 공임비는 30,500원/개이고 총비용은 1억 2,200만 원이다.

⑤ E업체는 1일부터 19일까지 3일의 휴무가 있고 4월 7일 휴무이므로, 15일 동안 제작 가능하다. 일일 최대 제작 수량이 260개이므로 완료일까지 제작이 불가능하다.

53 ▸ ③

각 업체별 제작비용은 다음과 같다.
A업체: $2,000 \times 32,000 \times 0.95 = 60,800,000$(원)
B업체: $2,000 \times 29,800 \times 0.9 = 53,640,000$(원)
C업체: $2,000 \times 30,000 = 60,000,000$(원)
D업체: $2,000 \times 30,500 = 61,000,000$(원)
E업체: $2,000 \times 31,000 = 62,000,000$(원)
따라서 총비용이 가장 적은 업체의 조합은 B, C업체이고, 이때의 총비용은 113,640,000원이다.

54 ▸ ⑤

이동수단별 비용은 다음과 같다.
렌터카: $(60+20) \times 3 = 240$(달러)
우버: 200달러
대중교통: $40 \times 4 = 160$(달러)
따라서 경제성은 대중교통이 '상', 우버가 '중', 렌터카가 '하'이다.
이동수단별 최종점수는 다음과 같다.
렌터카: $1+3+2 = 6$(점)
우버: $2+2+4 = 8$(점)
대중교통: $3+1+6 = 10$(점)
따라서 병원운영부 1팀이 최종적으로 선택하게 될 이동수단은 '대중교통'이며, 이용 시 비용은 160달러이다.

55 ▸ ②

통역료를 구하면 다음과 같다.
영어: $(500,000+100,000) \times 2 = 1,200,000$(원)
일본어: 500,000원
중국어: 500,000원
스페인어: $600,000 \times 2 = 1,200,000$(원)
따라서 총 통역료는 $1,200,000 + 500,000 + 500,000 + 1,200,000 = 3,400,000$(원)이다.
출장비는 왕복 교통비 100,000원 $\times$ 6명 $= 600,000$(원)이고, 이동보상비는 10,000원 $\times$ 4시간 $\times$ 6명 $= 240,000$(원)으로 총 출장비는 $600,000 + 240,000 = 840,000$(원)이다.
따라서 총 통역경비는 $3,400,000 + 840,000 = 4,240,000$(원)이다.

56 ▸ ③

골프보험 해외 신규 가입 고객 증가율은

$\dfrac{48,109-38,804}{38,804}\times 100 ≒ 24.0(\%)$이므로 S등급,

자동차보험 국내 신규 가입 고객 증가율은

$\dfrac{31,855-29,495}{29,495}\times 100 ≒ 8.0(\%)$이므로 B+등급,

치아보험 신규 가입 고객 증가율은

$\dfrac{25,229-22,326}{22,326}\times 100 ≒ 13.0(\%)$이므로 A등급,

자녀생활보험 신규 가입 고객 증가율은

$\dfrac{21,286-18,350}{18,350}\times 100 = 16(\%)$이므로 A+등급이다.

57 ▸ ⑤

2026년의 목표는 2025년 평가등급 이상을 받는 것이다. 따라서 최소 목표치는 2025년 평가등급과 동일한 평가등급을 받는 것이다.

2025년 '○○골프보험 해외 신규 가입 고객 유치'의 평가등급은 S이므로 2026년 최소 목표치는 $48,109\times 1.2 ≒ 57,731$(명)이다.

2025년 '○○자동차보험 국내 신규 가입 고객 유치'의 평가등급은 B+이므로 2026년 최소 목표치는 $31,855\times 1.05 ≒ 33,448$(명)이다.

2025년 '○○치아보험 신규 가입 고객 유치'의 평가등급은 A이므로 2026년 최소 목표치는 $25,229\times 1.1 ≒ 27,752$(명)이다.

2025년 '○○자녀생활보험 신규 가입 고객 유치'의 평가등급은 A+이므로 2026년 최소 목표치는 $21,286\times 1.15 ≒ 24,479$(명)이다.

58 ▸ ③

Ⓐ에 부합하는 회사 : A/B/C/D
Ⓑ에 부합하는 회사 : C/D
Ⓒ에 부합하는 회사 : C/D/E
Ⓓ에 부합하는 회사 : A/C/D/E
Ⓔ에 부합하는 회사

- C업체 : $\dfrac{200,000}{12}+15,000 ≒ 31,667$(원)

- D업체 : $\dfrac{100,000}{12}+25,000 ≒ 33,333$(원)

따라서 C업체와 D업체 중에서 Ⓔ에 적합한 업체는 C업체이다.

59 ▸ ②

① 갑의 월별 연금지급액은 $100\times[0.5+0.15\times(20-20)]$ $=100\times 0.5=50$(만 원)이며, 일시불 연금지급액은 $100\times 20\times 2+100\times(20-5)\times 0.1=4,000+150=4,150$(만 원)이다. 따라서 갑이 10년(120개월)간 연금을 지급받을 수 있

으면 월별 연금(50만 원 × 120개월 = 6,000만 원)을 선택하는 것이 유리하다.

② 정의 일시불 연금지급액은 $200\times 10\times 2+200\times(10-5)\times 0.1=4,000+100=4,100$(만 원)이고 갑의 일시불 연금지급액은 4,150만 원이므로 갑의 일시불 연금지급액이 더 많다.

③ 을의 월별 연금지급액은 $150\times[0.5+0.15\times(30-20)]$ $=150\times 2=300$(만 원)이며, 병의 월별 연금지급액은 $120\times[0.5+0.15\times(35-20)]=120\times 2.75=330$(만 원)이므로 병이 을보다 30만 원 더 받게 될 것이다.

④ 병의 일시불 연금지급액은 $120\times 35\times 2+120\times(35-5)\times 0.1=8,400+360=8,760$(만 원)이므로, 월별 연금은 330만 원이다. $8,760÷330=26.5454\cdots$, 즉 27번 받는 순간부터 일시불 연금보다 많이 받게 될 것이다.

⑤ 정의 현재 기준 일시불 연금지급액은 4,100만 원이며, 10년 후 일시불 연금지급액은 $200\times 20\times 2+200\times(20-5)\times 0.1=8,000+300=8,300$(만 원)이므로 현재 받을 수 있는 일시불 연금액을 2배 초과하여 받게 될 것이다.

60 ▸ ④

앞으로 x년 더 근무 후 퇴직을 하고 받는 월별 연금지급액은
$250\times[0.5+0.15\times(10+x-20)]$
$=125+37.5x-375=37.5x-250$이므로,
300만 원을 초과하기 위해서는
$37.5x-250>300$
$37.5x>550$
$x>14.66666\cdots$
따라서 15년 이상 더 근무해야 한다.

61 ▸ ④

서울에서 대전까지의 거리는 237km이고, 왕복 거리는 총 474km이다. 이 중 100km까지는 1km당 300원으로, 나머지 374km는 1km당 200원으로 계산하면 교통비를 총 $100\times 300+374\times 200=10$만 4,800원 지급해야 한다.

대리 직급이므로 숙박비, 식비, 일비 모두 가장 낮은 준위로 지급받게 된다.

숙박비는 총 2일이므로 4만 원 × 2 = 8만 원,
식비는 총 5식이므로 5천 원 × 5 = 2만 5,000원,
일비는 9월 14일과 9월 15일은 1일 일비를 모두 받고, 9월 16일은 오후 2시 이전에 도착했으므로 1/2일 일비만 받아 $16,000\times 2+8,000\times 1=4$만 원을 받는다.

따라서 최 대리가 받을 수 있는 총 출장여비는
10만 4,800원 + 8만 원 + 2만 5,000원 + 4만 원 = 24만 9,800원이다.

62 ▶ ④

파리에 도착하여 컨퍼런스 장소까지 가는 데 걸리는 시간은 2시간 + 1시간 + 1시간 = 4시간이다. 따라서 각각의 항공편에 따라 컨퍼런스 장소에 도착하는 현지 시각을 구하면 다음과 같다.

P0001편 : 3시간 + 14시간 + 4시간 = 21시간, 컨퍼런스 도착 시각 22:30 + 21 − 8 = 11:30(지각)

P0002편 : 3시간 + 13시간 + 4시간 = 20시간, 컨퍼런스 도착 시각 23:00 + 20 − 8 = 11:00(지각)

P0003편 : 13시간 + 4시간 = 17시간, 컨퍼런스 도착 시각 23:00 + 17 − 8 = 08:00

F0001편 : 1시간 + 13시간 + 4시간 = 18시간, 컨퍼런스 도착 시각 23:30 + 18 − 8 = 09:30

F0002편 : 3시간 + 12시간 + 4시간 = 19시간, 컨퍼런스 도착 시각 23:30 + 19 − 8 = 10:30(지각)

P0001, P0002, F0002 출발편은 시간을 맞출 수 없어 탈 수 없고 P0003편, F0001편 중에 더 저렴한 출발편인 F0001편을 선택한다.

63 ▶ ①

① 김선중 씨는 셋째 주에 15일 대청소, 16일 탕비실, 19일 사무실 총 3번의 청소를 하게 된다(재조정 필요).

② 대청소에는 모든 청소(탕비실, 사무실, 복도)를 포함하기로 하였으므로 복도 청소를 또 하는 것은 중복된다. 수정이 필요하다.

③ 이민진 씨는 3월 첫째 주에 수요일에만 사무실 청소를 하면 된다.

④ 3월 1일 '탕 − 민수, 사 − 현주, 종희'를 시작으로 순서대로 배정되었다. 그리고 4주 후 3월 29일 월요일부터 다시 똑같이 반복된다.

⑤ 김웅기 씨는 3월 16~17일 청소 당번이 아니기 때문에 청소 변경이 필요 없다.

64 ▶ ③

③ 이민진 씨는 22일 외근으로 인해 탕비실 청소가 불가하므로 대체 청소나 교체 청소를 해야 한다. 그러나 김원석 씨는 이미 23일(화)과 26일(금)에 청소 배정이 되어 있으므로 더 이상 청소를 하는 것은 한 사람이 일주일에 3번 이상 청소할 수 없다는 규정에 위반되므로 다른 인력을 찾아야 한다.

① 12일은 탕비실 청소 예정인 최상민 씨가 거래처 미팅으로 청소가 불가하다. 이민진 씨는 12일 청소가 아니고, 9일 사무실 청소로 그 주에 단 한번 청소를 하므로 대체 청소가 가능하다.

② 3일 사무실 청소 예정인 김원석 씨가 월차로 인해 청소가 불가하다. 김원석 씨는 첫째 주에 청소가 3일 단 하루이므로 대체 청소는 불가하지만 4일 김민수 씨와 교체 청소를 하는 것은 가능하다.

④ 18일 복도 청소 예정인 최범석 씨는 출장으로 인해 청소가 불가하게 되었다. 김웅기 씨는 셋째 주에 15일 대청소, 19일 탕비실 청소가 예정되어 있으므로 18일 목요일에 대체 청소를 해주는 것은 규정에 어긋난다. 그러나 교체청소는 가능하다.

⑤ 23일에 탕비실 청소 예정인 김원석 씨는 출장으로 인해 청소가 불가하게 되었다. 최상민 씨는 그 주에 25일 탕비실 청소만 있으므로, 대체 청소가 가능하다.

65 ▶ ④

성명	입사일	1호봉이 되는 날	2025년 1월 1일 기준 호봉	성과급 (만 원)
박성현	2017.12.04	2019.01.01	7호봉	150
안나현	2020.03.07	2021.04.01	4호봉 + 2호봉 = 6호봉	100
지은영	2019.04.15	2020.05.01	5호봉	95
이상훈	2022.09.14	2023.10.01	2호봉	35

150 + 100 + 95 + 35 = 380(만 원)

66 ▶ ②

ⓒ 공정 인사의 원칙 : 직무 배당, 승진, 상벌, 근무 성적의 평가, 임금 등을 공정하게 처리해야 한다.

ⓔ 창의력 계발의 원칙 : 근로자가 창의력을 발휘할 수 있도록 새로운 제안, 건의 등의 기회를 마련하고, 적절한 보상을 하여 인센티브를 제공해야 한다.

67 ▶ ⑤

효과적인 인력배치를 위해서는 적재적소주의, 능력주의, 균형주의의 3가지 원칙을 지켜야 한다. 제시된 설명은 ⑤ '적재적소주의'에 해당한다.

능력주의 : 개인에게 능력을 발휘할 수 있는 기회와 장소를 부여한 뒤, 그 성과를 바르게 평가하고 평가된 능력과 실적에 대해 상응하는 보상을 하는 원칙

균형주의 : 모든 팀원에 대한 평등한 적재적소, 즉 팀 전체의 적재적소를 고려할 필요가 있다는 것. 팀은 사람과 사람이 모여 이룬 작은 사회이기 때문에, 팀 전체의 능력향상, 의식개혁, 사기양양 등을 도모하는 의미에서 전체와 개체가 균형을 이루어야 한다는 것이다.

68 ▶ ③

직접투자(무상담) : 2천만 원×0.2 + 1천만 원×0.3 − 1천만 원×0.35 − 2천만 원×0.15 = 50(만 원)

A사 상담 : 2천만 원×0.3 + 1천만 원×0.25 − 1천만 원×0.2 − 2천만 원×0.25 = 150(만 원)

B사 상담 : 2천만 원×0.15 + 1천만 원×0.45 − 1천만 원×0.25 − 2천만 원×0.15 = 200(만 원)

69 ▶ ④

A사와 상담했을 때의 기대이익이 150만 원, B사와 상담했을
때의 기대이익이 200만 원이므로, 평균을 구하면 175만 원
이다.
175만 원 ÷ 50만 원 = 3.5이므로 3.5배의 이익을 기대할 수
있다.

70 ▶ ①

기대이익이 가장 높은 B사와 상담을 하게 된다.
상담 없이 투자를 하는 경우 기대이익이 50만 원인데, B사
와 상담을 할 경우 200만 원으로 증가한다.
B사에 150만 원 이상을 주게 되면, 남는 기대이익이 50만
원 미만이 되어 상담 없이 투자를 하는 경우보다 오히려 기
대이익이 작아지게 된다.
따라서 50만 원 미만이고 1만 원 단위로 최대 금액인 49만
원까지 상담료로 지불하려고 할 것이다.(이때의 기대이익은
151만 원으로 A사 상담 시 얻는 기대이익보다 크다.)

제3회 직업기초능력평가

01. ⑤	02. ③	03. ①	04. ③	05. ⑤
06. ④	07. ②	08. ③	09. ②	10. ②
11. ⑤	12. ③	13. ④	14. ④	15. ④
16. ⑤	17. ③	18. ①	19. ③	20. ①
21. ③	22. ④	23. ②	24. ②	25. ④
26. ③	27. ②	28. ①	29. ③	30. ⑤
31. ③	32. ②	33. ④	34. ①	35. ⑤
36. ⑤	37. ⑤	38. ①	39. ④	40. ②
41. ②	42. ④	43. ③	44. ④	45. ①
46. ⑤	47. ④	48. ③	49. ④	50. ④
51. ⑤	52. ④	53. ①	54. ⑤	55. ⑤
56. ③	57. ③	58. ⑤	59. ⑤	60. ④
61. ①	62. ⑤	63. ③	64. ①	65. ②
66. ④	67. ③	68. ②	69. ④	70. ③

01 ▸ ⑤

ⓒ 지원금은 산재장해인이 원직장에 복귀한 날부터 1개월이 지난 후에 청구할 수 있다. 2026년 7월 1일 복귀했으므로 1개월이 지난 8월 1일부터 지원금을 청구할 수 있다.
ⓔ 인터넷 신청도 가능하다.

02 ▸ ③

③ 65세 이상 여자 암 발생 순위는 1위 대장암, 2위 폐암이다.

03 ▸ ①

㉠ 행사 신청은 2026년 3월 9일부터 10월 30일까지이다.
ⓒ 후원증서는 12월 초 일괄 우편발송 예정이다.
ⓔ 근로복지공단이 현수막을 제공하는 어린이집은 선착순 100개소이다. 참여인증 현판은 참여한 모든 어린이집에 제공하는 것이 맞다.

04 ▸ ③

③ 실천 활동 결과서는 희망자에 한해 인터넷으로 제출하면 된다. 제출이 의무사항은 아니다.

05 ▸ ⑤

⑤ 현장실습생을 더 이상 사용하지 않게 된 사업주는 근로복지공단에 상실신고를 하여야 한다. 현장실습기간 이후 일반근로자로서 근로계약을 맺는 경우에도 실습생은 반드시 상실신고가 필요하다고 하였다.
④ 현장실습생을 새로이 사용한 사업주는 현장실습이 시작된 날이 속하는 달의 다음달 15일까지 근로복지공단에 현장실습생의 성명, 현장실습 시작일 등을 신고하여야 한다. 따라서 현장실습이 시작된 2월의 다음 달인 3월 15일까지 신고해야 한다.

06 ▸ ④

④ 현장실습생 산재보험료 산정 시 해당 사업장의 보험료율로 계산한다는 내용은 있으나, 구체적으로 사업장의 보험료율은 제시되어 있지 않아 알 수 없다.
① 현장실습생 산재보험의 가입자는 현장실습생이 실제 현장실습을 하는 사업장의 사업주이다.
② 현장실습생 산재보험 제도의 도입 목적은 일반근로자와 같이 동일한 위험권 내에서 현장실습 및 작업을 동시에 행하는 현장실습생을 산업재해로부터 보호하기 위함이다.
③ 현장실습생 산재보험료는 '현장실습의 대가로 사업주가 실습생에게 지급한 일체의 금품 × 해당 사업장 보험료율'로 산정한다.
⑤ 현장실습생 산재보험료의 지급 범위는 산재보험법 제36조 제1항의 각 호에 따른 보험급여인 요양급여, 휴업급여, 장해급여, 간병급여, 유족급여, 상병보상연금, 장의비, 직업재활급여 등이 해당한다.

07 ▸ ②

ⓒ 직전년도 1년간 5회 이상 임금을 체불하고 체불액이 3천만 원 이상인 경우 상습체불 사업주로 본다.
ⓔ 근로복지공단이 '고액채권 집중회수TF'를 신설한 것은 변제금 회수 방식이 기존의 민사절차에 따르던 방식에서 국세체납처분 절차로 바뀐 데 따른 선제적 조치이다.

08 ▸ ③

③ 소명자료에 대한 검토는 근로복지공단 본부에서 맡는다.

09 ▸ ②

ⓒ 업무상질병판정위원회는 20일 이내에 심의하는데, 1차 10일 이내로 연장 가능하다고 하였다. 따라서, 심의를 30일 이내에는 마무리함을 알 수 있다.
ⓒ 업무상 질병의 경우 업무와의 인과관계 확인을 위하여 현장조사, 특별진찰, 역학조사 등을 거칠 수 있다.
㉠ 요양급여신청서에는 재해발생 경위 등을 적고 신청인(재해자), 즉 재해를 입은 근로자가 날인한다.
㉣ 업무상질병판정위원회의 심의를 거쳐 불승인 결정된 경우에는 심사청구 절차 없이 처분지사를 경유하여 고용노동부 산업재해보상보험재심사위원회에 재심사청구하거나 관할 행정법원에 행정소송을 제기한다.

10 ▸ ②

② 지방산과 글리세롤이 에스테르화하면 중성지방의 형태가 된다. 카테콜아민은 중성지방을 분해하는 신경 전달 물질이므로, 에스테르화하는 작용의 반대 작용을 하는 물질인 셈이다. 따라서 카테콜아민이 지방산과 글리세롤의 에스테르화 반응을 일으킨다는 것은 글의 내용과 부합하지 않는다.
① 중성지방은 리파아제에 의해 지방산과 글리세롤로 분해된 후 지방세포 내로 흡수되고, 지방세포는 이를 다시 에스테르화하여 중성지방의 형태로 저장한다고 하였다. 이는 다시 지방산과 글리세롤로 분해된 후 혈액으로 분비돼 에너지원이 된다.
③ 기초 지방 분해 과정에 의한 중성지방의 분해 속도는 지방세포의 크기가 클수록 빨라진다고 하였다. 따라서 지방세포의 크기와 기초 지방 분해 속도는 비례한다고 할 수 있다.
④ 췌장에서 분비되는 리파아제는 지방 분해 효소이다. 이 리파아제에 의해 중성지방이 작은창자의 세포 내로 분해되어 흡수된다고 하였으므로, 이것이 억제되면 이로 인해 체내 지방 축적이 감소된다고 할 수 있다.
⑤ 여성의 경우 둔부와 대퇴부의 피부 조직 아래의 피하 지방세포에, 남성의 경우 복부 창자의 내장 지방세포에 지방이 더 많이 축적된다고 하였다.

11 ▸ ⑤

⑤ 취미활동반의 지원대상은 '진폐 등 진행성 질병으로 입원요양 중인 산재근로자'이다. 입원 중이 아닌 경우 지원을 받을 수 없다.
① 심리상담 지원대상은 다차원심리검사 결과 임상척도 총점 또는 임상척도별 점수가 60점 이상인 산재근로자 및 가족이므로, 지원을 받기 위해서는 다차원심리검사를 먼저 받아야 한다.
③ 집단 심리프로그램에는 산재근로자와 가족과 간병인도 참여가 가능하다고 제시되어 있으나, 집단 사회적응프로그램에는 '장해등급 판정일로부터 5년 이내인 자', '통원요양 중인 자로 요양기간이 2년 이상인 자'만 지원대상으로 명시되어 있어 가족 참여가 가능하지 않음을 알 수 있다.

12 ▸ ③

을 : 취미활동반은 월평균 10명 이상 특수직업병 이환자 입원환자를 수용하는 의료기관이 관할지사에 신고서를 제출하여 취미활동반을 개설할 수 있다.
병 : 동일 환자가 여러 취미활동반에 참가할 수 있으나, 해당자 1인당 재료비 지원은 월 8만 원을 초과할 수 없다.
갑 : 다차원심리검사 결과 임상척도 총점 또는 임상척도별 점수가 60점 이상인 산재근로자 및 가족이 지원대상이므로 심리상담을 받을 수 있다.
정 : 통원요양 중인 자로 요양기간이 2년 이상인 자는 집단 사회적응프로그램 지원을 받을 수 있다.

13 ▸ ④

〈보기〉에 '즉'이란 접속 부사가 나왔으므로 〈보기〉는 앞에 나오는 내용을 상술하거나 정리한 내용이라고 볼 수 있다. (라) 앞의 '언어학자들은 처음에는 한정적이던 문자의 체계가 시간이 지나감에 따라 완전한 형태로 발전했을 것이라고 가정한다.'는 문장이 〈보기〉에서 '음성 언어로만 표현하다가 문자로도 표현할 수 있게 되었다.'는 내용으로 상술되었다. 따라서 답은 (라)이다.

14 ▸ ③

(다)를 기준으로 그 이후가 독일의 늦은 사회시스템 발전이 프랑스와 달리 낭만주의 발전에 긍정적 영향을 미쳤다는 내용이다.

15 ▸ ④

④ 사람들은 자신에게 부정적 반응을 보이는 사람에게 우호적일 수 없으므로, 충고는 가급적 최수의 수단으로 사용한다. 또한 직접적으로 말하기보다는 예를 들거나 비유법을 사용하여 하는 것이 좋다.

16 ▸ ⑤

김 대리는 박 대리를 위로하기 위해 박 대리의 하소연을 듣자마자 이에 너무 빨리 동의했다. 의도는 좋으나 상대방이 속상함을 토로하자마자 응답을 하면서 지지하고 동의하는 데 너무 치중함으로써 상대방이 자신의 생각이나 감정을 충분히 표현할 시간을 주지 못한 것이다. 이는 '비위 맞추기'에 해당한다.
① 짐작하기 : 상대방의 말을 듣고 받아들이기보다 자신의 생각에 들어맞는 단서들을 찾아 자신의 생각을 확인하는 것
② 판단하기 : 상대방에 대한 부정적인 선입견 때문에, 또는 상대방을 비판하기 위해 상대방의 말을 듣지 않는 것
③ 다른 생각하기 : 대화 도중 상대방에게 관심을 기울이기보다 자꾸 다른 생각을 하는 것

④ 조언하기 : 상대방의 이야기를 듣고 공감과 위로를 하기보다 문제를 자신이 해결해주고자 하는 것

17 ▸ ③

① 공문서 : 정부 행정기관에서 대내적, 혹은 대외적 공무를 집행하기 위해 작성하는 문서
② 기획서 : 적극적으로 아이디어를 내고 기획한 하나의 프로젝트를 문서형태로 만들어, 상대방에게 그 내용을 전달하여 기획을 시행하도록 설득하는 문서
④ 보고서 : 특정한 일에 관한 현황이나 그 진행 상황 또는 연구·검토 결과 등을 보고하고자 할 때 작성하는 문서
⑤ 비즈니스 메모 : 업무상 필요한 중요한 일이나 앞으로 체크해야 할 일이 있을 때 필요한 내용을 메모형식으로 작성하여 전달하는 글

18 ▸ ①

앙클레이브 유형은 공동체에 속한 구성원들만을 대상으로 나름의 방식대로 돌봄을 조직화한 유형으로 폐쇄적인 것은 맞지만 선택의 폭이 극도로 제한된 것으로 볼 수는 없다. 선택의 폭이 제한되고 폐쇄적인 유형은 전통적 유형에 해당한다.

19 ▸ ③

① 공황장애는 대부분 만성인 경과를 밟지만, 저절로 나아지는 경우도 있으므로 반드시 병원의 치료를 빋을 필요는 없다.
② 여성의 경우 성인기에 유병률이 가장 높다.
④ 전형적인 공황발작 환자들은 제한된 공황발작 환자들에 비해 의료시설 사용률이 높고, 삶의 질은 더 낮다.
⑤ 아동기의 성적·신체적 학대 경험을 가진 환자는 다른 불안장애보다 공황장애에서 더 흔하게 보고된다.

20 ▸ ①

① 이명, 목의 따끔거림, 두통, 통제할 수 없는 소리 지름이나 울음과 같은 문화적 특이증상은 진단에 필요한 4가지 증상에 포함되지 않는다.

21 ▸ ③

두 선수 중 한 명만 10점을 쏘는 경우는 a가 10점을 쏘고 b는 10점을 못 쏘는 경우와, b가 10점을 쏘고 a는 10점을 못 쏘는 경우 두 가지가 있다. 따라서 구하는 확률은
$\dfrac{5}{7} \times \dfrac{2}{9} + \dfrac{2}{7} \times \dfrac{7}{9} = \dfrac{8}{21}$ 이다.

22 ▸ ④

작년 사과 수확량을 a상자, 배 수확량을 b상자라고 하면
$$\begin{cases} a+b = 500 \\ \dfrac{15}{100}a - \dfrac{10}{100}b = 500 \times \dfrac{8}{100} \end{cases}$$
$\therefore\ a = 360,\ b = 140$
작년 사과 수확량은 360상자이고, 배 수확량은 140상자이다. 따라서 올해 사과 수확량은 작년에 비해 15% 증가했으므로, $360 + 360 \times \dfrac{15}{100} = 414$(상자)이다.

23 ▸ ②

처음 사각형 가로 길이를 $a$cm, 세로 길이를 $b$cm라고 하면
$$\begin{cases} 2(a+b) = 200 \\ 2(1.1a + 0.95b) = 200 \times 1.055 \end{cases}$$
$\therefore\ a = 70,\ b = 30$
처음 사각형의 가로 길이는 70cm, 세로 길이는 30cm이다. 따라서 처음 사각형의 넓이는 $70 \times 30 = 2100$(cm²)이다.

24 ▸ ②

② '경인'과 '서울' 지역이 전체 공단 어린이집 정원에서 차지하는 비율은 다음과 같다.

2019년 : $\dfrac{2,368}{4,521} \times 100 ≒ 52.4$(%)

2020년 : $\dfrac{2,407}{4,751} \times 100 ≒ 50.7$(%)

2021년 : $\dfrac{2,413}{4,740} \times 100 ≒ 50.9$(%)

2022년 : $\dfrac{2,408}{4,752} \times 100 ≒ 50.7$(%)

2023년 : $\dfrac{2,398}{4,453} \times 100 ≒ 53.9$(%)

따라서 '경인'과 '서울' 지역의 공단 어린이집 정원 합은 매년 전체의 50% 이상이다.
① '충청도' 지역의 공단 어린이집 정원은 2023년 전년 대비 감소하므로 옳지 않은 설명이다.
③ '전라도' 지역 공단 어린이집 정원의 전년 대비 증가율은
2020년 $\dfrac{587-570}{570} \times 100 ≒ 3.0$(%),

2022년 $\dfrac{582-576}{576} \times 100 ≒ 1.0$(%)로 2020년이 더 높다.
④ '경상도' 지역 공단 어린이집 정원은 2023년이 678명으로 2020년 920명보다 적다.
⑤ 2023년에 공단 어린이집 정원이 전년 대비 증가한 지역은 '서울' 지역 1곳뿐이다.

25 ▸ ④

④ 외국인 대상 전체 훈련 지원비용 중 인테리어 리모델링이 차지하는 비중은 $\frac{32,879}{56,840} \times 100 ≒ 57.8(\%)$로 50% 이상이다.

① 내국인 대상 훈련 지원비용과 외국인 대상 훈련 지원비용의 차이는 내국인 대상 지원비용이 큰 '인테리어 리모델링'과 '스마트경영'만 비교해보면 된다.

인테리어 리모델링 : 1,101,480 − 32,879 = 1,068,601
스마트경영 : 1,095,585 − 9,115 = 1,086,470

따라서 차이가 가장 큰 직종은 '스마트경영'이다.

② '스마트경영'은 내국인 대상 훈련 지원비용에서 두 번째로 큰 비중을 차지하지만 외국인 대상 전체 훈련 지원비용에서 두 번째로 큰 비중을 차지하는 것은 '전기시스템제어'이므로 옳지 않은 설명이다.

③ 외국인 대상 전체 훈련 지원비용은 내국인 대상 전체 훈련 지원비용의 $\frac{56,840}{2,422,826} \times 100 ≒ 2.3(\%)$로 5% 이하이다.

⑤ 내국인 대상 전체 훈련 지원비용 중 스마트경영이 차지하는 비중은 $\frac{1,095,585}{2,422,826} \times 100 ≒ 45.2(\%)$로 40% 이상이다.

26 ▸ ③

③ 이용건수 대비 이용객 수의 비율은 다음과 같다.

설악 : $\frac{170,304}{50,863} \times 100 ≒ 334.8(\%)$

금강 : $\frac{210,937}{71,675} \times 100 ≒ 294.3(\%)$

백운 : $\frac{40,182}{16,475} \times 100 ≒ 243.9(\%)$

한라 : $\frac{360,450}{61,144} \times 100 ≒ 589.5(\%)$

금오 : $\frac{390,499}{115,908} \times 100 ≒ 336.9(\%)$

천마 : $\frac{40,356}{14,451} \times 100 ≒ 279.3(\%)$

따라서 이용건수 대비 이용객 수의 비율이 가장 낮은 시설은 '백운'이다.

① 건물 규모가 부지 규모의 60% 이상인 시설은

$\frac{3,461}{5,048} \times 100 ≒ 68.6(\%)$인 '금강',

$\frac{9,181}{10,260} \times 100 ≒ 89.5(\%)$인 '금오'로 2개이다.

② 객실이 두 번째로 많은 시설은 '설악'으로 직원 수는 두 번째로 적다.

④ 1991년도에 설립된 '천마'는 1973년에 설립된 '백운'보다 이용건수가 적으므로 옳지 않은 설명이다.

⑤ 1990년대에 설립된 휴양시설 이용건수의 합은 115,908 +14,451=130,359(건)이고, 2000년 이후 설립된 휴양시설 이용건수의 합은 50,863+61,144=112,007(건)으로 1990년대에 설립된 휴양시설 이용건수의 합이 더 크다.

27 ▸ ②

② 2025년 6~10월 실업자 수는 A지역이 3,500명이고, B지역 실업자 수는 실업률을 이용하여 구하면 $\frac{20}{0.013} ≒ 1,500$(명)이다.

A지역이 B지역의 $\frac{3,500}{1,500} ≒ 2.3$(배)이다.

① 2025년 6~10월 취업자 수는 A지역이 $\frac{1,600}{0.174} ≒ 9,200$(명), B지역이 5,800명으로 A지역이 더 많다.

③ 10월의 실업률은 A지역이 $\frac{1,800}{3,500} \times 100 ≒ 51.4(\%)$, B지역이 $\frac{300}{1,500} \times 100 = 20.0(\%)$로 A지역이 더 높다.

④ B지역의 실업자 수가 가장 적은 달은 9월이고, 이때 A지역의 실업자 수는 전월 대비 $\frac{800-600}{600} \times 100 ≒ 33.3(\%)$ 증가하였다.

⑤ 전월 대비 11월 실업자 수는 A지역이 100% 증가한 3,600명, B지역이 400% 증가한 1,500명이 되어, A지역 실업자 수는 B지역의 $\frac{3,600}{1,500} = 2.4$(배)가 된다.

28 ▸ ①

㉠ A지역의 취업자 수는 위 문제에서 구한 6~10월 전체 취업자 수 9,200명을 해당월 취업률로 계산하여 구할 수 있다. 1,003명, 1,196명, 1,600명, 2,400명, 3,000명으로 꾸준히 증가하고 있다.

㉢ B지역의 실업자 수는 6~10월 전체 실업자 수 1,500명을 해당월 실업률로 계산하여 구할 수 있다. 521명, 50명, 609명, 20명, 300명으로 증감을 반복하고 있다.

㉡ A지역의 전체 취업자 수와 실업자 수의 차는 9,200 − 3,500 = 5,700(명)이고, B지역의 전체 취업자 수와 실업자 수의 차는 5,800 − 1,500 = 4,300(명)으로 A지역의 차이가 더 크다.

㉣ A지역의 10월 취업자 수는 전월 대비 $\frac{3,000-2,400}{2,400} \times 100 = 25.0(\%)$ 증가하였다.

29 ▸ ③

③ 20대 이하는 분석 대상자 수와 진단율이 모두 가장 낮으므로 계산하지 않고, 30대와 40대만 비교한다. 이때, 40대가 30대보다 분석 대상자 수와 진단율이 모두 높으므로 비타민 D 결핍증으로 진단을 받은 인원수 또한 40대가 30대보다 많다. 따라서 옳지 않은 설명이다.

① 비타민 D 결핍증 분석 대상자 수가 가장 많은 경기 지역과 가장 적은 세종 지역의 진단율의 차이는 26.8%−25.7% = 1.1(%p)이므로 옳은 설명이다.

② 대전과 전북 지역에서 비타민 D 결핍증으로 진단을 받은

인원수의 차이는 (2,485×0.253) − (2,367×0.243) ≒ 54 (명)이므로 옳은 설명이다.
④ 비타민 D 결핍증으로 진단을 받은 인원수는 여성이 30,229×0.23 ≒ 6,953(명), 남성이 29,811×0.251 ≒ 7,483(명)이고, 그 차이는 7,483 − 6,953 = 530(명)이므로 옳은 설명이다.
⑤ 부산 지역보다 비타민 D 결핍증 진단율이 높은 지역은 서울, 세종, 경기, 전북으로 총 4개이므로 옳은 설명이다.

30 ▸ ⑤

비타민 D 결핍증 분석 대상자 수가 경기 지역의 25% 미만인 지역은 분석 대상자 수가 12,798×0.25 = 3,199.5(명) 미만이어야 하고, 그 지역은 부산, 대전, 전북, 인천, 울산, 충북, 강원, 세종이므로 ©, ②이 각각 충북 또는 강원이다.
전북에서 비타민 D 결핍증으로 진단을 받은 인원수는 2,485×0.253 = 628.705(명)이고, 이보다 인원수가 많은 지역이 서울, 인천, 광주, 경기, 대구이므로 ③, ©이 각각 광주 또는 대구이다.
울산의 진단율은 23.1%이므로 진단율이 울산 지역과 0.5%p 이하로 차이가 나려면 진단율이 22.6%~23.6%이어야 한다. 이에 해당하는 지역이 강원, 대구이므로 ©, ②이 각각 강원 또는 대구이다.
따라서 ③은 광주, ©은 대구, ©은 충북, ②은 강원이다.

31 ▸ ③
© 가족관계증명서 또는 제적등본상의 가족이 신원인수인으로서 보호자의 역할을 수행할 수 있을 경우 보증금 200만 원은 제외된다고 하였다.

32 ▸ ②
갑은 3월에 27일간, 4월에 25일간 총 합해서 52일 케어센터를 이용했다.
갑은 1급 수시에 해당되는 산재장해인이므로 일 이용료는 35,370원이고 총 이용료는 35,370원×52=1,839,240원이다.
을은 3월에 31일, 4월에 15일 총 합하여 46일 케어센터를 이용했다.
을은 3급에 해당되는 산재장해인이므로 이용료는 월정액 706,110원을 지불해야 한다. 따라서, 총 이용료는 두 달치인 706,110원×2=1,412,220원이다.
이용료의 합을 구하면,
1,839,240원＋1,412,220원=3,251,460원이다.

33 ▸ ④
④ '보험사무대행 인가대상'을 보면, 공인노무사와 개인사무사도 인가대상에 포함된다. 보험사무대행 서비스를 제공할 수 있다.

① 자료의 첫부분에서 1971년부터 대행 서비스를 제공하였다는 내용을 찾아볼 수 있다.
② 상시근로자수 30명 미만 사업장의 사업주에게는 무료로 대행한다고 하였고, '보험사무대행지원금 지급 기준'을 보면, 보험사무대행기관이 상시근로자수 30명 미만인 사업주로부터 보험사무를 위임받아 보험사무를 대행한 경우 지원금을 지급한다고 하였다.
③ 19. 1. 1.부터 보험사무 대행 가능 사업주의 범위가 상시근로자수 300명 미만 사업장의 사업주에서 모든 사업주로 확대되었다는 데서 그 이전에는 그러지 못했다는 점을 알 수 있다.
⑤ 보험료의 임의수령이나 대행납부 등 수납대행 사무는 보험사무대행기관이 대행할 수 없는 보험사무에 해당한다.

34 ▸ ①
③ 보험료납부지원금에 해당하고 반기에 16,000원이다.
© 사업장가입지원금에 해당하고 상시근로자수가 10명 미만이므로 성립 시 50,000원이다.
© 보수총액 신고대행에 해당하고 상시근로자수가 5명 이상이므로 연간 24,000원이다.
② 피보험자 관리대행에 해당한다. 상시근로자가 10명 이상이므로 분기에 12,000원이다.

35 ▸ ⑤
D : '사업장가입지원금'에 해당하고 상시근로자수가 10명 미만인 경우 성립 시 50,000원의 지원금을 받게 되므로 최대 5만 원이다.
E : 지원금 산정 기준년도의 전전년도 위임사업주 과세소득이 3억 원 이상인 경우 지급이 제외된다. 기준년도가 2026년이고, 이 경우 전전년도가 아닌 전년도의 위임사업주 과세소득이 3억 원이 넘는 경우이므로, 지원금이 지급될 수 있는지 없는지는 판단할 수 없다.

36 ▸ ⑤
© 2024년 7월 15일은 일상복귀지원규정 개정 시행인 2024년 7월 30일 전이므로, 요양종결 후 1년 이내인 경우 재활스포츠활동에 대한 지원을 받을 수 있다. 2025년 9월 10일에 요양이 종결되므로 2026년 9월 9일까지 재활스포츠지원을 받을 수 있다.
© 일반재활스포츠의 지원범위는 6개월까지 30만 원 이내이다. 월별 30만 원이 아니므로 잘못된 내용이다.
③ 2026년 2월 1일에 재해를 입고 요양승인 만료일이 2026년 8월 31일인 경우 재해일로부터 요양승인 만료일까지 기간이 6개월 이상이 되므로 지원대상이 되며 재활스포츠활동을 할 수 있다.
② 특수재활스포츠의 지원범위는 지원 시작일로부터 6개월까지 60만 원 이내이므로, 6개월이 지난 이후에는 지원을 받지 못한다.

37 ▸ ⑤

ⓒ 해당 월의 보험료는 다음 달 10일까지 납부하여야 한다.
ⓜ 사업장의 대표자 변경은 소멸사유이므로, 가족종사자 보험관계가 자동으로 소멸된다.

38 ▸ ①

인천 사옥의 경우 투표 결과 1위인 한과세트를 선택한 17명과, LA갈비 세트와 견과류 세트를 선택한 22명에게 모두 한과 세트를 지급한다. 총 39명이다.
울산 사옥의 경우 샴푸 및 세안제 세트를 선택한 22명을 제외한 나머지 직원들에게는 득표율이 가장 높은 견과류 세트를 지급한다. 총 77명이다.
합해서 116명이다.

39 ▸ ④

서울 사옥의 경우 투표 결과 1위인 참치·햄 세트를 받게 되는 직원은 이 물품을 선택한 46명 및 3, 4, 5위인 물품을 선택한 66명으로 총 112명이다.
투표 결과 2위인 견과류 세트를 받게 될 직원은 40명이다.
물품별로 회사가 사용할 금액을 구하면 아래와 같다.
참치·햄 세트 : 112 × (45,000원+2,500원)=5,320,000원
견과류 세트 : 40 × 48,000원=1,920,000원
5,320,000원+1,920,000원=7,240,000원

40 ▸ ②

모임별 이용요금을 구하면 다음과 같다.
A : 4,300 × 2 × 6 + 3,000 × 6 = 69,600원
B : 2,700 × 2 × 6 + 3,000 × 8 = 56,400원
C : 4,700 × 1 × 6 + 2,000 × 4 = 36,200원
D : 8,000 × 2 + 2,000 × 7 = 30,000원
E : 2,900 × 3 × 4 + 12 × 2,000 = 58,800원
가장 많은 이용요금을 내야 하는 모임은 A, 가장 적은 이용요금을 내야 하는 모임은 D이다.

41 ▸ ②

㉠ 지원대상은 상시근로자수 300인 미만 중소기업 및 소속 근로자이다. 모든 기업은 아니다.
ⓒ 육아휴직는 '직장 영역'에, 부부갈등은 '가정 영역'에 속하는 문제들이다.
㉣ 게시판 상담은 횟수 제한이 없으므로 나머지 상담을 살펴보면, 온/오프라인 상담을 합하여 1인당 연 최대 7회 이용이 가능하다. 전화 상담, 오프라인 대면 상담, 화상 상담 횟수가 8회이므로 7회를 초과하여 이렇게 이용하는 것은 불가능하다.
ⓛ 이용횟수는 연간 기업별 3회이고, EAP 이용 연차 3년까지 무상 지원한다고 하였으므로 최대 9회까지 무상으로 이용할 수 있다. 상담 유형은 '집단 프로그램'만 이용 가능하다.

42 ▸ ④

을 : 상시근로자수가 300명 미만인 중소기업의 담당자가 근로복지넷에 기업 회원으로 가입이 가능하다. 상시근로자수가 350명인 기업의 담당자이므로 가입할 수 없다.
정 : 일정 및 장소는 상담사가 신청자에게 직접 전화 연락하여 협의한다고 하였다. 신청자가 상담사에게 연락하는 것이 아니다.

43 ▸ ③

인쇄업체별 비용을 구하면 다음과 같다.
A사 : (300페이지 × 200원 − 1,500원 + 5,500원) × 150부
    = 9,600,000원
B사 : {(300페이지 × 210원) + (4,500원 × 0.9)} × 150부
    = 10,057,500원
C사 : {(300페이지 × 180원 + 4,300원) − 2,000원} × 150부
    = 8,445,000원
D사 : (300페이지 × 205원) × 150부 = 9,225,000원
비용이 가장 저렴한 업체는 C사이며, 이때 비용은 8,445,000원이다.

44 ▸ ④

인쇄업체별 비용을 구하면 다음과 같다.
A사 : (250페이지 × 40원 + 2,600 + 1,400) × 200부
    = 2,800,000원
B사 : {(250페이지 × 39원) + (3,200 + 1,300) × 0.9} × 200부
    = 2,760,000원
C사 : (250페이지 × 39원 + 3,500 + 1,600) × 200부
    = 2,970,000원
D사 : {(250페이지 × 41원) + 2,800 + 1,400} × 200부
    = 2,890,000원
비용이 가장 저렴한 업체는 B사이고, 이때의 비용은 2,760,000원이다.

45 ▸ ①

문제해결 절차는 '문제 인식 − 문제 도출 − 원인 분석 − 해결안 개발 − 실행 및 평가'이므로, ① 가변상황 도출은 맞지 않다.

46 ▸ ⑤

SO전략 : 내부 강점과 외부기회 요인을 극대화하는 전략
ST전략 : 외부 위협을 최소화하기 위해 내부 강점을 극대화하는 전략
WO전략 : 외부 기회를 이용하여 내부 약점을 강점으로 전환하는 전략
WT전략 : 내부 약점과 외부 위협을 최소화하는 전략

47 ▸ ④

④ 퍼실리테이션(facilitation)은 '촉진'을 의미하며, 어떤 그룹이나 집단이 의사결정을 잘하도록 도와주는 일을 가리킨다. 퍼실리테이션에 의한 문제해결 방법은 깊이 있는 커뮤니케이션을 통해 서로의 문제점을 이해하고 공감함으로써 창조적인 문제해결을 도모한다. 퍼실리테이션에 의한 방법은 초기에 생각하지 못했던 창조적인 해결 방법을 도출한다. 동시에 구성원의 동기가 강화되고 팀워크도 한층 강화된다는 특징을 보인다.

48 ▸ ③

제시된 사실에 번호를 붙이면 다음과 같다.
ⅰ) 1번, 6번 서류는 C캐비닛에서 나왔다.
ⅱ) 2번, 3번, 4번 서류는 A, B, D 캐비닛에서 나왔다.
ⅲ) 2번, 5번, 6번 서류는 C와 D 캐비닛에서 나왔다.
ⅳ) 1번, 5번, 3번 서류는 A와 C 캐비닛에서 나왔다.
2번 서류의 위치를 찾기 위해서는 ⅱ)와 ⅲ)을 이용하면 된다. 두 문장에서 겹치는 서류는 2번 서류 외에는 없으며, 이에 따라 겹치는 캐비닛이 있는지 살펴보면 D캐비닛 외에는 겹치는 캐비닛이 존재하지 않는다. 따라서 2번 서류는 D캐비닛에 있다는 사실을 알 수 있다.
4번 서류의 위치를 알기 위해서는 위에서 찾아낸 사실과 ⅱ)와 ⅳ)를 이용하면 알 수 있다. 위에서 찾아낸 사실로 인해 2번 서류가 D캐비닛에 있기에 나머지 3번과 4번 서류는 A 혹은 B캐비닛에 각각 존재한다는 사실을 알게 되었다. 그런데 ⅳ)에 의하면 3번 서류는 A 혹은 C캐비닛에 존재하기 때문에 이러한 사실을 조합하면 3번 서류는 A캐비닛에 위치한다는 것을 알 수 있고, 결국 4번 서류는 B캐비닛에 위치하고 있다는 것을 확인할 수 있다.

49 ▸ ④

대리가 사원보다 늦게 도착한다는 조건을 생각할 때, 사원인 E가 3등으로 도착하면 대리인 B와 C는 4등과 5등이어야 한다. 그리고 이때 C가 B보다 먼저 도착하면, 팀장인 A는 1등이어서는 안 된다. 이 두 가지 조건을 모두 만족하는 순서는 ④이다.

50 ▸ ④

①, ②, ③ 세 번째 조건과 네 번째 조건에 의해 A와 B는 같은 조가 될 수 없다.
⑤ 세 번째 조건에 의해 E와 F는 같은 조가 될 수 없다.

51 ▸ ⑤

작업 시간대별 업무처리량을 구하면 다음과 같다.

구분	새로운 절차	기존 절차
0~2시간	130개(32.5%)	105개(35%)
2~4시간	100개(25%)	75개(25%)
4~6시간	100개(25%)	75개(25%)
6~8시간	70개(17.5%)	45개(15%)
계	400개(100%)	300개(100%)

㉠ 기존 절차의 6~8시간대의 업무처리량은 45개다.
㉡ 새로운 절차의 4~8시간대의 업무처리율의 합은 25+17.5=42.5(%)이다.
㉢ A가 30%로 변경된다면, 새로운 절차에서 0~2시간대에 120개의 업무를 처리하게 된다. 따라서 기존 절차에서는 25개 줄어든 95개의 업무를 처리한 것이 되며, 이는 기존 절차 전체 업무처리량의 약 31.7%를 처리하는 것이 된다. 따라서 A'의 업무처리율은 30% 이상이 된다.

52 ▸ ④

일단 각 물품에 '개별 물품 할인'을 적용하면 다음과 같다.

가방	와인	트리트먼트
150 × 0.9 =135(달러)	100 × 0.7 =70(달러)	50 × 0.9=45(달러)

이후 구매한 모든 물품의 결제 금액에 '이달의 할인 쿠폰'을 적용하면 (135 + 70 + 45) × 0.8 = 200(달러)이고, 결제해야 하는 금액이 200달러를 초과하지 않으므로 '20,000원 추가 할인 쿠폰'은 적용되지 않는다.
따라서 해린이가 결제할 최소 금액은
200 × 1,000=200,000(원)이다.

53 ▸ ①

일단 각 물품에 '개별 물품 할인'을 적용하면 다음과 같다.

향수	위스키	스킨
200 × 0.8 =160(달러)	450 × 0.6 =270(달러)	100 × 0.9 =90(달러)

이후 구매한 모든 물품의 결제 금액에 '이달의 할인 쿠폰'을 적용하면 (160 + 270 + 90) × 0.8 = 416(달러)이고, 결제해야 하는 금액이 200달러를 초과하므로 '20,000원 추가 할인 쿠폰'은 적용된다.
따라서 해린이가 결제할 최소 금액은
416 × 1,000 − 20,000 = 396,000(원)이다.

54 ▸ ⑤

근무성적 등급 비율은 1 : 2 : 2이므로 가 등급 1명, 나 등급 2명, 다 등급 2명이다. A, C는 각각 가 또는 나 등급에 해당한다. 이때, A는 C보다 근무성적 점수가 높고 했으므로 A는 가 등급, C는 나 등급이다.

근무태도 등급 비율은 2:2:1이므로 가 등급 2명, 나 등급 2명, 다 등급 1명이다. A, B, E는 각각 가, 나, 다 등급 중 하나에 해당한다. 이때, 최저등급을 받은 직원은 A, B, D, E라고 하였다. A는 외국어성적, D, E는 근무성적에서 다 등급을 받은 것이 일차적으로 확인되었으나 B는 근무성적 나 등급, 외국어 성적 나 등급이므로 근무태도가 반드시 다 등급이어야 조건이 성립된다. A는 B보다 근무태도 점수가 50점 높으므로 A는 가 등급이다. 따라서 E는 나 등급이다.

구분	근무 성적	근무 태도	외국어 성적		근속 기간	가산점	총점
A	가 100	가 100	다 40	41.5	6년 2개월	0.5	282
B	나 80	다 50	나 45	43	6년 9개월		218
C	나 80	가 100	가 50	45.5	5년 2개월	0.5	276
D	다 60	나 75	나 45	44	5년 8개월		224
E	다 60	나 75	가 50	47	4년 11개월		232

근속기간 5년 미만인 E는 승진 대상 제외이다.
3개월 정직 처분을 받은 B는 승진 대상 제외이다.
⑤ 총점이 두 번째로 높은 직원은 C이다.

55 ▸ ⑤

먼저 거리당 기본 운임료를 계산하면 $(400 \times 210) + (600 \times 300) + (500 \times 420) = 474,000$원이다. 또한 500km마다 7,000원의 추가 운임료가 부과된다고 했으므로, 21,000원이 추가되어 1인당 총 운임료는 495,000원이다. 50%의 할인이 적용되는 할머니의 경우 총 운임료는 247,500원이고, 나머지 4인의 가족들은 15% 할인이 적용되어 1인당 420,750원으로, 총 1,683,000원이다. 그러므로 5인 가족의 총 운임료는 1,930,500원이 된다.

56 ▸ ③

㉠ 1인당 기본 운임료는 $400 \times 210 + 500 \times 300 = 234,000$원이고, 추가 운임료 7,000원이 더해져 총 운임료는 241,000원이다. 여기에 유치원 선생님은 15% 할인이 적용되고, 나머지 7세 어린이 5명은 50% 할인이 적용되므로, 유치원 선생님의 총 운임료는 204,850원이며, 어린이 5명은 602,500원이다. 따라서 유치원 선생님과 어린이들의 총 운임료는 807,350원이므로 80만 원 이상이다.
㉡ B도시 항공편의 기본 운임료는 $400 \times 210 + 600 \times 300 + 1300 \times 420 = 810,000$원이다. 비즈니스 클래스는 이코노미 클래스 기본 운임료의 2.5배라고 했으므로, B도시 항공편 비즈니스 클래스 기본 운임료는 2,025,000원이다. 추가 운임료는 동일하게 적용되므로, 28,000원이 추가되어 2,053,000원이 총 운임료가 된다.

㉢ D도시 항공편의 구간별 기본 운임료는 다음과 같다.
• 400km 이하: $400\text{km} \times 210 = 84,000$원
• 400km 초과 1,000km 이하: $600\text{km} \times 300$ $= 180,000$원
• 1,000km 초과 2,500km 이하: $1,500\text{km} \times 420$ $= 630,000$원
• 2,500km 초과: $700\text{km} \times 500 = 350,000$원
따라서 '1,000km 초과 2,500km 이하' 구간이 기본 운임료가 가장 많이 나오는 구간이다.

57 ▸ ③

LA는 한국과 시차가 −15시간 있으므로 이를 잘 계산해야 한다.
수요일 오후 2시에 세미나가 시작이지만, 공항에서 호텔까지 도착하는 데 2시간 30분이 걸리므로 오전 11시 30분에는 공항에 도착해야 한다.

구분	출발시각	예상 소요시간	도착시각
유나이티드(101A)	PM 01:30	12시간	AM 10:30
중국동방(8S1)	PM 02:00	14시간	PM 01:00
유나이티드(101B)	PM 02:30	14시간 30분	PM 02:00
케세이퍼시픽(50S2)	PM 02:50	12시간 30분	PM 12:20
아시아나(WH031)	PM 03:20	10시간 30분	AM 10:50
대한(DH801)	PM 03:30	11시간	AM 11:30
아시아나(WH032)	PM 04:00	11시간 30분	PM 12:30

따라서 이용 가능한 항공편은 유나이티드(101A), 아시아나(WH031), 대한(DH801)이다.

58 ▸ ⑤

⑤ 대한항공: 왕복 항공권 가격에서 20만 원을 되돌려 준다.
98만 원 $\times 2 -$ 20만 원 $= 1,760,000$원
① 유나이티드항공: 왕복 항공권 가격의 10%를 할인해 준다.
101만 원 $\times 2 \times 0.9 = 1,818,000$원
② 중국동방항공: △△호텔과의 제휴로 숙박 후 비행기를 타면 편도 항공권 가격의 20%를 할인해 주므로 왕복 비행기 값의 90%를 내면 된다.
98만 원 $\times 2 \times 0.9 = 1,764,000$원
③ 케세이퍼시픽항공: 화요일에 출국하기 때문에 할인을 받을 수 있다. 왕복 항공권 가격의 87.5%를 내면 된다.
101만 원 $\times 2 \times 0.875 = 1,767,500$원
④ 아시아나항공: 한 달 전부터 준비했으므로 출국하는 항공권 가격의 20%를 할인해 준다. 왕복 가격의 90%를 내면 된다.
99만 원 $\times 2 \times 0.9 = 1,782,000$원

59 ▸ ⑤

추가요금을 지불했다 하더라도 보상한도는 최대 $600이다.

60 ▸ ④

비품 조달 업무를 담당하는 사람은 현업 부서에 필요한 수요를 조사한 후 그것보다 약간 여유 있게 준비를 해두어야 한다. 회계팀 직원은 총 10명이므로 볼펜은 20개 필요한데 9개만 요청하여 총 20개만 구비하는 것은 적절하지 않다. 같은 이유로 마우스도 여유 있게 준비하는 것이 좋고, 예산이 부족하니 우선순위를 따져서 간식비를 삭감해야 한다. 따라서 가장 적절하지 않은 지적은 ④이다.

61 ▸ ①

각 도시별 월평균 운송비용과 쓰레기 수거비용을 계산하면 다음과 같다.

ⅰ) 도시별 운송비용

C시 : 85,000 + (500 × 76) = 85,000 + 38,000
　　　= 123,000(원)

R시 : 75,000 + (400 × 85) = 75,000 + 34,000
　　　= 109,000(원)

T시 : 90,000 + (300 × 43) = 90,000 + 12,900
　　　= 102,900(원)

ⅱ) 쓰레기별 수거비용

구분	C시	R시	T시
비닐	143 × 35,000 = 5,005,000(원)	106 × 35,000 = 3,710,000(원)	124 × 35,000 = 4,340,000(원)
플라스틱	154 × 36,000 = 5,544,000(원)	166 × 36,000 = 5,976,000(원)	132 × 36,000 = 4,752,000(원)
캔, 고철	136 × 37,000 = 5,032,000(원)	127 × 37,000 = 4,699,000(원)	152 × 37,000 = 5,624,000(원)

이를 모두 합산한 금액을 구하면 다음과 같다.

C시 : 123,000 + 5,005,000 + 5,544,000 + 5,032,000
　　　= 15,704,000(원)

R시 : 109,000 + 3,710,000 + 5,976,000 + 4,699,000
　　　= 14,494,000(원)

T시 : 102,900 + 4,340,000 + 4,752,000 + 5,624,000
　　　= 14,818,900(원)

따라서 C시가 가장 많은 비용이 든다.

62 ▸ ⑤

갑은 심신이 지쳐 있는 상태이므로 많은 활동을 필요로 하는 관광 상품보다는 휴양지가 더 적합하다. 또한 연차가 얼마 남지 않았으므로 너무 긴 시간을 투자하긴 어려우므로 E상품이 가장 적절하다.

63 ▸ ③

③ 호준은 푹 쉴 목적으로 여행을 가는 것이니 휴양지가 적당하다. 하지만 모아놓은 돈이 없다고 하였으므로 비용이 높은 C상품보다는 비교적 저렴한 E상품을 선택하는 것이 적절하다.

① 우진은 거리가 가깝고 기간이 짧은 것을 원하므로 A상품이 가장 적절하다.

② 민호는 볼거리가 많은 것 외에는 달리 언급한 것이 없으므로 관광지가 풍부한 B상품이 적절하다.

④ D상품은 위험도가 높은 편이므로 다른 곳을 가는 것이 더 안전하다.

⑤ 돈이 조금 들더라도 혼자만의 시간을 가질 수 있는 조용한 휴양지를 원하는 것이므로 C상품이 적당하다.

64 ▸ ①

'K씨는 병원에서 차를 타고 국도를 달리기 시작했다.'는 문장으로 보아 B지역으로 출발한 상태이다. 모든 지역을 순회한 후 다시 병원으로 돌아와야 하기 때문에 마지막 지역은 E나 D가 좋다. 그런 점을 고려한다면 '병원−B−D−C−A−E−병원' 또는 '병원−B−E−A−C−D−병원'의 두 가지 방법밖에 없다.

첫 번째 방법의 총 거리는 48 + 150 + 54 + 68 + 80 + 20 = 420(km)이고, 두 번째 방법의 총 거리는 48 + 120 + 80 + 68 + 54 + 35＝405(km)이므로 최단거리는 405km이다.

65 ▸ ②

병원	• 국도 : 48km • 연비 : 12km/L	사용연료 : −4L	남은 연료 : 26L
B			남은 연료 : 22L
E	• 고속도로 : 120km • 연비 : 15km/L	사용연료 : −8L	남은 연료 : 14L
A	• 시내 : 80km • 연비 : 8km/L	사용연료 : −10L	남은 연료 : 4L * 기름 주유 : +28L 남은 연료 : 32L
C	• 시내 : 68km • 연비 : 8km/L	사용연료 : −8.5L	남은 연료 : 23.5L
D	• 국도 : 54km • 연비 : 12km/L	사용연료 : −4.5L	남은 연료 : 19L
병원	• 비포장도로 : 35km • 연비 : 10km/L	사용연료 : −3.5L	남은 연료 : 15.5L

A지역에서 남아 있는 기름의 양이 4L인데 다음 지역으로 이동하는 데까지 8.5L의 연료가 필요하다. 따라서 반드시 A지역의 주유소에서 기름을 넣어야 한다.

K씨 차의 연료통은 60L이고 현재 남은 연료는 4L이므로 비어 있는 것은 56L이다. 비어 있는 연료통의 절반만큼 기름을 채운다고 하였으니 56 ÷ 2 = 28L의 기름을 주유한 것이다. 따라서 의료봉사가 끝난 후 병원에 도착했을 때 남은 기름의 양은 15.5L이다.

66 ▸ ④

거리, 속력, 시간의 관계는 다음과 같다.

거리 = 속력 × 시간, 속력 = $\dfrac{거리}{시간}$, 시간 = $\dfrac{거리}{속력}$

위의 식을 참고하였을 때, K씨는 아침 8시에 병원에서 출발
하였으므로 시간별로 정리해 보면 다음과 같다.
- 08:00~08:30 → 병원에서 B지역으로 이동

(국도이므로 $\dfrac{48}{96}=0.5=30분$)

- 08:30~09:50 → B지역 진료(80분 = 1시간 20분)
- 09:50~10:50 → B지역에서 E지역으로 이동

(고속도로 $\dfrac{120}{120}=1시간$)

- 10:50~12:30 → E지역 진료(100분 = 1시간 40분)
- 12:30~14:30 → E지역에서 A지역으로 이동

(시내 $\dfrac{80}{40}=2시간$)

- 14:30~15:40 → A지역 진료(70분 = 1시간 10분)
- 15:40~17:22 → A지역에서 C지역으로 이동

(시내 $\dfrac{68}{40}=1.7$, $1.7\times60=102분=1시간 42분$)

- 17:22~18:24 → C지역 진료(62분 = 1시간 2분)
- 18:24~18:57 → C지역에서 D지역으로 이동

(국도 $\dfrac{54}{96}=0.5625$, $0.5625\times60 ≒ 33분$)

- 18:57~19:32 → D지역 진료(35분)
- 19:32~20:32 → D지역에서 병원으로 이동

(비포장도로 $\dfrac{35}{35}=1시간$)

- 20:32 → 병원 도착

67 ▸ ③

기업에서 제품을 개발한다고 할 때, 개발 책정 비용을 실제
보다 높게 책정하면 경쟁력을 잃어버리게 되고, 반대로 낮
게 책정하면 개발 자체가 이익을 주는 것이 아니라 오히려
적자가 나는 경우가 발생할 수 있다. 따라서 책정 비용과 실
제 비용의 차이를 줄여 비슷한 상태가 되는 것이 가장 이상
적이라 할 수 있다.

68 ▸ ②

일을 처리해야 하는 순서는 ㉠-㉡-㉢-㉣순이다.
① 마감 시한이 임박한 거액의 프로젝트는 '긴급하면서 중
요한 일'이다.
② 중장기계획과 전략과제의 수립은 '긴급하지 않지만 중요
한 일'이다.
③ 내일 있을 회식 장소 예약은 '긴급하지만 중요하지 않은
일'이다.
④ 우편물 수령 및 관련 행정처리는 '긴급하지 않고 중요하
지 않은 일'이다.
⑤ 신제품 출시일 전에 하는 최종 검사는 '긴급하면서 중요
한 일'이다.
따라서 ㉡에 해당하는 일은 ②이다.

69 ▸ ④

중요도에 따라 점수를 매기면 점수는 다음과 같다.

기준	A사 제품	B사 제품	C사 제품
A3 파쇄 가능	2	0	2
안전성 인증 획득	0	1	1
a/s 2년 보장	0	3	0
1분에 30장 이상 파쇄	4	0	4
총합	6	4	7

70 ▸ ③

C파쇄기는 1분에 35장을 파쇄하므로 7,000장을 파쇄하는
데 걸리는 시간은 $\dfrac{7,000}{35}=200(분)$, 즉 3시간 20분이다.

근로복지공단

직업기초능력평가

박문각

근로복지공단 직업기초능력평가 (1회)

성 명 월 일

이름

응 시 번 호

근로복지공단 직업기초능력평가 (2회)

생 년 월 일

이 름

응 시 번 호

번호	답란		번호	답란		번호	답란		번호	답란
1	① ② ③ ④ ⑤		21	① ② ③ ④ ⑤		41	① ② ③ ④ ⑤		61	① ② ③ ④ ⑤
2	① ② ③ ④ ⑤		22	① ② ③ ④ ⑤		42	① ② ③ ④ ⑤		62	① ② ③ ④ ⑤
3	① ② ③ ④ ⑤		23	① ② ③ ④ ⑤		43	① ② ③ ④ ⑤		63	① ② ③ ④ ⑤
4	① ② ③ ④ ⑤		24	① ② ③ ④ ⑤		44	① ② ③ ④ ⑤		64	① ② ③ ④ ⑤
5	① ② ③ ④ ⑤		25	① ② ③ ④ ⑤		45	① ② ③ ④ ⑤		65	① ② ③ ④ ⑤
6	① ② ③ ④ ⑤		26	① ② ③ ④ ⑤		46	① ② ③ ④ ⑤		66	① ② ③ ④ ⑤
7	① ② ③ ④ ⑤		27	① ② ③ ④ ⑤		47	① ② ③ ④ ⑤		67	① ② ③ ④ ⑤
8	① ② ③ ④ ⑤		28	① ② ③ ④ ⑤		48	① ② ③ ④ ⑤		68	① ② ③ ④ ⑤
9	① ② ③ ④ ⑤		29	① ② ③ ④ ⑤		49	① ② ③ ④ ⑤		69	① ② ③ ④ ⑤
10	① ② ③ ④ ⑤		30	① ② ③ ④ ⑤		50	① ② ③ ④ ⑤		70	① ② ③ ④ ⑤
11	① ② ③ ④ ⑤		31	① ② ③ ④ ⑤		51	① ② ③ ④ ⑤			
12	① ② ③ ④ ⑤		32	① ② ③ ④ ⑤		52	① ② ③ ④ ⑤			
13	① ② ③ ④ ⑤		33	① ② ③ ④ ⑤		53	① ② ③ ④ ⑤			
14	① ② ③ ④ ⑤		34	① ② ③ ④ ⑤		54	① ② ③ ④ ⑤			
15	① ② ③ ④ ⑤		35	① ② ③ ④ ⑤		55	① ② ③ ④ ⑤			
16	① ② ③ ④ ⑤		36	① ② ③ ④ ⑤		56	① ② ③ ④ ⑤			
17	① ② ③ ④ ⑤		37	① ② ③ ④ ⑤		57	① ② ③ ④ ⑤			
18	① ② ③ ④ ⑤		38	① ② ③ ④ ⑤		58	① ② ③ ④ ⑤			
19	① ② ③ ④ ⑤		39	① ② ③ ④ ⑤		59	① ② ③ ④ ⑤			
20	① ② ③ ④ ⑤		40	① ② ③ ④ ⑤		60	① ② ③ ④ ⑤			

근로복지공단 직업기초능력평가 (3회)

생년월일

이름	응시번호

1	① ② ③ ④ ⑤	21	① ② ③ ④ ⑤	41	① ② ③ ④ ⑤	61	① ② ③ ④ ⑤
2	① ② ③ ④ ⑤	22	① ② ③ ④ ⑤	42	① ② ③ ④ ⑤	62	① ② ③ ④ ⑤
3	① ② ③ ④ ⑤	23	① ② ③ ④ ⑤	43	① ② ③ ④ ⑤	63	① ② ③ ④ ⑤
4	① ② ③ ④ ⑤	24	① ② ③ ④ ⑤	44	① ② ③ ④ ⑤	64	① ② ③ ④ ⑤
5	① ② ③ ④ ⑤	25	① ② ③ ④ ⑤	45	① ② ③ ④ ⑤	65	① ② ③ ④ ⑤
6	① ② ③ ④ ⑤	26	① ② ③ ④ ⑤	46	① ② ③ ④ ⑤	66	① ② ③ ④ ⑤
7	① ② ③ ④ ⑤	27	① ② ③ ④ ⑤	47	① ② ③ ④ ⑤	67	① ② ③ ④ ⑤
8	① ② ③ ④ ⑤	28	① ② ③ ④ ⑤	48	① ② ③ ④ ⑤	68	① ② ③ ④ ⑤
9	① ② ③ ④ ⑤	29	① ② ③ ④ ⑤	49	① ② ③ ④ ⑤	69	① ② ③ ④ ⑤
10	① ② ③ ④ ⑤	30	① ② ③ ④ ⑤	50	① ② ③ ④ ⑤	70	① ② ③ ④ ⑤
11	① ② ③ ④ ⑤	31	① ② ③ ④ ⑤	51	① ② ③ ④ ⑤		
12	① ② ③ ④ ⑤	32	① ② ③ ④ ⑤	52	① ② ③ ④ ⑤		
13	① ② ③ ④ ⑤	33	① ② ③ ④ ⑤	53	① ② ③ ④ ⑤		
14	① ② ③ ④ ⑤	34	① ② ③ ④ ⑤	54	① ② ③ ④ ⑤		
15	① ② ③ ④ ⑤	35	① ② ③ ④ ⑤	55	① ② ③ ④ ⑤		
16	① ② ③ ④ ⑤	36	① ② ③ ④ ⑤	56	① ② ③ ④ ⑤		
17	① ② ③ ④ ⑤	37	① ② ③ ④ ⑤	57	① ② ③ ④ ⑤		
18	① ② ③ ④ ⑤	38	① ② ③ ④ ⑤	58	① ② ③ ④ ⑤		
19	① ② ③ ④ ⑤	39	① ② ③ ④ ⑤	59	① ② ③ ④ ⑤		
20	① ② ③ ④ ⑤	40	① ② ③ ④ ⑤	60	① ② ③ ④ ⑤